# 近代日本における出産と産屋

## 香川県伊吹島の出部屋の存続と閉鎖

伏見裕子

勁草書房

# はしがき

　出産という言葉から思い浮かぶのは、どのようなイメージだろうか。陣痛、赤ちゃんの産声、白衣を着た医師や助産師の姿が浮かぶかもしれないし、パートナーの立ち会い出産などを想像する人もいるかもしれない。一方、近年の産科医不足や生殖技術の進展、産後のケア等をめぐる様々な「問題」、また妊産婦の経済的困窮や社会的孤立などを背景とした「飛び込み出産」やトイレ等での出産、赤ちゃんの遺棄や虐待といった「事件」を報道で知ることもあるだろう。

　こうした状況のなか、親類や近隣の女性同士が助け合って出産し、周囲の人々に見守られながら子どもを育てたという「昔のお産」のありようが関心を集めている。たしかに現代の出産は、産む女性自身ないし家族と医療者との間で抱え込まれる傾向にある。それと比べて、親族や共同体で担う出産に様々な利点があったということは想像に難くなく、先行研究でも明らかにされている。

　しかしながら、そのような助け合いの輪に入るためには、親族や共同体のなかで共有される暗黙のルールに従う必要があった。出産に関して、とりわけ重要と考えられるルールの一つは穢れに関するものである。出産時および産後の一定期間は出血を伴うことなどから、産婦には穢れ観に基づく様々な制約が課された。その具体的な内容は時代や地域によって異なっていたが、例えば、穢れが火を介して伝染するのを防ぐために、産婦の食事と家族の食事は別に煮炊きしなければならないということや、外出の禁止、産婦と新生児の洗濯物を日光に当ててはいけないということなどがあげられる。現代においても、月経時や産後に神社や神棚に近づいてはならないと考える人は一定数存在しており、また、大相撲の土俵や奈良県の「大峰山」のように、女性を特定の場所から排除する「伝統文化」が堂々とまかり通っている。穢れの問題は、現代を生きるわたしたちにとっても決して無縁ではないのだ。

かつての出産の場としてしばしば美化される産屋《うぶや》も、穢れとの関連性を無視できないものである。産屋とは、出産に伴うとされる穢れを理由に、女性が出産時ないし産後の一定期間を家族と離れて過ごした場の総称であるとされる。産屋は日本でもっとも古い出産習俗の一つであると考えられ、その多くは明治期までに閉鎖されたが、地域によっては第二次世界大戦後まで産屋が利用された。現在、そういった地域の一部では、産屋ないしその遺構が観光資源や文化財あるいは助産師教育の教材となり、現代的価値観に沿う利点——産屋は地域の相互扶助の仕組みであり、母子にとって貴重な休養や愛着形成の場になっていた、など——が強調される。また別の文脈では、病院での出産のあり方に疑問をもつ研究者や助産師などが、産屋を利用して楽しかったという女性の声を取りあげて、かつての「自然なお産」を称揚するケースもある。

これらが、産屋の持つ一面を表していることは確かである。しかしながら、こういった主張によって、産屋の意味が単純化されたり、産屋と穢れとの関係が事実と異なるかたちで矮小化・無化されたりする場合もある。

このように、産屋は近年、文脈によって都合よく価値づけされているわけだが、その背景には、産屋の歴史研究の乏しさがあると考えられる。とりわけ、出産の穢れという問題は女性の人権にも関わることであり、ジェンダー史研究上重要な課題であるにもかかわらず、現代に直結する近代以降の出産の穢れのありようとその変化についてては、これまであまり歴史的に考察されてこなかった。また、産屋が穢れだけでなく様々な意義を伴って近代以降も存続してきたということは、一体どういうことなのだろうか。これらの疑問を解決するためには、産屋がなぜ近代以降も長らく存続しえたのかという基本的な課題に取り組む必要がある。

そのため本書では、産屋を近代以降の日本社会および地域共同体の歴史のなかに位置づけ、その存続と閉鎖のメカニズムを多面的に検討する。産屋が近代以降どのように存続・閉鎖したのかということを、社会や共同体の動向に関連づけて論じることは、産屋を存続・閉鎖させた社会や共同体のありようを問うことでもあり、日本の出産の歴史を解き明かしていくうえで不可欠であると考えられる。

本書の最大の特徴は、近代以降の産屋に着目した点と、一つのフィールドに徹底的にこだわった点である。というのも、産屋のありようは事例ごとの差異が非常に大きいからである。もちろん、他の複数のフィールドにおいても調査を実施し、必要に応じて比較検討を行ったが、主たるフィールドには、香川県観音寺市伊吹島を選定した。その主な理由は、出部屋《デービヤ》と呼ばれる伊吹島の産屋が昭和四五（一九七〇）年まで利用されており、日本で最も遅い時期まで存続した産屋の一つであること、出部屋が昭和初期に「近代的な産院」となり、当時の状況を伝える書類綴も保存されていること、出部屋で分娩介助を行っていた助産師が調査当時健在であり、当時の状況をが存続していた時代に出産を経験した女性島民も多数健在であることである。以上のことから、伊吹島は、産屋と社会および共同体との関わりを実証的に考察するうえで相応しい素材である。

ではここで、本書の構成について簡単に述べておこう。第一章では、フィールドである香川県伊吹島および出部屋について概要を述べる。第二章および第三章では、日本社会の動向と出部屋との相互作用について論じる。第二章においては、昭和初期に出部屋が「伊吹産院」と名付けられ、妊産婦保護のための社会事業施設として助成金を受けていたことに着目し、出部屋が誰からどのようなかたちで産院として認知されたのかを明らかにする。第三章では、戦後の伊吹島で開業した助産師Nさんのライフヒストリーを通じて、出産が近代医療の対象とされていく社会的な変化と出部屋との関係性を明らかにする。第四章と第五章では、島の共同体内部の状況に着目し、共同体の変化と、出部屋をめぐる女性の選択や行動との相互連関について検討する。第四章では、昭和二〇—三〇年代の伊吹島において、女性たちが出部屋とどのように関わり、また離れていったのかを、共同体の動向との関連で明らかにする。第五章では、昭和四〇年代に出部屋が閉鎖した要因と、出部屋閉鎖後の伊吹島の出産のありようについて考察する。そして終章では、出部屋の存続と閉鎖のメカニズムについて改めて概観した上で、出部屋の存廃の意味について検討し、全体の総括を行うこととする。

本書を通じて、近代以降の産屋が行政側および医療者側と共同体側との間の利害関係のなかで存続しえたということや、そこで女性が経験した葛藤が明らかにされる。そして産屋の閉鎖過程から、産屋の長期間にわたる存続を決定づけた要因とその限界についてジェンダーの視点で考察し、日本の近代出産史のなかに産屋を位置づけたい。

# 近代日本における出産と産屋——香川県伊吹島の出部屋の存続と閉鎖／目次

はしがき……i

## 凡例

＊史資料からの引用にあたり、旧字体の漢字は人名を除いて新字体に改め、旧仮名遣いおよび送りがなはそのままとした。適宜句読点を補い、ふりがなは補ったり削除したりしている。改行は「／」で示した。

＊史資料および聞き取りからの引用文中の（ ）内は、特に断りのない限り、伏見による補足である。引用文中には、現代の視点からは不適切とされる表現も含まれるが、歴史的史料であることをふまえてそのまま引用した。

また本文中に、現代のジェンダー視点からみて問題とされる表現もあるが、インフォーマントの表現を尊重して記述した。

＊本書において、妊婦とは妊娠中の女性、産婦とは出産中ないし産後の女性を指す。

＊年号については、聞き取りのなかで主に元号が用いられるため、本書では煩雑さを避ける目的で元号を優先し、原則として元号（西暦）という表記を採用する。ただし、文献の発行年や調査年月日は西暦で記す。

# 序章　産屋研究の視角

## 第一節　産屋はどのように描かれてきたか

本書は、出部屋《デービヤ》と呼ばれる香川県観音寺《かんおんじ》市伊吹島《いぶきじま》の産屋《うぶや》を分析対象とし、日本社会および島の共同体の変化に関連づけながら、出部屋の存続と閉鎖のメカニズムを検討するものである。

産屋とは、民俗学の代表的な辞典である『民俗学辞典』（一九五一年）によれば、「産婦が産の忌の期間すなわち二十一日ないしは七十五日間、別火生活をする所」（柳田國男監修、民族学研究所編 1951：62）と定義され、その約半世紀後の『日本民俗大辞典　上巻』（一九九九年）では、「出産をするための場所で、特別に準備された別棟の小屋あるいは産室をいう。出産・産後のある期間、産婦と生児がこの小屋で過ごした。（中略）出産後は産の忌みの期間は小屋に籠り、家族と別れて別火の生活をしたのである」（倉石 1999：179）とされるものである。つまり産屋は、出産に伴うとされる穢れを理由に、女性が出産時ないし産後の一定期間を家族と離れて過ごした場の総称として定義されてきたのである。

個々の産屋に対する呼称は、ウブヤ、デベヤ、タヤ、タビ小屋、コンエ、カゲ、ヒマヤ、ヨゴラヤ、ベツヤなど様々である（柳田 1935：21–26、大藤 1969：32–33）。産屋の全国的な分布を示すと、（図序－1）のようになる。（図序－1）は、文化庁編『日本民俗地図Ⅴ（出産・育児）』（一九七七年）の調査対象地のうち、女性が出産時ないし産後を母屋とは別棟の小屋等で過ごしていたことが確認された地点に●印をつけたものである。全国的にみれば、産屋が存在しなかった地点の方が圧倒的に多いと考えられるが、瀬戸内および東海、若狭地方などには比較的多くの産屋が存在したことが確認されている。(1)

産屋は、日本で最も古い出産習俗の一つであり、遠い昔になくなったものと考えられやすい。また、出産の穢れというのは、明治五（一八七二）年の太政官布告第五六号「自今産穢不及憚候事」によって、国家の制度上は憚る必要がないとされたものである。しかしながら、地域によっては、産屋が第二次世界大戦後まで利用されたケースもあり、なかには、「近代的な産院風に改造」されたものもあることが知られている（松岡 1972：74）。

出産の穢れとの関係性を問うことなしに語れないはずの産屋が、長きにわたって維持され、最終的に廃されたのは、一体なぜなのだろうか。この点を追究することは、現代の女性の暮らしにも様々なかたちで影響を及ぼしている穢れ観が、歴史のなかでどのようにして維持され、変容してきたのかということを考えるうえでも必要なことである。また、一九七〇年代以降にみられる自然出産運動や近年の地域おこしのなかで、産屋が高く評価されることもあるが、それらは産屋の歴史をふまえた評価であるといえるのだろうか。こうした疑問に端を発し、わたしは産屋を対象とした歴史研究に着手した。(2) (3)

では、これまでの研究のなかで、産屋はどのように描かれてきたのだろうか。昭和初期から全国で女性の生活史を調査し、昭和五五（一九八〇）年に論考集『女の民俗誌――そのけがれと神秘』をまとめた瀬川清子によれば、例えば愛知県北設楽郡振草《ふりくさ》村神田（現在の北設楽郡設楽町神田）およびその周辺には、出産や月経の際に籠る

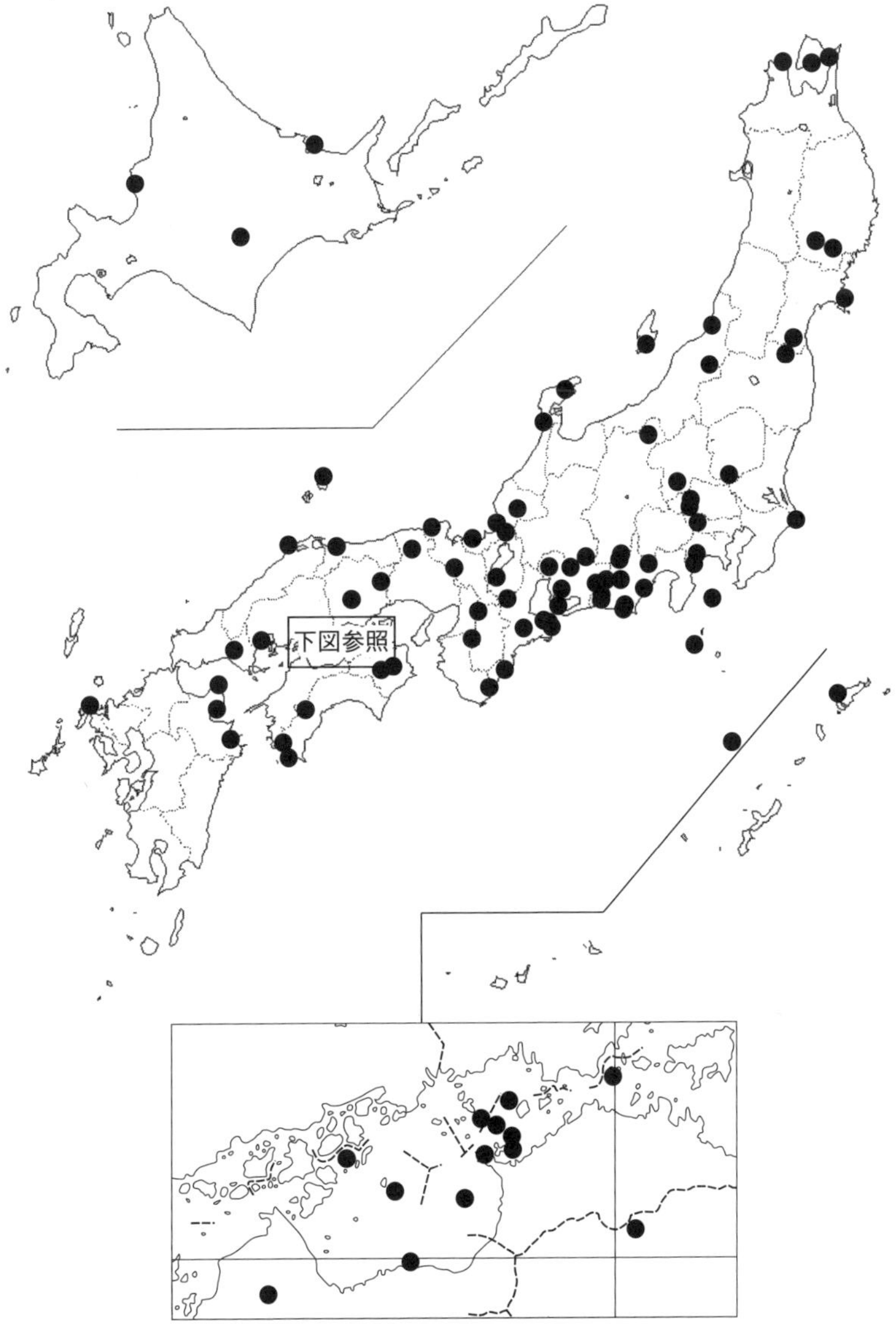


**図序－1　国内における産屋の分布**

文化庁編『日本民俗地図Ｖ（出産・育児)』(1977年）をもとに作成。

忌屋《いみや》が複数存在したが、明治維新後に「お上」から「そんなものはけがれていない」と言われ、日清・日露戦争の頃になると忌屋は目に見えて減少し、忌屋生活を守っている人の方が人目を避けるようになったという（瀬川 1980：16–17）。また、瀬川の足跡を辿って岡山県笠岡諸島を訪れた福尾は、真鍋島でも明治初期に巡査が来て集落共有の産屋（カンギャと呼ばれることが多い）を「倒した」ということを紹介している（福尾 1986：100）。そして、かつて産屋が存在した土地の市町村史誌や郷土資料を見ても、明治期頃に産屋を閉鎖したケースが目立つ。

一方で、瀬川は「文化の浸潤のおそい島々や、ことさらに血のけがれをおそれる漁猟者の村、または霊験あらたかな神社所在の村などには、おそくまで産屋の生活が残っていた。また村内でも、神主・修験者および由緒を重んずる旧家などは、後々までも厳重な忌籠りのふうを忘れなかったようである」（1980：69）とも述べており、出産に対する穢れ観が生業や宗教と関連深いこと、穢れ観の強いところで産屋が遅くまで利用されたことを指摘する。なかでも漁師について、「海辺の住民、つまり海に働く漁業者は、出産・月事のけがれを特におそれるといわれる。山や野に働く山村・農村の人にも、山の神などに対する禁忌はあるが、板子一枚下は地獄の海に働く人々の危機感は強く、禁忌もいちだんと多い」（1980：44）と述べ、漁師の穢れ観が特に強いということを明らかにしている。つまり、明治初期の太政官布告によって廃止された産屋もあったが、産屋が維持されたところもあり、穢れ観の強い漁村では特にその傾向が強かったということになる。

瀬川が論考集を出版した翌年には、産屋研究の嚆矢である西山やよい「「産小屋」習俗の中の女たち」（谷川健一・西山やよい『産屋の民俗——若狭湾における産屋の聞書』国書刊行会、三九—二二五頁、一九八一年）が発表された。これは、若狭湾一帯の各集落の女性への聞き取り調査に基づく労作であり、彼女たちが産屋でどのような経験をしたのかを綴った前半部分と、それをもとに「調査項目別分析」を行った後半部分に分けられる。

前半部分では、具体的な聞き書きの内容が記録されており、集落の生業や宗教が、出産や月経をめぐる穢れ意識のありように影響していることも示唆されている。また、原子力発電所の設置に伴う道路の敷設や、産屋での助産を担っていたトリアゲバアサンの引退および死去が産屋の閉鎖につながったケースがあることも明らかにされている。何より、この論考は、女性の労働の厳しさに随所で言及しながら、「産小屋へ行ったのは、穢れとか不浄のためとかいわれたが、産婦にとっては、「養生に行きましたんや」と語る」（西山 1981：89）というように、女性にとっての産屋の意味を捉えようとしている点に特徴がある。そして後半部分では、産屋の形態や使用法、禁忌の日数や内容等について、集落ごとの差異と共通点がまとめられ、分布図や表のかたちで提示されている。

このように、瀬川と西山の研究では、共同体の生業や宗教が穢れ観の強弱に関係していること、穢れ観の強いところで産屋が存続するケースが目立つこと、太政官布告や交通の変化といった社会の動きが産屋の閉鎖に影響する場合もあったことなどが示されているわけである。これは、産屋が社会や共同体のありようと密接に関連していることを示唆するものである。さらに、普段厳しい労働を強いられている女性にとって、産屋は穢れのみでは捉えきれないことも明らかにされている。では、瀬川・西山以後の産屋研究には、どのようなものがあるのだろうか。

一九八〇年代という時代は、病院および診療所での出産（以下、病院出産と表記する）が九五％を超え（図序－2）、同時に、陣痛促進剤の多用や不適切な子宮摘出手術などが社会問題化した時代でもある。そのようななかで、吉村典子は「昔のお産」を見直そうと、四国地方を中心とした聞き取り調査を行った。吉村（1985、1992、1999、2008）は、病院出産との対比で、「産む側」の立場から「昔のお産」や「ムラのお産」を積極的に評価し、産屋についても、「伝統社会は若嫁に、忌み籠もりという公認の時間と空間を与え、母体の労働免除と体力再生、および母子関係の構築の機会を習俗というかたちで与えたのではないだろうか」（吉村 1999：111）とまとめている。鎌田久子らもまた、吉村（1985）の影響を受けるかたちでかつての産育習俗を評価し、産屋での出産は病院

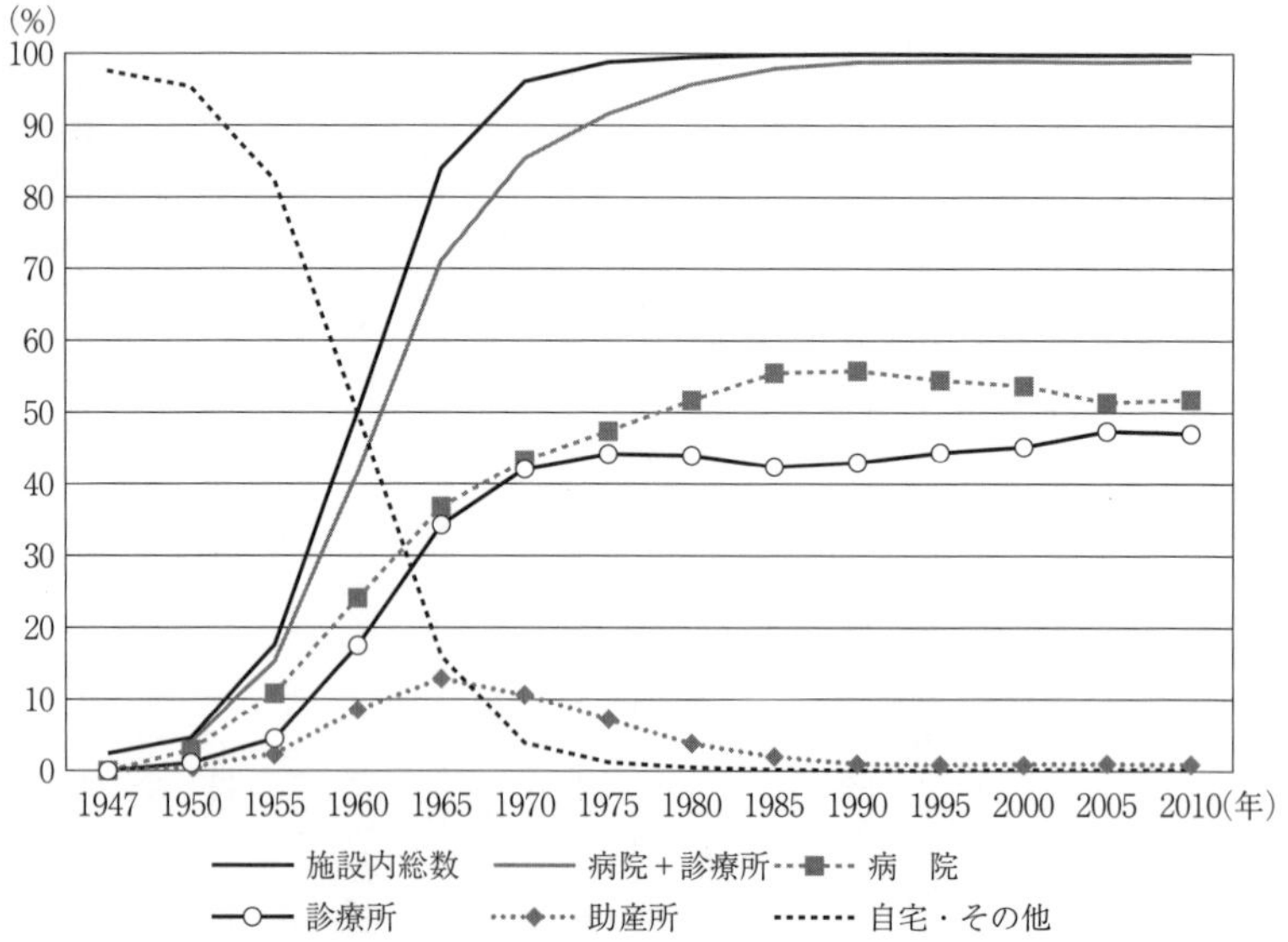


**図序－2　戦後における出産場所の推移**

「平成 23 年　人口動態調査　上巻　出生　第 4. 8 表　市部―郡部・出生の場所別にみた年次別出生数百分率」（http://www.e-stat.go.jp/SG1/estat/GL08020103.do?_toGL08020103_&listID=000001101883&requestSender=estat、2014 年 10 月 25 日閲覧）をもとに作成。なお、病院とは「医師又は歯科医師が、公衆又は特定多数人のため医業又は歯科医業を行う場所であつて、二十人以上の患者を入院させるための施設を有するもの」（医療法第 1 条の 5）であり、診療所は「医師又は歯科医師が、公衆又は特定多数人のため医業又は歯科医業を行う場所であつて、患者を入院させるための施設を有しないもの又は十九人以下の患者を入院させるための施設を有するもの」（同）である。また、助産所は「助産師が公衆又は特定多数人のためその業務（病院又は診療所において行うものを除く。）を行う場所」（医療法第 2 条）のことである。

出産とは異なり「自然のまま」であったと述べている（鎌田他 1990：120）。

　これらの時代を経て、産屋研究は、産屋を利用した女性の意識を重視する研究スタイルが定着した。例えば細木ひとみは、西山（1981）の聞き書きを援用しながら、特に産後にのみ利用されるタイプの産屋は穢れを避ける場所ではなく、産後の母子が養生して「身体を守る場所」であり、「母と子になる場所」だったと述べている（細木 2002：26）。

　また、もう一つの研究傾向として、ブッシイ、アンヌ・マリの研究に代表されるように、産屋あるいは出産の穢れの「本質」を明らかにしようとするものもある。ブッシイによれば、産屋とは、「母の力」や「母の役割」の「偉大さ」を象徴するものであったという（ブッシイ 1985：257–258）。あるいは、Tonomura（2007）のように、主に古代から前近代までの文献を通じて産屋と穢れとの関係性を考察した研究もある。

板橋春夫もまた、「産屋の本質は何か」という課題を掲げ、記紀神話に登場する産屋や産屋の構成要素等を分析した牧田（1981）や高取・橋本（1968）、高取（1993）、谷川（1990）の主張する「産屋の原初的形態における論理」、すなわち「産屋の発生は、神の加護を得るための籠りであった」という捉え方を紹介している（板橋 2014：49）。さらに板橋は、「各地に伝承される産屋習俗には、前近代の習俗をさりげなく伝えているものが少なくない」（同：49）として、近代以降の産屋のありようにも着目している。板橋によると、近代以降の穢れの弱まりの結果、産屋に「「不浄（文化的次元）から休養（生理的次元）へ」という価値の変換が起こり、あわせて「別火（ケガレの忌避・強調化）から共助（地域協力・産婦活力）へ」という動きが見られるようになった」という（同：49–50、括弧内は原文のまま）。しかしながら、不浄ゆえの隔離や別火の側面が強いという産屋の例と、休養や共助の側面が強いという産屋の例は、それぞれ別の共同体のものがあげられており、これをもって「価値の変換」と言えるかどうかは検討の余地があるだろう。

以上で述べてきた通り、産屋は穢れとの関係性を抜きにして語ることができず、先行研究では、穢れ観の強弱には共同体の生業や宗教が関わっていること、太政官布告や交通の変化、助産者の不在化が産屋の閉鎖に影響する場合もあったことが示唆されてきた。一方、産屋を利用する女性にとっては、産屋が穢れのみでは捉えきれないことも明らかにされ、また、神話などにあらわれる産屋の神聖性が論じられることもあった。

## 第二節　本書で明らかにすべきこと

前節で検討したことから、これまでの産屋研究においては、集落ごとの産屋の特徴をつかむこと、産屋の「本質」を探ること、女性にとっての産屋の意味を浮かび上がらせることが重視されてきたといえる。しかし、一つの産屋に焦点をあてながら、その産屋がどのような経過をたどって存続し、やがて閉鎖したのかというメカニズムを、社会や共同体の歴史的変化に関連づけて明らかにした研究は非常に乏しかった。

また、女性にとっての産屋の意味を検討した研究についても、女性の年代や立場による差異を考慮しているとは言い難く、吉村（1999）や細木（2002）のように、それぞれの共同体の女性を一枚岩的に捉えて産屋を評価しようとするものが目立っていた。吉村（1999）は、「出産習俗を行う当事者の生活レベルのちがいによって、（産屋での）「ケガレ」祓い儀礼への感受性が異なるのではないか」という重要な指摘をしているが、ここでは「ほとんど労働免除の上層階級の女性」に対して「つねに精一杯の労働を必要とされる庶民の女性」が一括りにされており、家庭環境や年代等の細かい「ちがい」は度外視されていた（1999：110）。

あるいは、成清弘和『女性と穢れの歴史』（2003）や波平恵美子『ケガレ』（2009）のように、穢れ（ケガレ）を主題とする研究においても産屋は登場しているが、近代以降の産屋や穢れ観の変容について歴史的視点で考察されているとは言い難い。

そのようななかで八木透は、「近世から明治以降において、それぞれの地域社会の中で、産屋がいかなる意味を有する存在として存続してきたのかが重要なのである」という問題意識や、「明治以降の近代社会における出産観や育児観のめまぐるしい変遷と、イデオロギーとの相関性を認識した上で、現実の意識や状況の変化に対応した民俗事例の把握に努める必要性がある」という立場を表明しており（八木 2008：18–19）、特筆すべきである。しかしながら八木自身は、他の研究と同様に各地域の「妊産婦」を一枚岩的に把握しようとする姿勢のもとで、限られた情報から「想像」を繰り広げており、この研究から産屋の歴史的変化や近代以降の社会状況との関わりはあまり見えてこない。

なお、産屋研究には、複数の事例を同時に扱ったものだけでなく、一つの事例について論じた研究もある。そのなかで特に重要なのは、吉井他（1996）と坂口他（1997）の研究である。これらは、昭和四二（一九六七）年まで利用された三重県志摩市越賀《こしか》の産屋（おびやと呼ばれる）のありようが時代とともに変化したことを示すものである。特に、おびやが大正期に当時の越賀村議会の決定を経て「産婦保養所」となり改築され、「単なる村の共同施設として存在していた産屋が、公的に認められた援助施設として歩みだすことになった」（坂口他 1997：204）という指摘は、産屋の変容を考えるうえで重要である。また、おびやが閉鎖に至った要因として、女性の労働環境の変化と「生活水準の向上」、病院出産の普及があげられている（吉井他 1996：75）。これは、瀬川（1980）や西山（1981）と同様に、近代以降の社会的な変化が産屋の閉鎖につながったということを示す例として重要である。ただ、吉井他（1996）と坂口他（1997）の主たる関心は、この土地独自の「産みの文化」（坂口他 1997：204）や、その「現代的意義」（吉井他 1996：71）を明らかにすることであり、近代以降の社会や共同体の動向に関連づけながらおびやの変化を論じることが主題ではなかった。

しかしながら、産屋の存続と閉鎖のメカニズムを、社会や共同体の動向に関連づけて論じることは、産屋を存続・閉鎖させた社会や共同体のありようを問うことでもあり、日本の近代出産史を解き明かしていくうえで不可欠であると考えられる。これまでの近代出産史研究は、出産が近代医療の対象となり、また出産場所が自宅等から病院へと移行していく過程について論じたもの（藤田 1979、松岡 1985、落合 1989b、中山 2001、安井 2013など）

や、分娩介助の担い手に焦点をあてた研究（落合 1990a、1990b、長谷川 1993、西川 2004、木村 2013など）が大半であり、出産をめぐる社会や共同体の変化のなかに、出産の穢れ観とも関わる産屋という慣習が生き残る余地があったということに着目した研究は非常に乏しかった。本書は、産屋の存廃のメカニズムを重層的に解明することにより、日本の近代出産史のなかに産屋を位置づけようとするものである。

また、現在の日本においては、少子化の進行に歯止めがかからず、非常に大きな問題になっている。その一方で、女性が子どもを産みたいと思っても、生活圏内に出産施設が存在しなかったり、妊娠出産および産後をサポートする共同体のネットワークが崩壊していたりするのが現状である。こうした現状を改善し、子どもを産み育てやすい環境を構築することは、現代社会の重要な課題とされている。産屋というのは、共同体や近隣同士で出産を支え、関わっていく仕組みの一つであったと考えられるが、その仕組みが社会や共同体においていかなる意味を持ち、女性たち一人ひとりがこの仕組みとどのような関係を築いてきたのかを明らかにすることで、共同体で出産を支えるとはどういうことなのかを検討することにもつながると考えられる。

このような問題関心と展望に基づき、産屋の歴史を多様な立場から詳細に明らかにするため、本書では一ヶ所のフィールドにこだわる。というのも、先行研究からうかがえるように、産屋のありようは事例ごとの差異が非常に大きいからである。わたしはこれまで、産屋の存在が複数確認されている瀬戸内地方や（図序-3）、第二次世界大戦後まで利用された全国の産屋を訪ねてフィールドワークを行ってきたが(4)、本書では、日本で最も遅い時期まで利用された産屋の一つである香川県伊吹島の出部屋を分析対象とし、その存続と閉鎖のメカニズムを解明する。特に、日本社会および島の共同体の動向と出部屋の変化との関連に着目し、出部屋の存廃が、社会や共同体、そして女性にとってどのような意味を持つことだったのかということを明らかにしたい。

分析対象として伊吹島を選定した理由は四つある。一つ目は、出部屋が昭和四五（一九七〇）年まで利用され

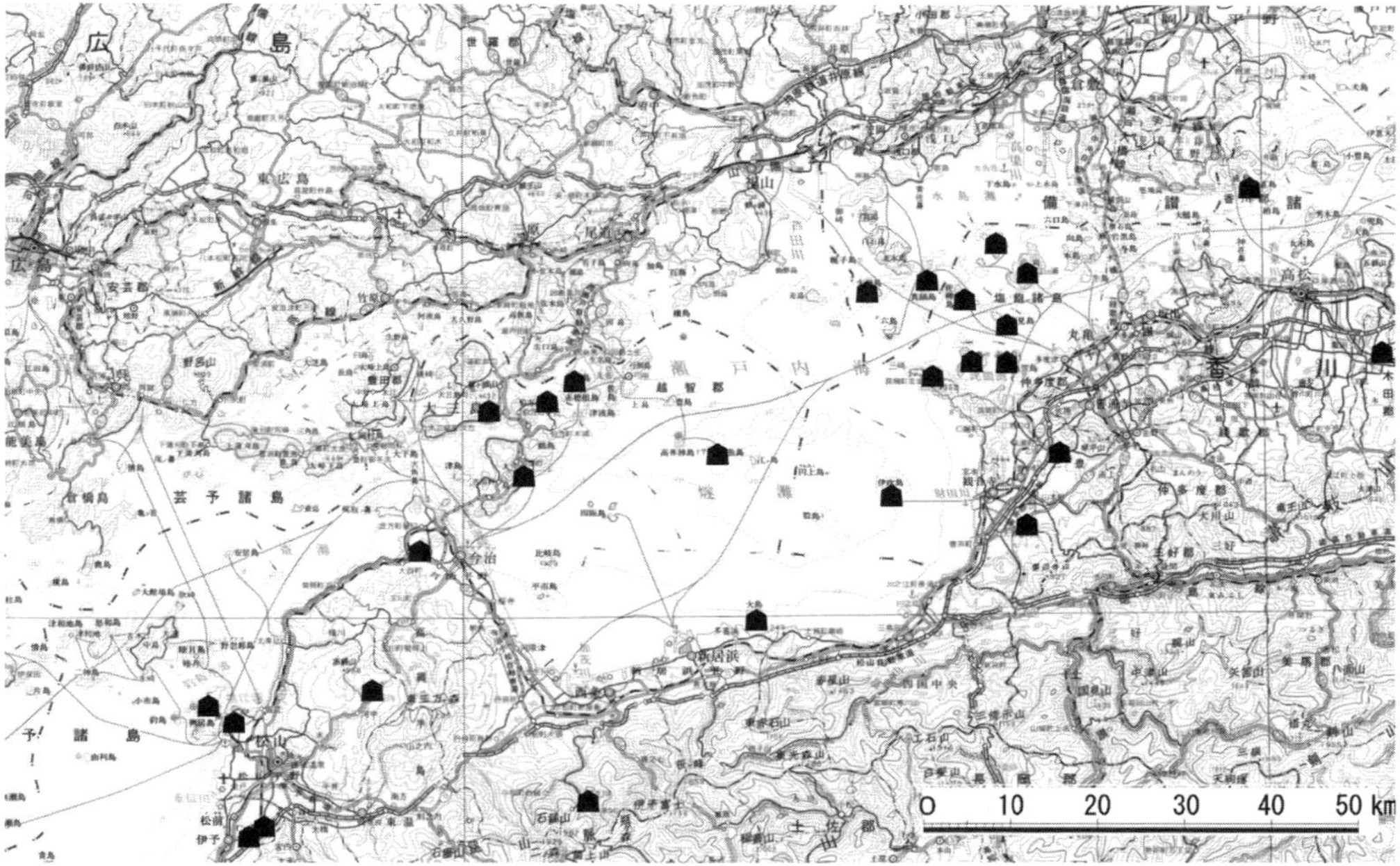


図序－3　瀬戸内地方における産屋の分布

文化庁編『日本民俗地図Ⅴ（出産・育児）』（1977年）、恩賜財団母子愛育会編『日本産育習俗資料集成』（第一法規出版、1975年）、香川・愛媛・岡山・広島の各県史、各県教育委員会編集の民俗地図をもとに作成。調査対象地のうち、女性が出産時ないし産後を母屋とは別棟の小屋等で過ごしていたことが確認された地点に☗印をつけた。国土地理院50万分の1地方図「中国四国」（平成20年10月1日発行、4色刷、1刷）の一部を加工。

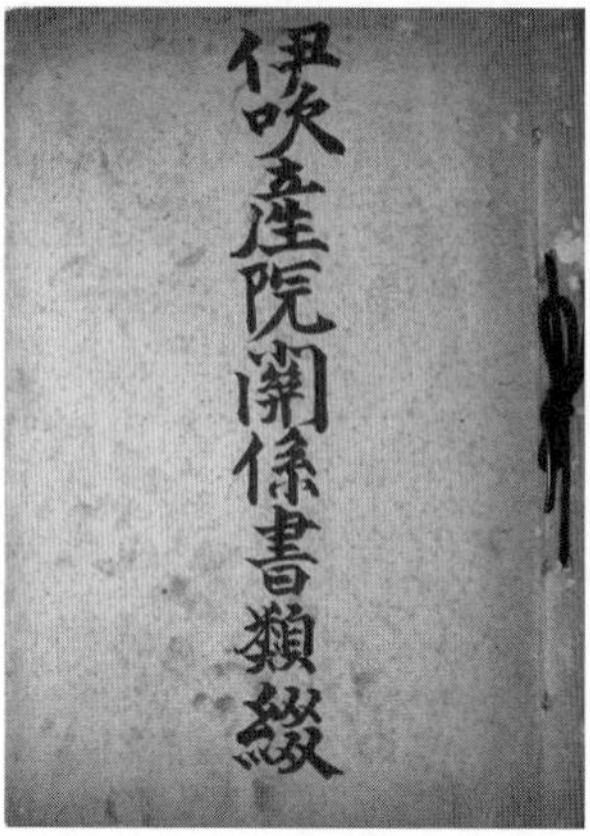

**図序－4　『伊吹産院関係書類綴』の表紙**
伏見撮影、2008年8月25日

ており、日本で最も遅い時期まで存続した産屋の一つであること。瀬川（1980）も、「瀬戸内海の島々には割合に産屋の古風が残っていて、香川県の伊吹島のそれなどは、早くから注意されている」と指摘している（1980：69）。二つ目は、昭和戦前期の出部屋に関する文書が綴じられた『伊吹産院関係書類綴』（以下、『綴』と表記。（図序－4））が島内に保存されていること。出部屋は、昭和初期に「伊吹産院」という名称を得て改築された経緯を持つが、『綴』には、当時の島の男性有力者の手による記録や、島外から得た助成金に関する書類が多数残されている。これにより、出部屋と行政等との関係性を知ることが可能である。三つ目は、出部屋で分娩介助を行っていた助産師[5]が調査時において健在であったこと。出産が近代医療の範疇に取り込まれていくという全国的な動向と出部屋との関係を知るうえで、助産師の証言は欠かせないものである。四つ目は、出部屋が存続していた時代に出産を経験した女性島民が多数健在であること。出部屋を利用した、あるいは利用しなかった各年代の女性に聞き取り調査を行うことにより、彼女たちがどのような共同体の状況のもとで出部屋を利用し、やがて利用しなくなっていったのかを明らかにすることが可能である。本書では、社会や共同体の変化に着目するからといって、女性たちの選択や行動の主体性を無視するわけではない。むしろ、彼女たちの主体性を考えるうえでも、それがいかなる状況のもとで可能となり、また制限されたのかということこそが重要なのである。

　以上の理由から、社会や共同体の変化に関連づけて産屋の変遷を考える際に、伊吹島ほどふさわしい素材はないと考えられる。なお出部屋は、昭和初期に「伊吹産院」とされた後も島内では主に「出部屋」と呼ばれていたことから、本文中でも原則として出部屋と表記する。

## 第三節　研究方法と本書の構成

本書は、産屋についての事例研究であり、現地での文献収集や聞き取り調査が研究方法の中心となる。伊吹島での調査は、二〇〇八年八月―二〇一五年九月の間に断続的に行い、その後も電話等による補足調査を行った。出部屋の変容に関わる社会の動向については、先述の『綴』をもとに検討する。この『綴』には、昭和戦前期に得られた助成金に関する書類や、島民が作成した「伊吹産院」の報告書などが綴じられている。これにより、出部屋が誰からどのようなかたちで「伊吹産院」として認知され、助成金を得ていたのかを知ることが可能である。本書では、『綴』から得られた情報を、助成を行った側の資料と突き合わせることにより、出部屋と社会構造との関連性についてできる限り精密な歴史叙述を行う。また、社会のなかで出部屋がどのようにまなざされていたのかを知るため、新聞や雑誌等も適宜参照する。そして、出部屋と近代医療との関連については、伊吹島で昭和二一（一九四六）年から昭和四二（一九六七）年まで分娩介助に携わった助産師Nさん（大正一四（一九二五）年生）への聞き取り調査から明らかにする。また、昭和二六（一九五一）年に伊吹島に赴任し、定年まで勤め上げた元保健婦の女性（大正一三（一九二四）年生）にも補足的に聞き取り調査を行う。

共同体の動向については、伊吹島の各年代の女性への聞き取り調査を中心にしながら、香川県観音寺市役所伊吹支所職員や郷土史家、元漁師、神社関係者、女性の家族等への聞き取り調査によって、必要な情報を補足する。聞き取り調査を主とした場合、事実関係の正確さという点で懸念が生じるが、本書では、伊吹支所所蔵の統計資料や書類、観音寺市立図書館および伊吹島民俗資料館（観音寺市郷土資料館分館）所蔵の郷土資料等を併せて用いることにより、正確を期する。

個々の女性の出産をめぐる選択と行動についても、島の女性への聞き取り調査によって明らかにする。現在直接的に聞くことができるのは、昭和二〇（一九四五）年以降の出産経験である。昭和二〇年代から五〇年代に出産した一人ひとりの女性の経験を丹念にたどることで、出部屋を利用するのが当たり前であった時期から、徐々に利用しない女性が増えていく時期へと移行する過程を十分追うことができる。出部屋を利用した女性だけでなく、利用しなかった女性にも聞き取り調査を行うことにより、女性たちがいかなる状況下でどのような選択をしたのか、あるいはできなかったのかということを詳らかにすることは、本書の特色の一つである。

聞き取り調査に際しては、インフォーマント本人の同意を得られた場合に限り録音し、メモをとった。また、聞き取り内容の掲載については、実名を出さないなどプライバシーに配慮することを条件に許可を得ている。島の女性インフォーマントは、全部で四二名であり、生年の早い（年齢の高い）順に①さん、②さん……と表記する[6]。生年の範囲は、大正一〇（一九二一）年から昭和三四（一九五九）年である。

以上の研究方法に基づき、本書は五章構成をとる。

第一章では、フィールドである香川県伊吹島および出部屋の概要について述べる。

第二章および第三章では、日本社会の動向と出部屋との相互作用について論じる。第二章においては、昭和初期に出部屋が「伊吹産院」とされたことに着目し、出部屋がなぜ助成金を得るようになったのかを明らかにする。第三章では、戦後の伊吹島で活躍した助産師Nさんのライフヒストリーを通じて、出産が近代医療の対象とされてゆく社会的な動向と出部屋との関係性を明らかにする。従来の研究において、産屋は近代医療と対立的に描かれることが多かったが、Nさんはいかなる医学的バックグラウンドをもって、どのように出部屋に対処したのだろうか。また、その結果、出部屋にどのような変化がもたらされたのだろうか。こういった問いに対して、実証的にこたえる。

第四章と第五章では、伊吹島という共同体内部の状況に着目し、共同体の動向と、出部屋をめぐる女性の選択や行動との相互連関について検討する。第四章では、昭和二〇―三〇年代の伊吹島において女性たちが出部屋とどのように関わり、また離れていったのかを共同体の動向との関連で明らかにする。第五章では、昭和四〇年代に出部屋が閉鎖した要因と、出部屋閉鎖後の伊吹島の出産のありようについて検討する。

終章では、各章で得られた知見をあらためて整理し、序章にあげた課題に沿って全体の総括を行うこととする。

## 注

（1）女性が出産時ないし産後を過ごすという目的に特化した小屋だけでなく、物置小屋や他家等も含む。というのも、例えば香川県三豊市志々島のように、集落共有の産屋を持たなかった地域では、自宅あるいは親戚の家の敷地内にある適当な小屋が「コンエ」等と呼ばれ、産屋の役割を果たしていたケースもあるからである（志々島での調査日は、二〇〇九年八月七日）。また、産屋があるとされた所でも、そこに住む女性全員が産屋を利用していたとは限らず、神職など一部の人だけが使っていたというケースもある。

（2）白井（1999）によれば、自然出産運動とは、「一九七〇年代以降、ラマーズ法、アクティブ・バースなど、正常産における医療行為を可能な限りおこなわず、産婦の選択を重視する」ようになる動きのことである（1999：137）。

（3）例えば『助産婦雑誌』（医学書院、一九五二年創刊）では、一九八〇年代以降、「ゆきすぎた産科管理に対する反省から、分娩環境の見直し」をはかることの重要性が示され（小木曽・石原・鎌田 1981：6）、かつての出産習俗に関する連載や産屋関係の記事がいくつもみられるようになる。同誌上において、産屋は「一種の安堵の世界、一息できる休息の場だったという」（鎌田 1982：79）などと高く評価されたり、「自然分娩」を推進する病院が「現代版の産屋」と表現され、「昔の産屋というのもよかったんじゃないかな」と語られたりしている（朝比奈・菅沼・宮里 1984：36）。また近年においては、かつての産屋と現代の助産院のイメージを重ねて描く文献

（多仁 2006、福永 2014など）があるほか、各地の地域おこしのなかで産屋が「相互扶助の風習」等として宣伝されたり（「相互扶助の風習　見直す」『山形新聞』二〇〇八年一月二五日、朝刊、第一六面）、産屋を保存している地区が「産屋を中心として命の尊さを育んできた」と見做されて景観資産に登録されたりするケースもある（「京都府景観資産登録地区の紹介14　美しき命の源流うぶやの里・大原（おおばら）」京都府ホームページ http://www.pref.kyoto.jp/toshi/sisan014.html（二〇一四年一〇月二二日閲覧））。

（4）わたしがこれまで産屋の調査を行ったのは、山形県西置賜郡小国町大宮（産屋が昭和四三（一九六八）年まで利用された）、福井県敦賀市西浦の各地区（昭和二〇―五〇年代まで）、三重県志摩市越賀（昭和四二（一九六七）年まで）、京都府福知山市大原町《おおばらまち》垣内《がいち》（昭和二〇年代頃まで）、香川県観音寺市伊吹島（昭和四五（一九七〇）年まで）、大分県豊後高田市加礼川屋山（少なくとも昭和三一（一九五六）年まで）である。また、伊吹島との比較のため、周辺の離島（香川県仲多度郡多度津町高見島・佐柳島、三豊市粟島・志々島、広島県福山市走島）や、かつて産屋が存在したとされる地区（香川県木田郡三木町下高岡中屋など）においても調査を行った。

山形県西置賜郡小国町大宮の小屋場
伏見撮影、2010 年 3 月 27 日。

福井県敦賀市色浜のサンゴヤ（コヤ）
伏見撮影、2012 年 3 月 27 日。

京都府福知山市大原町垣内の産屋
伏見撮影、2008 年 4 月 26 日。

（5）現在の助産師は、明治三二（一八九九）年制定の「産婆規則」で「産婆」として制度化され、昭和二二（一九四七）年の「助産婦規則」で「助産婦」に改称された。この翌年に、「助産婦規則」は「看護婦規則」、「保健婦規則」とともに「保健婦助産婦看護婦法」に統一された。その後、平成一四（二〇〇二）年に同法が「保健師助産師看護師法」と改正され、「助産婦」という名称も「助産師」と改称された。本書では、各文脈の時代あるいは内容に応じた呼称を用いる。

（6）同じ年に生まれたインフォーマントが複数存在する場合、生まれた月・日の早い順に番号を付すが、月・日が不明である場合は、第一子出産年の早い順とする。

# 第一章　フィールドについて

## 第一節　伊吹島の概要

伊吹島は、香川県の西端に位置する離島である（図1－1、1－2）。平成二八（二〇一六）年二月現在、観音寺港より一日四往復の連絡船があり、西方約一〇キロメートル沖合の伊吹島へは約二五分を要する。運賃は片道五一〇円である。連絡船の発着地である伊吹島南端の真浦《まうら》港に降り立つと、そこには無数のオートバイが無造作に並び、軽トラックや乗り合いタクシーなど数台の軽自動車が連絡船の到着を待ち構えている(1)（図1－3）。この島の地形は、全体が台地状を呈しており、港湾設備やイリコの加工場の他は、全て台地上に位置している。そのため、どこへ行くにもまずは急坂を上るのを避けることができない。台地上も、車が通行できないほどの細い坂道の連続で、コンクリート舗装された細い坂道に沿って家屋が所狭しと立ち並ぶ景観は、さながら迷路のようである。島の最高点は海抜一二二メートルにすぎないが、この台地は南に向かって緩やかに傾斜しているため、真浦港からの急坂を台地上に上り詰めても決して平坦にはならない（図1－4）。

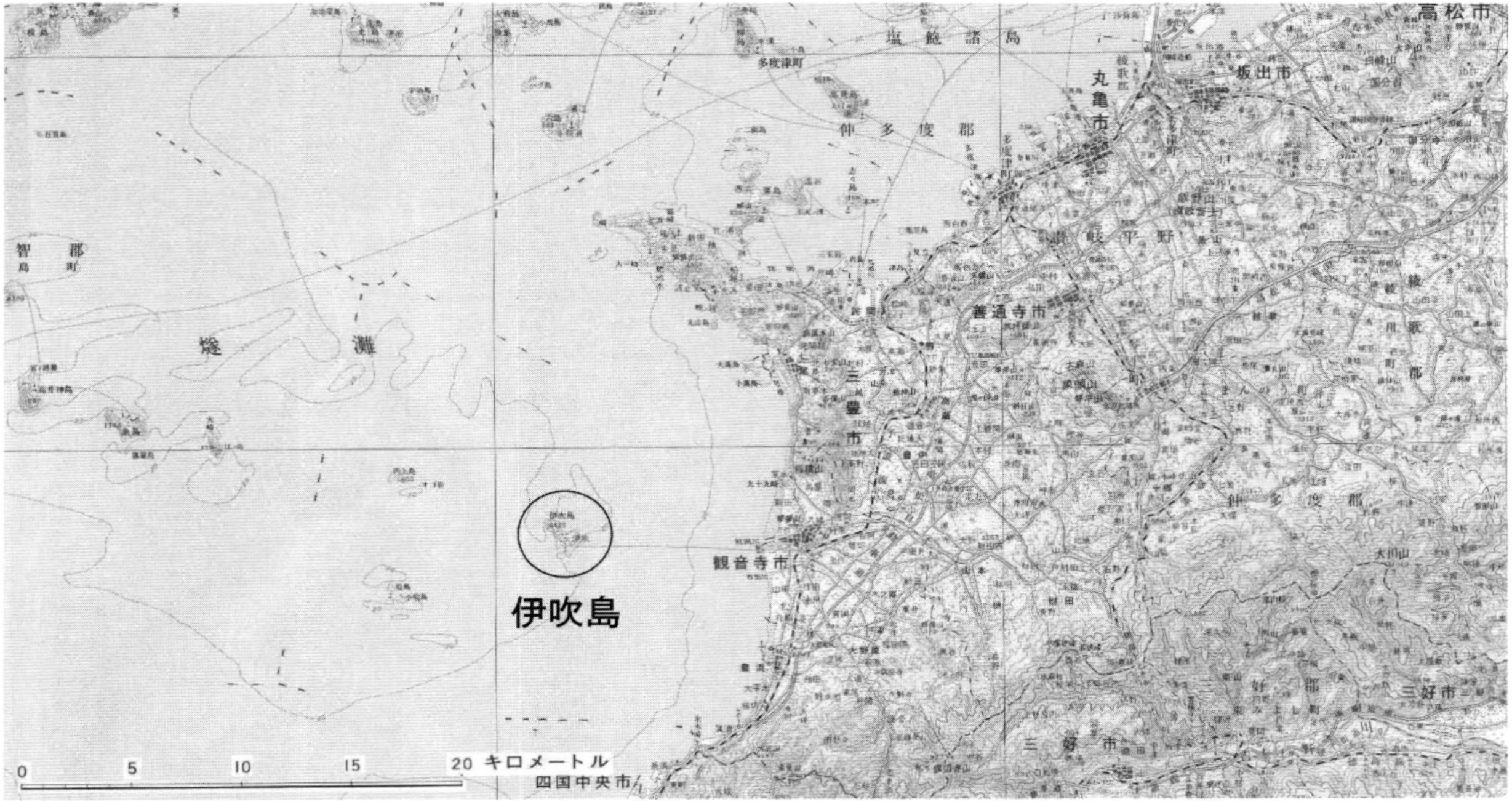


図 1－1　伊吹島の位置

国土地理院 20 万分の 1 地勢図「岡山及丸亀」（1986 年編集、2005 年修正）の一部を加工。

図1－2　伊吹島全景

「観光情報◆伊吹島」（観音寺市ホームページ http://www.city.kanonji.kagawa.jp/sight_n/ibuki.html、2014 年 10 月 27 日閲覧）より。

図1－3　連絡船より真浦港を望む

伏見撮影、2008 年 8 月 27 日。

図１－４　伊吹島全体図

観音寺市「観音寺市都市計画図41」(2500分の1、2002年測量、2006年修正）を加工。

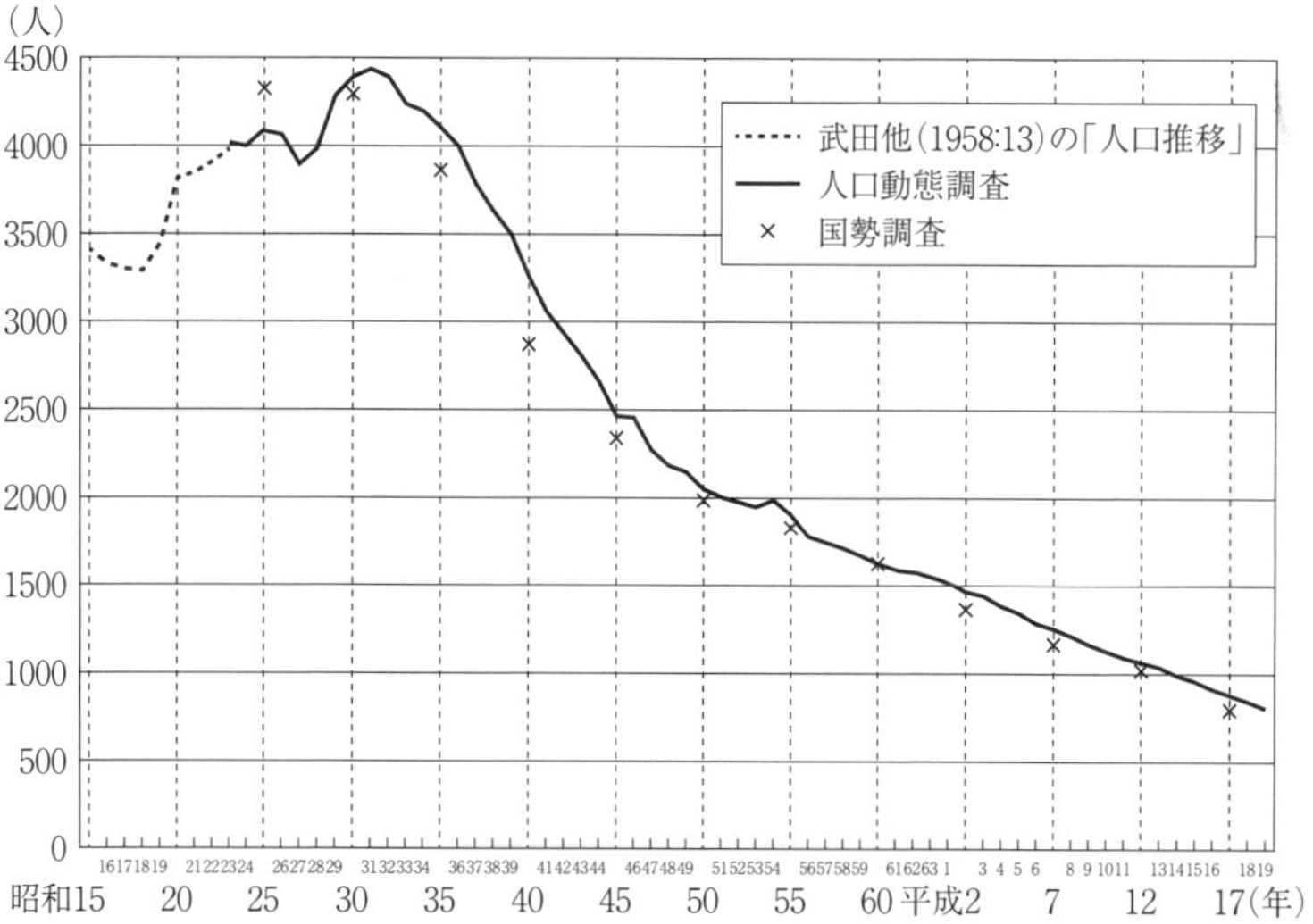


**図1－5　伊吹島の人口の推移**

昭和23（1948）年以前は武田他（1958：13）の「第一表　人口推移」をもとに作成。昭和23（1948）年以後の人口動態調査結果は「伊吹町人口推移」、国勢調査結果は「伊吹島の人口資料」（いずれも作成年不詳、観音寺市役所伊吹支所蔵）を参照し、作成した。なお、武田他（1958：13）によれば、明治5（1872）年1075人、大正2（1913）年2339人、大正12（1923）年2728人である。

伊吹島は周囲五・四キロメートル、面積一・〇五平方キロメートルの小さな島であり、平成二二（二〇一〇）年の国勢調査によると、二七三世帯、五九〇人が住む。漁業が非常に盛んで、イリコの島として知られている。かつては国外にも出漁し、朝鮮半島に加工場を持つ島民もあった。そうした経済的な背景もあって、人口が一番多かった昭和二〇年代後半から三〇年頃には四五〇〇人近くにも達していた（図1－5）。したがって、現在でも集落内の家屋密集度は非常に高い状態となっている。

なお、伊吹島は、明治維新前までは丸亀藩京極家の領地内にあり、明治に入ってからは、丸亀県、第一次香川県、名東県、第二次香川県、愛媛県、第三次香川県の時代を経て、明治二二（一八八九）年の町村制施行後は香川県三豊郡観音寺町大字伊吹となった。その後、昭和二四（一九四九）年に観音寺町より分離独立を果たして三豊郡伊吹村となったが、昭和三一（一九五

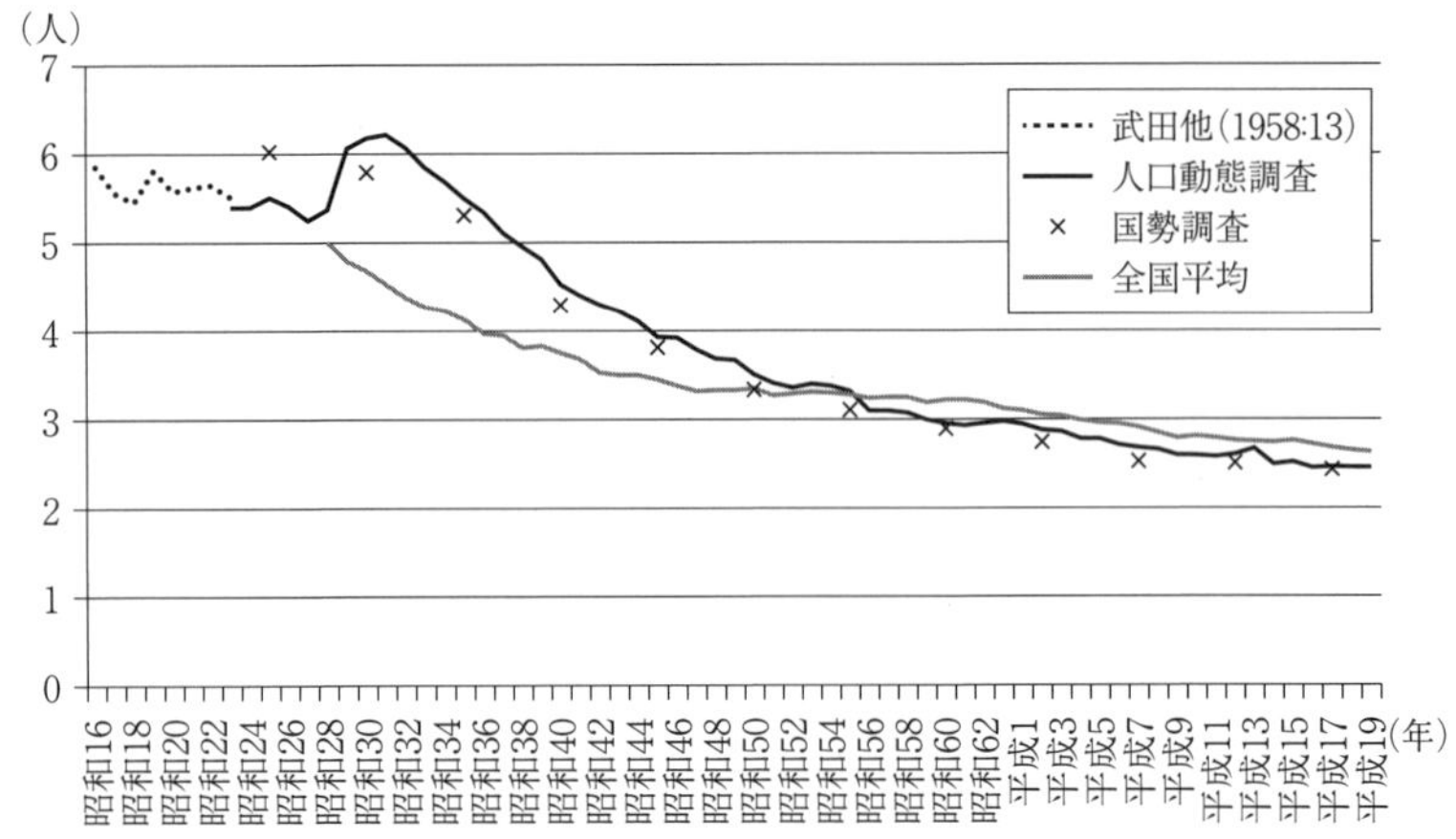


**図1－6　伊吹島の平均世帯人員の推移**

昭和 23（1948）年以前は武田他（1958：13）の「第一表　人口推移」をもとに作成。昭和 23（1948）年以後の人口動態調査結果は「伊吹町人口推移」、国勢調査結果は「伊吹島の人口資料」（いずれも作成年不詳、観音寺市役所伊吹支所蔵）、全国平均は「平成 25 年国民生活基礎調査　世帯（第1巻・第1章）年次推移　第7表　平均世帯人員、年次別」（http://www.e-stat.go.jp/SG1/estat/GL08020103.do?_toGL08020103_&listID=000001119310&disp=Other&requestSender=dsearch、2015 年 2 月 6 日閲覧）を参照し、作成した。

六）年には再合併して観音寺市伊吹町となり、現在に至る（武田他 1958：12、香川民俗学会編 1991：8-11）。

## 第二節　家族構成と年齢集団

伊吹島における平均世帯人員の推移を表すと、（図1－6）のようになる。これを見ると、戦後しばらくは全国平均を上回っているものの、その後は急速に減少し、現在は全国平均とほぼ同水準であることが読み取れる。

ただし、伊吹島の世帯人員および家族構成は、武田良三他（1958）および三尾裕子（1991）が指摘しているように、網元か否か、あるいは就労形態や職種によって大きく異なる。[2] 例えば、武田他（1958）は、昭和三〇（一九五五）年頃の抽出調査（表1－1、1－2）から、自営家族の平均世帯人員八・一人は被傭家族の五・五人を大きく上回っており、特に網元の一五・二人は極めて大きいと

**表1－1　業種別世帯人員別家族数**（昭和30（1955）年頃）

| 業種 ＼ 世帯人員 | 自営 | | | | | 被傭 | | | | 無職 | 総計 |
|---|---|---|---|---|---|---|---|---|---|---|---|
| | 網元 | 自営底曳 | 小漁師 | その他（商店・職人・農業等） | 自営合計 | 被傭漁夫 | 被傭底曳 | その他（公務員・会社員・人夫等） | 被傭合計 | | |
| 1人 | | | | | | 3 | | 1 | 4 | 3 | 7 |
| 2人 | | 1 | | 3 | 4 | 5 | | | 5 | 2 | 11 |
| 3人 | | 2 | 1 | 6 | 9 | 14 | | 4 | 18 | | 27 |
| 4人 | | 1 | | 6 | 7 | 11 | 2 | 5 | 18 | 2 | 27 |
| 5人 | | 1 | 1 | 8 | 10 | 8 | 1 | 5 | 14 | 1 | 25 |
| 6人 | | 3 | 1 | 5 | 9 | 12 | 2 | 2 | 16 | | 25 |
| 7人 | | 2 | 2 | 5 | 9 | 9 | | 4 | 13 | | 22 |
| 8人 | 1 | 2 | 2 | 5 | 10 | 13 | | 1 | 14 | | 24 |
| 9人 | 1 | 7 | | 3 | 11 | 3 | | 1 | 4 | | 15 |
| 10人 | | 2 | | 1 | 3 | 3 | | 1 | 4 | | 7 |
| 11人 | | 2 | | | 2 | 1 | | | 1 | | 3 |
| 12人 | | | | 1 | 1 | | | | | | 1 |
| 13人以上 | 3 | 1 | | 2 | 6 | | | 1 | 1 | | 7 |
| 合計 | 5 | 24 | 7 | 45 | 81 | 82 | 5 | 25 | 112 | 8 | 201 |
| 平均世帯人員 | 15.2 | 7.8 | 6.3 | 6.0 | 8.1 | 5.4 | 5.0 | 5.6 | 5.5 | 2.5 | 5.4 |

武田他（1958：18）の「第八表　職業別家族員数別家族数」をもとに作成。

いうことを述べている[3]（1958：29）。家族類型については、「同族家族（傍系家族）」の大部分が自営の網元か底曳漁家に集中しており、「夫婦家族」は被傭家族において顕著にみられる。「直系家族」は、自営家族においてやや優位である。また、「その他家族」（家族構成員に夫婦を含まないもの）が多いのが伊吹島の特徴としてあげられるが、それは被傭家族に集中しているという（同：31-32）。

その後、三尾（1991：444）が明らかにした昭和六三（一九八八）年の統計（世帯表）（表1－3、1－4）では、「同族家族」とほぼ同義とみられる「合同家族」が著しく減少しているものの、網元の平均世帯人員が六・八人、その他は二・八人で、やはり大きな差があることがわかる。

また相続に関して、武田他（1958）の調査（表1－5、1－6、1－7）によると、長男の家督相続が優先的に行われているものの、分家[4]

**表1－2　業種別家族類型別家族数**（昭和30（1955）年頃）

| 業種＼類型 | | 夫婦家族 | 直系家族 | 同族家族（傍系家族） | その他家族 | 合計 |
|---|---|---|---|---|---|---|
| 自営 | 網元 | | 2 | 3 | | 5 |
| | 自営底曳 | 7 | 13 | 3 | 1 | 24 |
| | 小漁師 | 4 | 2 | | 1 | 7 |
| | その他（商店・職人・農業等） | 16 | 19 | 2 | 8 | 45 |
| | 自営合計 | 27 | 36 | 8 | 10 | 81 |
| 被傭 | 被傭漁夫 | 39 | 26 | 2 | 15 | 82 |
| | 被傭底曳 | 4 | 1 | | | 5 |
| | その他（公務員・会社員・人夫等） | 14 | 4 | 1 | 6 | 25 |
| | 被傭合計 | 57 | 31 | 3 | 21 | 112 |
| 無職 | | 2 | 2 | | 4 | 8 |
| 合計 | | 86 | 69 | 11 | 35 | 201 |
| （参考）壬申戸籍 | | 72 | 72 | 10 | 29 | 184 |

武田他（1958：30）の「第九表　職業別家族類型」をもとに作成。武田他（1958：31、41）によれば、「夫婦家族」は夫婦と未婚の子から成る家族、「直系家族」は夫婦とその直系親族およびその配偶者を根幹とし、ときに傍系親族を含む家族、「同族家族」は既婚の傍系親族がその配偶者または子とともに同居する家族で「傍系家族」とも呼ばれるものである。「その他家族」とは、家族構成員のなかに夫婦をまったく含まないものである。

**表1－3　業種別世帯人員別家族数**（昭和63（1988）年）

| 業種＼人数 | 1 | 2 | 3 | 4 | 5 | 6 | 7 | 8 | 9 | 10 | 11 | 合計 | 平均世帯人員 |
|---|---|---|---|---|---|---|---|---|---|---|---|---|---|
| 網元 | | | | 3 | 4 | 2 | 2 | 2 | 2 | 2 | 1 | 18 | 6.8 |
| その他 | 64 | 59 | 32 | 23 | 19 | 9 | 9 | | 2 | | | 217 | 2.8 |

三尾（1991：444）の「表2　伊吹島の家族人員数の分布」をもとに作成。

**表1－4　業種別家族類型別家族数**（昭和63（1988）年）

| 業種＼家族類型 | 単身 | 夫婦のみ | 核家族 | 直系家族 | 合同家族 | その他 | 合計 |
|---|---|---|---|---|---|---|---|
| 網元 | | | 1 | 16 | 1 | | 18 |
| その他 | 64 | 48 | 62 | 38 | | 5 | 217 |

三尾（1991：444）の「表1　伊吹島の家族類型」をもとに作成。三尾（1991：444）によると、「直系家族」は二世代もしくは三世代の直系の夫婦を含む家族、「合同家族」は二世代もしくは三世代の夫婦を含み、なおかつある同世代に二組以上の夫婦を含む家族である。

**表 1－5　世帯主の兄弟姉妹の身分関係（人）（昭和 30（1955）年頃）**

| 身分／続柄 | 相続 | 分家（シンヤ） | 養子婚出 | 同居 | 死亡 | 総数 |
|---|---|---|---|---|---|---|
| 長男 | 121 | 14 | 1 | 2〔2〕 | 21 | 159 |
| 次男 | 33 | 81 | 8 | 4〔1〕 | 17 | 143 |
| 三男以下 | 7 | 115 | 18 | 31〔13〕 | 25 | 196 |
| 兄弟合計 | 161 | 210 | 27 | 37〔16〕 | 63 | 498 |
| 長女 | 5 | | 103 | 4〔2〕 | 18 | 130 |
| 次女 | | | 80 | 8〔2〕 | 12 | 100 |
| 三女以下 | 1 | | 52 | 14〔3〕 | 15 | 82 |
| 姉妹合計 | 6 | | 235 | 26〔7〕 | 45 | 312 |
| 合計 | 167 | 210 | 262 | 63〔23〕 | 108 | 810 |

武田他（1958：36）の「表十一　世帯主の兄弟姉妹の分析（その一）身分関係表」をもとに作成。「同居」のうち〔　〕内の数は「同居せるも他出している者」の数、「死亡」は未婚で死亡した者の数を指す。

**表 1－6　世帯主の兄弟姉妹の居住地域分布（人）（昭和 30（1955）年頃）**

| 地域／続柄 | 島内 | 郡内 | 県内 | 県外 | 不明 | 総数 |
|---|---|---|---|---|---|---|
| 長男 | 132 | 1 | | 5 | | 138 |
| 次男 | 114 | 2 | 1 | 9 | | 126 |
| 三男以下 | 142 | 7 | 1 | 20 | 1 | 171 |
| 兄弟合計 | 388 | 10 | 2 | 34 | 1 | 435 |
| 長女 | 91 | 11 | 1 | 8 | 1 | 112 |
| 次女 | 62 | 9 | 1 | 13 | 3 | 88 |
| 三女以下 | 50 | 4 | 1 | 11 | 1 | 67 |
| 姉妹合計 | 203 | 24 | 3 | 32 | 5 | 267 |
| 合計 | 591 | 34 | 5 | 66 | 6 | 702 |

武田他（1958：36）の「表十一　世帯主の兄弟姉妹の分析（その二）居住地域の分布」をもとに作成。

表1－7　世帯主の兄弟の分家（シンヤ）における地域分布（人）（昭和30（1955）年頃）

| 続柄＼地域 | 島内 | 郡内 | 県内 | 県外 | 総数 |
|---|---|---|---|---|---|
| 長男 | 8 | 1 | | 5 | 14 |
| 次男 | 71 | 2 | | 8 | 81 |
| 三男以下 | 93 | 6 | | 16 | 115 |
| 合計 | 172 | 9 | | 29 | 210 |

武田他（1958：36）の「表十一　世帯主の兄弟姉妹の分析（その三）分家及び離村における地域分布」をもとに作成。

した次男以下も婚出した女性も島内に居住し続けるケースが圧倒的に多いという傾向がみられる（武田他 1958：35）。

さて、ここで、家族構成とも関わりの深い婚姻のあり方に着目したい。武田他（1958）によると、壬申戸籍による島内婚率は九二・一％であり、昭和三〇（一九五五）年頃の抽出調査においても島内入婚率七六・二％、島内出婚率七〇・九％の高率を示している。島外婚では対岸の観音寺との通婚のほか、県外通婚が顕著であり、その範域は伊吹島民の漁業出稼ぎの拠点に集中していることが指摘されている（武田他 1958：43-45）。また、稲井広吉による昭和二六（一九五一）年七月の調査（回収率八八％）でも、島内入婚率八四％、島内出婚率九三％という結果が出ている（稲井 1957：348）。

この高い島内婚率を支えている重要な要素の一つが、「連」と呼ばれる年齢集団の結婚媒介機能である。以下、連について武田他（1958：44、58-64）および香川民俗学会編（1991：107）の調査・研究をもとに述べる。連は、一四、五歳の頃に気の合った男性同士によってインフォーマルに結成される交友集団であり、男性島民のほとんどがいずれかの連に加入している。学校卒業を契機に「固め」の式を行って独自の名称（親愛連・栄勇連など）をつけ、提灯をつくって宿親を選ぶ。宿親は、友人の父親のうちから選び、夜になるとその宿に寄っていろいろな話をしたり、未婚女性のいる家に遊びに行ったりした。そして、好きな女性ができると、そのことを同じ連の仲間に報告する義務があった。その女性を他の連の男性に横取りされることは「男性の恥」とされ、連の仲間はメンバーの結婚について最大限努力する必要がある。女性の親が結婚を承知するまで説得につとめ、承知しなければ連の仲間が女性を一時的に隠したり、当事者双方を伴って行方をくらませたりすることもあった。そして結婚式では、親戚よりも連の組を何組も接待するなど、連が重視されていたという。結婚後の男性が宿に寝泊まりすることはないが、連の付き合いは一生続いた。

このように、伊吹島の婚姻は、家と家との間で行われる仲人婚とは異なる「自由結婚」であり、階層性はさほど意識されなかったようだが、男性側の一方的な選択を前提とするものであった。古くは娘の方にも宿があり、定宿を「筆親」といって寝泊まりしていたようだ。

実際、聞き取り調査で夫婦の馴れ初めを尋ねると、連を通じて仲を深めていった様子が懐かしく語られるケースが多い。例えば、⑥さんの夫（大正一四（一九二五）年生）[5]が若い頃は、連の仲間とともに一晩に何軒もの女性の家へ遊びに行ったそうだ。そしてそのことがきっかけとなり、数え二四歳で⑥さん（大正一四（一九二五）年生）と結婚した。同じ連のメンバーが結婚する時は、連の提灯を持って相手の女性を迎えに行くものだったという。女性同士のグループもあり、男女のグループで遊ぶこともあったそうだ。⑭さん夫婦（いずれも昭和七（一九三二）年生）[6]が若い頃も「連の盛り」で、男性は小学校卒業前後の年齢になると連を組んで宿親を決め、毎晩のように女性の家へ遊びに行っていたそうだ。⑭さん夫婦は、それがきっかけで恋愛関係に発展したが、結婚するまで手も握らなかったそうだ。二人きりで外を出歩くと噂が立つため、家の中で会うだけだった、と二人は振り返る。

連の恋愛・結婚媒介機能がいつまで存在したかということについて、㊶さん（昭和三〇（一九五五）年生）[7]に尋ねると、㊶さんの六歳年上の姉が未婚の頃は、男性のグループが遊びに来ていたという。しかし、㊶さん自身の時はそういった慣習が衰退しており、親同士の紹介によるお見合い結婚だったそうだ。そのような時代になっても連自体は存在しており、㊶さんの夫も同じ連の仲間が伊吹島で結婚式をあげた時には、連の提灯を持って相手の女性を迎えに行き、伊勢音頭を歌って祝っていたという。現在も、㊶さんの夫は盆や正月になると連の仲間と集まっているそうだ。

筆親については、インフォーマントのうち①さん（大正一〇（一九二一）年生）[8]が唯一の経験者であった。①さんは、一三歳で「四つ身の着物から本身に変わった時」に、「筆娘」として親戚の家へ行き、お祝いの食事をしたそうだ。とはいえ、その親戚と特別な関係が続くわけではなく、一度きりの通過儀礼だったという。

また、伊吹島の年齢集団は連だけではなく、「若衆組」も存在した。武田他（1958：50-56）および香川民俗学会編（1991：105-106）によれば、若衆組は年齢の権威を重んじた強制参加の組織で、一七歳から三五歳までの男性から構成されていた。島内に三つの支部があり、それぞれに支部長・理事・幹事長・会計・炊事監督・炊事助手・ゴボウ洗いといった役職が存在した。⑭さんの夫は、若衆組について「厳しかった。しきたりがあって。上からの命令でな」と回想する。若衆組の主な機能は祭礼の奉仕（太鼓台の管理）であった。島に現存する一八〇〇年代以来の太鼓記録帳には、太鼓台にまつわる若衆組の活動の軌跡がみられるほか、「嫁・娘連中」が寄贈した飾り物や旗などの記録も記されているという（尾崎・三好編 2009：45、50）。

さらに⑭さんの夫によると、「青年団」の活動も活発に行われていたという[9]。これは、小学校卒業後から二五歳までの団員から成り、団長は二五歳の人の中から選挙で選ばれたそうだ。青年団では、燃料を刈り取って売る「松葉事業」や、分団対抗の演芸（歌や踊り）などが行われた[10]。⑭さんの夫は、併存していた連・若衆組・青年団のいずれも経験している。

これらの他、伊吹島には未婚女性の集団として処女会も存在したが、処女会については第二章第二節で述べる。

## 第三節　出部屋について

伊吹島の出部屋は、約四〇〇年前から存在したと伝えられている。産屋には、個人で用いるものや親類・近隣同士で用いるものなど様々な種類があるが、出部屋は島共有の産屋である[11]。階層や貧富の差によらず、島じゅうの女性たちが平等に利用するものであった[12]。

出部屋は、島の玄関口である真浦港から急坂を上り詰めて島の北側（北浦港）を望む場所に位置する（図1－7）。また、産屋といえば、出産のための小屋であると思われやすいが、明治生まれの女性たちに聞き取りを行った郷土史家の三好兼光さんによると、出部屋で出産したという人はおらず、自宅で出産を終えた母子が出部屋へ移動し、約一ヶ月間の別火生活を送るという利用方法であったようだ（三好編 2008：6）。明治二〇年代生まれの女性のなかには、月経時にも出部屋や自宅の納屋で別火の生活を送った人がいるという（同：7）[13]。出部屋は、明治初期に四畳半相当の部屋が三つある建物二棟に改築されたが、土間に筵敷きであったと伝えられる（同：5、細川 1958：46）。しかし、大正一〇（一九二一）年発行の内務省編『児童の衛生』は、当時の出部屋について、「妊婦は十箇月に満ち産期が近づくと島の中央に建設した出部屋と称する産屋《さんをく》に入《い》り、分娩後二十日乃至三十三日間嬰児と共に起居する。而して該部屋は、平家葺木造梁行二間棟行三間のものが三棟あつて、その中には悉く藁を敷いてある」[14]と、写真入りで伝えている（図1－8）。梶完次「日本産事紀要」（一九三五年）にも、「伊吹産院旧建物」として出部屋の写真が掲載されており、そこには三棟の建物がうつっている[15]（図1－9）。また、横田實は、「出部屋の名称は産のために住家からそこに移ることから起つたらしい」（横田 1933：65）、「昔は産屋で産をしないことが最も不吉なこと、されてされてゐたのである」（同：66）と述べている。

図1－7　出部屋から北浦港を望む

中村由信撮影、1961年頃。

図1－8　内務省編『児童の衛生』(1921年) で紹介された改築前の出部屋内部

国立国会図書館近代デジタルライブラリー (http://kindai.ndl.go.jp/info:ndljp/pid/934514、2013年9月25日閲覧) より。

図1－9　梶完次「日本産事紀要」（1935年）に掲載された改築前の出部屋全体

このように、明治から大正期の伊吹島の妊産婦がどの時点で出部屋に入ったのかということや、出部屋が何棟あったのかということについては確証が得られない状況であるが[16]、土間敷の小屋で母子が約一ヶ月間を過ごしていたということは間違いないようだ。

その後、昭和五（一九三〇）年には、畳敷き六畳の「静養室」が六間ある建物と、炊事場や食堂がある「附属建物」に改築され、名称も「伊吹産院」とされた（三好編 2008：5, 7）（図1－10、1－11）。『綴』によると、「伊吹産院」の利用料は、少なくとも昭和六―一七（一九三一―一九四二）年度は産婦一人あたり五〇銭、昭和一八（一九四三）年度は八〇銭を出生届とともに納入することになっており、運営上の収支の差額（不足分）は島内財産等級による戸数割で補われたようだ。

昭和戦前期の出部屋の利用方法について、アチックミューゼアム編（1940）の報告には、「産院とは呼んでゐるが、此処でお産をするわけでは無い」（1940：107）、「此処は産婦の産後籠る家で、産婦が自宅にゐると穢れると云ひ、貧富をとはず如何なる家の者も必ず此処

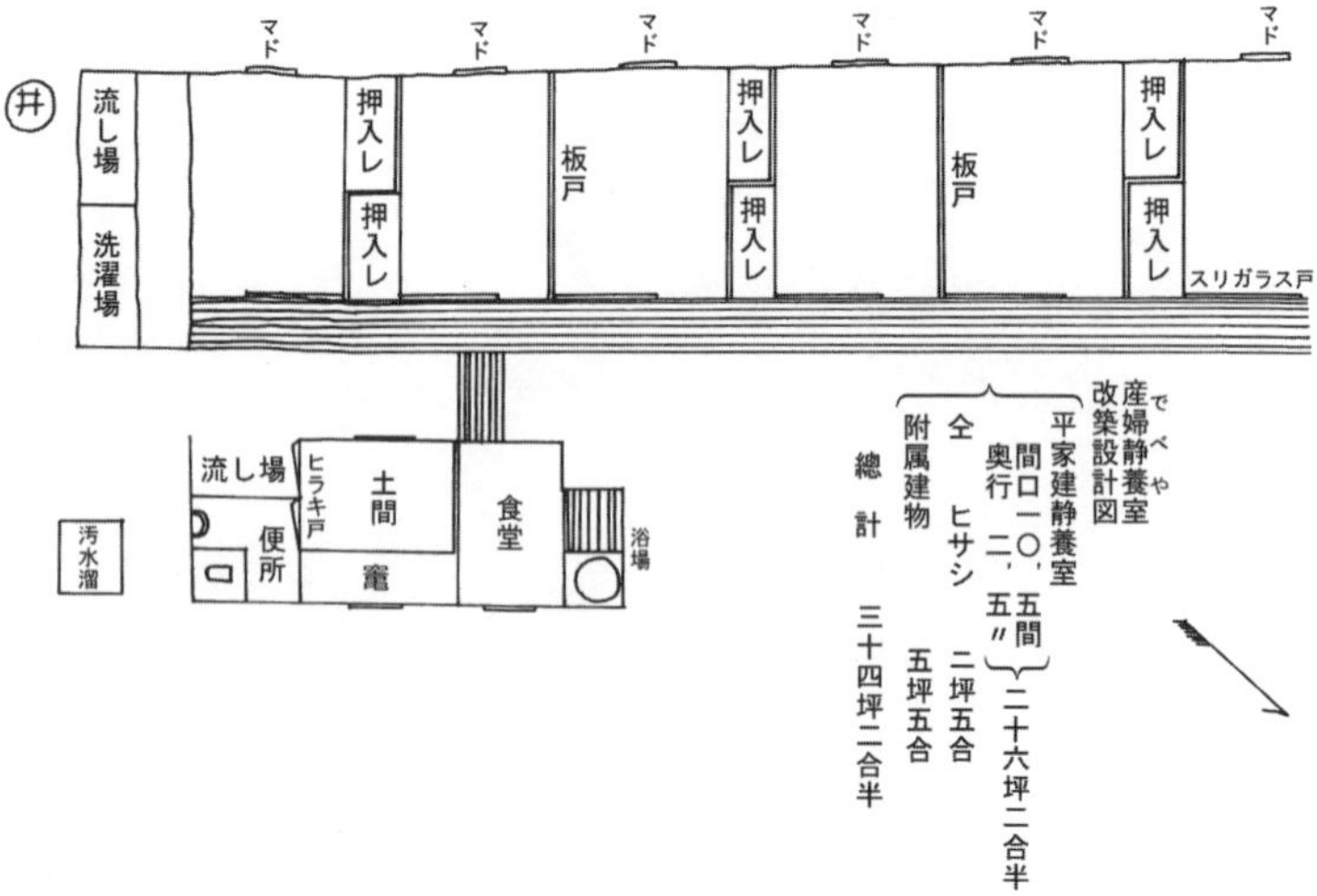


図1－10 「産婦静養室《でべや》改築設計図」

原図のコピー（伊吹島民俗資料館（観音寺市郷土資料館分室）蔵）をトレースし、文字は活字に改めた。

図1－11 改築後の出部屋の中庭

中村由信撮影、1961年頃。

**図1－12　現在の出部屋跡**

伏見撮影、2016年2月21日。

に籠らねばならぬ習慣になつてゐる。産婦が家にゐると、その夫に漁がないと言ふ」（同）とあり、昭和一六（一九四一）年の『婦人之友』（第三五巻第八号）に掲載された三上秀吉「共同産院を持つ瀬戸内海の孤島」においても、「姙娠中の婦人の手まで借らねばならぬ仕事が一ぱいあ」り、女性は産む直前まで重労働を強いられるため、「この産院には分娩所といふものがない」と述べられている(17)。

このように、出部屋は長らく出産場所ではなかったのであるが、昭和三一（一九五六）年には分娩室および診察室が設置された（武田他 1958：13）。その後、出部屋は昭和四五（一九七〇）年に閉鎖され、昭和五八（一九八三）年に県道工事のため解体された（三好編 2008：5）。現在の出部屋跡は、礎石と門柱を残すのみである（図1－12）。

## 第四節　出産に関わる慣習・儀礼

昭和二〇—四〇年代に出産した伊吹島の女性への聞き取り調査等から、出産に関わる主な慣習や儀礼について述べる。

なかなか子宝に恵まれない時は、愛媛県西条市の香園寺《こうおんじ》（子安大師、「子安さん」）へ行き、しゃもじを盗んで来るという。そして、子どもが無事に生まれたら、しゃもじを二本にして返す。妊娠中の安産祈願には、観音寺市大野原町花稲にある一方宮《いっぽうぐう》（「ハナナ（花稲）の一方さん」）へ行く人が多い。ここでは、石を拾って帰って、子どもが生まれたら石に子どもの名前を書き、もう一つ新しい石を加えて返す。また、産気づくと、伊吹島内の「おきどさん」にろうそくを持っていき、無事の出産を祈る人もいた（図1-13）。

おきどさんとは、伊吹島の民話に基づく安産の神である。そして、産後一ヶ月経って出部屋から帰ると、生まれた子どもが男の子なら白い旗、女の子なら赤い旗をおきどさんのところに立てた。子どもが成長して受験の時になると、島内の西の堂（「お大師さん」）や天満宮に加えて、おきどさんにろうそくを立ててお祈りすることもあったという。

第二次世界大戦後の出産の様子については第四章で述べるが、それ以前は産室の畳をめくり、筵を敷き灰をまいてその上に油紙を敷いた（香川民俗学会編 1991：144）。また、出産に男性（夫）が立ち会うと難産になるといわれた（同）。

かつては女子の出生は喜ばれず、「盗人の子」などと呼ばれたのに対し、男子は「千両箱をもうけた」といわれたそうだ（武田他 1958：131）。また、双生児が生まれると「口べらし」のために間引きが行われることもあっ

図1－13　おきどさん
伏見撮影、2011年3月31日。

たが、殺そうとした子どもの方が成長し、そうでない子の方が死んでしまう（すなわち、人間の寿命というものは持って生まれたものであり、人間の意志で動かすものではない）という言い伝えもあるという（香川民俗学会編 1991：145）。特に、出部屋の改築以前は子どもを間引くことが珍しくなく、改築前の出部屋の庭の藪のなかには胎盤とともに、間引かれた子どもの遺体がたくさんあったという（アチックミューゼアム編 1940：108）。

聞き取り調査によると、①さんは、明治時代の子だくさんの家では男女の双子のうち女の子を間引くという話を聞いたことがあるという。①さんの親戚の家で男女の双子が生まれた時にも、①さんの家で女の子を引

図1－14　出部屋へ向かう行列

緑川洋一撮影、1956年。

き取って育てたそうだ。また、①さんは一人娘であるが、母親を亡くした「本家の子[18]」を①さんの母が引き取り、①さんの「妹」として育てた。このように、①さんの家では、祖母の代から親戚じゅうの養育困難な子を何人も世話してきたという。

産後の慣習について、『観音寺市誌』によると、自宅での出産を終えて出部屋に入る時は、クマウジ[19]を避け、産婦自身が新生児を抱いて魔よけのために包丁などの刃物を持ち添えて先頭に立ち、その後から近親・友人の女性たちが食糧・燃料・飯台（箱膳）・針箱・蒲団・親子の衣類を入れたボテ（笊籠に紙を貼ったもの）など当分の間の生活資材を持って行列をなす（図1－14）。そして最後に産婦の姉妹あるいは母親などが「よごれ物の包」（産床に使用したカッパと二匹のイリコとともに胎盤をボロ布に包み、藁縄で十文字に結んだもの）を入れた盥を持って続くのである。胎盤は、出部屋の庭にある「大穴の汚物捨場」に処理することになっていた。なお、産婦が衰弱している場合は、近親者の誰かが代わって新生児を抱いて行ったようである

（観音寺市誌増補改訂版編集委員会編 1985a：945–946, 952）。聞き取り調査によると、自宅から出部屋へ向かう際には神社や祠を避けて行くことが多く（第四章で詳述する）、新生児には「魔よけ」のためとも言われるアカギモン（赤ちゃんの着物）を着せた。アカギモンは、昭和二〇年代には男女を問わず赤色を用意した人が多かったが、時代を経るにつれ、男の子には青色を着せる場合や、男女のどちらでも良いように黄色を用意することもあった。

出部屋に入っている間には、三日目のヒアワセ[20]や七日目の名づけ、一五日目のウケジャメシ[21]などの儀礼があった。しかし、戦後に出産した人のうち、これらすべてを行う人は多くなかったようである（図1‐15、1‐16）。

産後約一ヶ月が経ち、出部屋から自宅に戻る際には、身体をきよめることがあった。観音寺市誌増補改訂版編集委員会編（1985a：946）および⑩さん（昭和五（一九三〇）年生[22]）への聞き取り調査によると、明治生まれの女性たちは、北浦港の海水で全身をきよめたが、この慣行は次第に、頭に海水をしめすとか、出部屋を出る際に塩を撒くとか、あるいはそれを頭にいただくくらいに簡素化された。また、出部屋で使用した盥も塩できよめ、はいた草履等は置いて帰った。そして、「不浄」とされる初毛を剃ってもらった新生児を姑が抱き、「○○（名前）よ、家へ帰るんぜ」と呼びかけ、持参したカブセギモン（かぶせ着物）をかけて包丁を持ち先頭に立つ。親類・近隣者・友人等も荷物を運びに来てくれ、産婦本人が盥を持って最後に並んで帰宅したという。

帰宅すると、出産祝いをくれた人々を招いて出部屋飯（またはシアゲメシ）と呼ばれる食事会を持った。産後三三日（出生児が男の子の場合は三一日とも言われる）経つまでは、神社にまいってはならないとされた。宮まいりは、産後三三日目に行くこともあれば、三三日が過ぎて最初の島の行事（伊吹八幡神社例大祭、お神楽など）に合わせて子どもを神社へ連れていくこともあった。この違いは、時代による変化というより、各家庭の考え方やその時々の状況によるものであることが聞き取り調査からうかがえる。宮まいりの際には、伊吹八幡神社に加えて島内の「本宮《もとみや》さん、荒神さん、天神さん」の三ヶ所をまわる。これを、「三社《さんじゃ》さんまいり」といった。

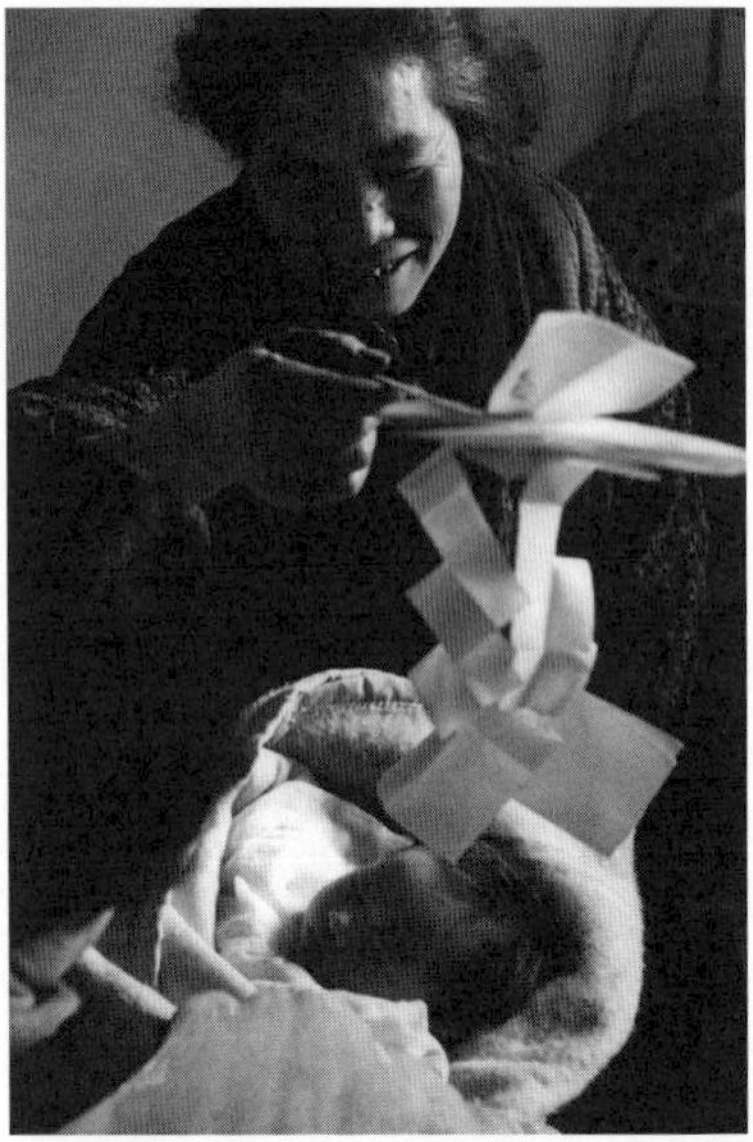

図１－15　出部屋での名づけの様子
緑川洋一撮影、1956 年。

図１－16　出部屋友達
出部屋でともに過ごした者同士は、出部屋友達として終生付き合いをした。
緑川洋一撮影、1956 年。

## 第五節　生業と女性の暮らし

すでに述べたように、伊吹島の主な産業は漁業である。現在はカタクチイワシ漁を背景とする煮干しイワシ（イリコ）生産が中心であり、一七統の網元によるイリコ加工場や桟橋が海沿いに並んでいる。現在のイワシ漁の漁期はおおむね六月から九月までとなっている。伊吹島の漁業の変遷について、主に武田他（1958：18–24）および香川民俗学会編（1991：2-3, 50–52, 63–67）を参照しながら概観してみよう。

伊吹島の網漁業は、一六〇〇年頃には開始されたと言われており、延宝三（一六七五）年にはすでに八統の網元が操業していたようである。藩政期から明治初期までは、半農半漁の村として、イワシ曳網、鯛網（地漕ぎ、大網、縛網《しばり》）、カマス五智網《ごち》および打瀬網《うたせ》（帆船でエビジャコを獲る）（図１－17）を中心に漁業が営まれていたほか、一本釣やたこつぼ、ダス突きも盛んに行われた。明治二〇（一八八七）年には打瀬組合が結成され、これが元になって明治三五（一九〇二）年には伊吹島漁業組合の創立に至り、漁業の組織化が進んだ（昭和二四（一九四九）年に伊吹漁業協同組合と改称）。

大正二（一九一三）年には、縛網を主体に朝鮮半島の東海岸に出漁するようになる。昭和に入ると、動力船による新漁場の開発が行われ、主な漁獲もサバからイワシに移った（図１－18）。朝鮮半島に固定した基地をもち、そこに四ヶ所の搾油工場を持つまでに発展したが、敗戦により終結することになった。

島での動力船導入は、大正三（一九一四）年の第一号伊吹丸（伊吹島―観音寺間の連絡船）の就航が最初であり、漁船には一〇年ほど遅れて導入され始めた。動力船の導入により、打瀬船はコギ（小型機船底曳網漁船）に移行し、イワシの漁法は、地曳網（実際の漁具漁法は船曳網）および巾着網からバッチ網（イワシ機船船曳網、パッチ網とも

図1－17　打瀬船（模型）

伊吹島民俗資料館（観音寺市郷土資料館分室）蔵。伏見撮影、2011年4月1日。

図1－18　朝鮮半島への出漁

伊吹島民俗資料館（観音寺市郷土資料館分室）蔵。伏見撮影、2011年4月1日。

**図1－19　個人宅の溜め井戸**

伏見撮影、2010年3月31日。

いう）に代わり、漁業労働を根本的に変化させることになった。これらの移行は、昭和二〇—三〇年代までに完了している。また、昭和四二（一九六七）年には海底ケーブルによる電気導入、昭和四八（一九七三）年には簡易水道が完成し、漁船のプラスチック化やエンジン開発も進んで漁獲・運搬・製造加工のありようは大きく変化した。

インフラの整備状況は、漁業だけでなく女性の暮らしにも大きく影響した。主に戦後のインフラの状況と変化について、少し詳しく見ておきたい。

そもそも、伊吹島は降雨量が少なく、地下水脈にも恵まれないため[23]、生活に必要なすべての水は天水を頼るほかなかった（香川民俗学会編 1991：46）。各家には溜め井戸が設けられており、雨どいに受けた雨を流し込んで溜めるようになっている（図1－19）。そして、個人井戸の水が足りなくなると、各家の女性が共同の溜め井戸の水を各家に運び込んだ[24]（伊吹島民俗資料館運営委員会編 2006：7、および①さん、⑩さんへの聞き取り調査）（図1－20、1－21）。①さんは、祖母から「水使う時は醤油を使うように使え」と言われて育ったという。伊吹島では、それほど水が貴重だったということだ。水汲みが必要な状況は、

図１－20　島共同の溜め井戸から生活用水を汲み出すところ
撮影者および撮影年不詳、個人蔵。

図１－21　溜め井戸の水を持ち帰る女性たち
撮影者および撮影年不詳、個人蔵。

図1－22　港に届いた薪

撮影者および撮影年不詳、個人蔵。

島に簡易水道が設置される昭和四八（一九七三）年まで続いた[25]（同書および観音寺市役所伊吹支所長への聞き取り調査[26]）。㉔さん（昭和一二（一九三七）年生[27]）は、「家で（蛇口を）ひねったら（水が）出るようになったのは、わたし現金百万円もろたよりうれしかった」と表現する。

さらに、①さんと⑩さんによれば、島内で刈り取った生活燃料が不足すると、島外から薪を買い入れる必要があった（図1－22）。また、伊吹島には水田がなく米が作れないため、米も購入しなければならなかった。港に届いたあらゆる荷物を背負って坂を上り、自宅に持ち帰るのも女性の仕事であった（図1－23）。米は貴重な食材であり、普段は麦に少しの米を混ぜて炊いていたという経験が、多くの女性から聞かれる。

日頃は水や燃料、米の確保などに苦労していた女性たちだが、出産を終えて自宅から出部屋へ行く際には、親戚や近隣住民が生活道具と一緒に燃料を持たせてくれた。女性が出部屋に入っている間は、女性の家族や親戚が出部屋の溜め井戸に水を運んでくれたり、親戚や知人が出産祝いとして米を持って来てくれたりしたため、女性は水や燃料、米の心配をすることなく過ごすことができた[28]。

図1－23　女性たちの荷物運び
中村由信撮影、1961年頃。

また、電気も島民の苦労の種であった。伊吹島で最初に自家発電が開始されたのは大正一三（一九二四）年のことであり、周囲の島々のなかで最も早かったが、需要に対する供給が間に合わず、第二次世界大戦末期以降は日没から二二時または二四時までしか送電しない短時間送電が続いていた（伊吹島民俗資料館運営委員会編 2006：13）。そのため、深夜の出産ではランプの明かりが頼りであった[29]。昭和三二（一九五七）年に離島振興法の適用地に指定され、昭和三四（一九五九）年に離島振興計画により農山漁村電気導入促進法の適用を受けて、島内に火力発電所が新設された[30]。こうして、昭和三五（一九六〇）年には短時間送電から夜間送電に戻されたが、二四時間送電が可能となるには前述の通り昭和四二（一九六七）年まで待たねばならなかった（伊吹島民俗資料館運営委員会編 2006：14、16）。

## 第六節　交通

島での暮らしを考えるうえで、交通もまた重要なカギとなる。伊吹島と四国本土を結んだ交通と、島内の交通（運搬）について粗描する。

明治から大正初めにかけて伊吹島と観音寺を結んでいたのは、二挺櫓の通い船で、伊吹側と観音寺側から毎日交互に一便ずつ就航していたと言われる（観音寺市誌増補改訂版編集委員会編 1985a：395, 928）。これは小型の木造和船で、帆がついていたが、うまく風をはらまず客が交代で櫓を漕ぐことも多かったようだ（同：395-396、香川民俗学会編 1991：94）。しかし、観音寺市役所伊吹支所所蔵の「観音寺市航路事業の概要」（作成年不詳）をみると、「大正三年までの伊吹島の航路は、無動力船で島民各自が四国本土と島との連絡のため数隻が自己営業として不定期で運航を営んでいた[31]」とあり、矛盾点もある。

ともあれ、いずれの資料も、大正三（一九一四）年に一五馬力の焼玉エンジンを積んだ八トンの第一号伊吹丸が連絡船として導入されたことを伝えている[32]。この時、伊吹丸は伊吹区営（準公営）のかたちをとっていた。また、第一号伊吹丸の就航以降、「買い入れのおっさん」と呼ばれる「公営の便利屋」が活躍しはじめ、島民から注文された物資を観音寺で買い付けて来るというシステムが確立した[33]。買い入れのシステムは、昭和四八（一九七三）年まで続けられた（香川民俗学会編 1991：94-96）。

伊吹丸は、昭和二四（一九四九）年の伊吹村独立に伴って伊吹村営（公営）となり、昭和三一（一九五六）年の合併に伴って観音寺市営となった。創業以来、何度も船の買い替えが行われ、便数や運賃も変更されてきた。便数は、昭和三一（一九五六）年を境に、四月―九月は一日三往復から四往復へ、一〇月―三月は一日二往復から三往復へと改められている。[34] その後、昭和三六（一九六一）年には年間通じて一日三往復になり、昭和四五（一九七〇）年に一日四往復に変更された。[35] また、昭和三〇（一九五五）年には、「島民の利便と航路事業の赤字解消の対策」として、豊浜と伊吹島を結ぶ航路が一日一便就航したが、「利用者が少なく」、一年ももたずに運航停止となった。[36]

島内における運搬は、先述の通り女性の肩が担ってきたが、昭和二七―二八（一九五二―一九五三）年の共同井戸改修工事で業者が資材運搬に使用した三輪車がヒントとなり、エンジン付き三輪車「バタバタ」が島に導入された（香川民俗学会編 1991：100）。バタバタは、様々な形態の変遷を経て、平成に入ってからも運搬手段の一つとして島民に親しまれている。①さんによると、かつてのバタバタは耕耘機に箱をつけたようなもので、バタバタで荷物を運ぶ「バタバタ屋」が島に二軒あったという。「バタバタ屋」は、港に荷物が来たら、注文主の家の近くの四つ辻に荷物を降ろしてくれるが、家まで知らせに来てくれるわけではなかったため、四つ辻まで何度も見に行かねばならなかったそうだ。また、バタバタ屋が運んだのは、買い入れで注文した物のみであり、水や燃料、畑のものを運ぶのは相変わらず女性の仕事であった。

## 第七節　伊吹島および周辺の医療環境

少なくとも明治二四（一八九一）年以降、伊吹島には医師が置かれているが、医師の交替がうまくいかない場合は、数ヶ月から約一年、最長では一〇年近くも無医村状態となることがあった（表1‐8）。昭和三五（一九六〇）年、外科の大山医師が伊吹島に赴任することとなり、観音寺市当局は手術室と入院室を備えた伊吹診療所を真浦港近く（現在の駐在所の位置）に新築した（観音寺市誌増補改訂版編集委員会編 1985a：933、観音寺市三豊郡医師

表１－８　伊吹島の歴代医師名

| 医師名 | 診療科目 | 出身地 | 期間 | 備考 |
| --- | --- | --- | --- | --- |
| 平井吸益 | 全科 | 丸亀 | 明治 24-39 | 明治 24 年以前は無医地区 |
| 豊原兼利 | 眼科 | 観音寺 | 大正 5-14 | 明治 40-大正 4 年は無医地区 |
| 山内三四郎 | 外科 | 九州 | 大正 14-昭和 2 | |
| 横山禎二 | 全科 | 柞田村 | 昭和 2-10 | |
| 冨山哲彰 | 鍼灸 | 岡山県 | 昭和 10-13 | |
| 豊原兼利 | 眼科 | 観音寺 | 昭和 13-16 | |
| 行天 | 眼科 | 観音寺 | 昭和 16-18 | |
| 宮武 | 内科 | | 昭和 18-22 | |
| 壺井忠彦 | 外科 | 高松市 | 昭和 22-23 | |
| 上村敦彦 | 内科 | 京都市 | 昭和 23-26.9 | |
| 只野文吉 | 小児・内科 | 東京都 | 昭和 26.10-昭和 34.10 | |
| 田代浩二 | 内科 | 観音寺 | 昭和 34.10-昭和 35.2 | 出張診療 |
| 大山敏人 | 外科 | 津田町 | 昭和 35.2-昭和 40.8 | 伊吹診療所竣工 |
| 市医師会より出張診療 | | | 昭和 40.9-昭和 40.11 | 週 2 回 |
| 吉松満治 | 内科 | 山口県 | 昭和 40.12-昭和 42.3 | |
| 市医師会より出張診療 | | | 昭和 42.4-昭和 42.5 | 週 2 回 |
| 永野秀光 | 婦人科 | 観音寺 | 昭和 43.6-昭和 52.3 | |
| 李潤福 | 内科 | 韓国 | 昭和 52.4-昭和 55.5 | 国保診療所として移転改築 |
| 安藤景美 | 内科 | 善通寺市 | 昭和 55.11-平成 3.9 | 昭和 55.6-昭和 55.10 は無医地区 |
| 荻田久喜 | 内科 | | 平成 3.12-平成 5.5 | |
| 前田澄男 | 外科 | 鹿児島県 | 平成 5.6-平成 17.3 | |
| 三豊総合病院より出張診療 | | | 平成 17.4- | 週 3 日 |

「伊吹町　医師の移りかわり」（観音寺市役所伊吹支所蔵）および観音寺市誌増補改訂版編集委員会編『観音寺市誌（通史編）』（観音寺市、1985 年、934 頁）をもとに作成。ただし、両資料の情報が矛盾する場合は、前者を優先した。

会史編纂委員会編 1998：668）。⑩さんによると、大山医師の在任期間中（昭和三五（一九六〇）年―四〇（一九六五）年）、伊吹診療所では盲腸の手術がよく行われていたという。その後、診療所は昭和五六年（一九八一）年に観音寺市国民健康保険伊吹診療所となって移転改築され、現在に至るまで島のほぼ中央（旧支所跡）に位置しているが、手術や入院の設備はない（観音寺市誌増補改訂版編集委員会編 1985a：933）。なお、旧診療所が竣工するまでは、現診療所近く（現郵便局の上）の民家に医師が居住しており、それ以前は現在の農協の南半分が当てられていたという（同書および⑩さんへの聞き取り調査。（図１－４）参照）。

産科医療に関しては、敗戦前の伊

吹島には産科医も産婆もおらず、助産を担っていたのは「素人の器用な人」すなわちトリアゲバアサンであった。小学五年生から伊吹島で育った女性Nさんが県外で産婆の免許を取得し、病院での勤務経験を経て島に戻ってくるのは昭和二一（一九四六）年のことであり、彼女が伊吹島初の産婆（助産婦）であった。そして、その後まもなく、先祖代々伊吹島に暮らしてきたIさん（大正一〇（一九二一）年生）が東京の産婆学校を卒業して帰島する（NさんとIさんについては第三章、第四章で詳述する）。

なお、観音寺市三豊郡医師会史編纂委員会編『観音寺市三豊郡医師会史』（全二巻、社団法人観音寺市三豊郡医師会、一九九一年、一九九八年）に掲載された各年の名簿によると、現在の観音寺市域において、少なくとも昭和四（一九二九）年には、産婦人科あるいは婦人科を標榜する医院が三軒あったようだ。産婦人科医院の数は年を経るごとに漸増し、昭和二一（一九四六）年には八軒、昭和三一（一九五六）年には一二軒で、産婦人科を含む病院も一軒あった。その後は、一〇軒前後の時期が三〇年近く続いたが、平成に入る頃から次第に減少している。

以上のように、伊吹島には特有の生活条件がいくつもあり、これらは出部屋の歴史を考えるうえで必要な基礎情報である。第二章以降では、具体的な出部屋の変遷について論じるが、本章で述べた生活条件といかに密接に関わっているかが明らかになるだろう。

注

（1）観音寺市役所伊吹支所所蔵の「自動車保有状況」によると、平成一二（二〇〇〇）年一〇月一日現在、島民が保有している自動車は、自動二輪五二一台、三輪一二台、軽自動車三四台、軽トラック二七台、普通車五三台となっている（ただし、島内で用いているとは限らない）。

（2）伊吹島の生業は漁業であるが、一言に「漁師」といっても、網元、自営底曳、小漁師、被傭漁夫、被傭底曳漁夫など事業規模や就労形態の違いが存在している（武田他 1958：28-41、75-81）。

（3）武田他（1958）によると、網元は多くの労働力を要すると同時に職業的安定度が高いが、同じ自営家族であっても小型機船底曳網漁（コギ）を自営する家族（平均七・八人家族）や、小漁師家族（平均約六・三人家族）の場合は、家族内労働力によってまかなわれることが多く、島外出稼ぎや島内の被傭漁夫を送り出す側になっているという（1958：29）。

（4）伊吹島における「分家」の多くは、網元や一部の自営底曳を除いて家産分与を伴わない（武田他 1958：37、42）。また、伊吹島において分家は「シンヤ」と呼ばれる（同：50）。

（5）⑥さん夫婦への聞き取り調査日は、二〇一〇年四月二日。

（6）⑭さん夫婦への聞き取り調査日は、二〇一一年四月一日。

（7）㊶さんへの聞き取り調査日は、二〇〇八年八月二八日、二〇一三年六月一三日、六月一四日、二〇一四年三月二五日。

（8）①さんへの聞き取り調査日は二〇一一年四月一日、二〇一三年三月一一日、八月二六日、二〇一四年三月二五日。

（9）香川県観音寺市教育委員会事務局編（1959：15）によると、青年団は「十五歳から二十五歳迄の男女青少年全体から構成されている地域網羅主義集団」で、副団長には女子一名が入っていたという。

（10）⑭さんの夫によると、青年団活動に演芸などが取り入れられて特に活発になったのは戦後であるという。戦前の青年団（大正七（一九一八）年までは「青年会」と呼ばれた（伊吹島民俗資料館運営委員会編 2006：43））の活動について、伊吹島民俗資料館（観音寺市郷土資料館分館）所蔵の『伊吹青年会々則』（明治四〇年代、頁記載なし）によれば、青年会は「伊吹青年者ノ智能ヲ啓発シ、風儀ヲ改善シ、勤倹ノ習慣ヲ涵養シ、兼ネテ体躯ヲ鍛錬シ、他日国家ノ良民タラシムルヲ以テ本旨トス」とあり、「ナスヘキ事業」として「イ、夜学会ノ開設　ロ、通俗図書館ノ設置　ハ、討論会、演説会、講話会、実業、研究会　ニ、公共的事業ニ対シ率先尽力スルコト　ホ、水難者の救護　へ、模範青年ヲ表彰スルコト　ト、造林ヲナシ魚族ヲ誘置スルコト　チ、撃剣、柔道、庭球、游泳等」があげられている。また、同資料館には『大正七年　寄附芳名録　伊吹青年会』（島の劇場兼青年会集会所の建築に伴う付属品新調のための寄附名簿）、『大正八年四月起　荒芋事業簿　伊吹青年団』（表紙の裏（見返し）に付されたキャプションによると、これは青年団活動資金を得るための活動で、荒芋とはサトイモのことであるという）などが現存している。
（11）　江戸時代の伊吹島は、上之町（西部）・下之町（東部）・中之町（南部）の三町に分かれていた。男性たちは町ごとの対抗意識が強く、若衆組も町ごとに支部が分かれていたが、出部屋では三町の女性たちが「仲良く助け合」って一ヶ月間暮らしたことから、「出部屋は三町（ミーチョウ）のつきあい」と言われていたという（尾崎・三好編 2009：43、香川民俗学会編 1991：105、括弧内は原文のまま）。
（12）　『綴』に収められた「伊吹産院調査書　昭和七年度」には「島内現住者ハ無条件ヲ以テ入院セシム」とあり、またアチックミューゼアム編（1940）の報告にも、「貧富をとはず如何なる家の者も必ず此処に籠らねばならぬ」（1940：107）とある。
（13）　②さん（大正一〇（一九二一）年生）もまた、明治生まれの女性たちが月経時に出部屋を利用していたことを証言している（②さんへの聞き取り調査日は、二〇一〇年四月一日）。
（14）　内務省編『児童の衛生』同文館、一九二一年、八頁（国立国会図書館近代デジタルライブラリー http://kindai.ndl.go.jp/info:ndljp/pid/934514、二〇一三年九月二五日閲覧）。
（15）　梶完次「日本産事紀要」『臨床産科婦人科』第一〇巻第九号、慶應義塾大学産婦人科教室、一九三五年九月、一一六頁。
（16）　産屋に入る時期（産前に入るか産後に入るか）について、西山（1981）は若狭湾一帯の産屋調査から、「時代的に変遷の状況を見ていくと、やはり、産小屋の持つ本来の機能は出産をする場所にあったのではないだろうか。（中略）それが、次の変遷として、出産をしてからの期間を産小屋で過ごすように変化したのである。（中略）産前か産後かの過程が続けられる期間には、それぞれの地域によって、長短の差がある。つまりその地域に最も合った段階、適する段階の事情が長い時代続いて行われるのが当然である」と述べている（1981：173-174）。
（17）　三上秀吉「共同産院を持つ瀬戸内海の孤島」『婦人之友』第三五巻第八号、婦人之友社、一九四一年八月、六四頁。
（18）　この子どもの母親は、下の子の出産時に母子ともに亡くなったという。
（19）　クマウジ（九魔王神）とは、「方角に対する禁忌。十二支に入らなかった熊が怒り腹いせにぐるぐる回りながら出発の邪魔をするという。（例えば）西クマの時は西の方角へ向けての出発はさける」（観音寺ミニ百科編集委員会編 1984：138）と説明されるものである。

(20) ヒアワセとは、「新生児が男の場合は女の子の母親をよび、女児の時は男の子の母親をよんで馳走を共に食する」ことである（久保カズ子「産院の思い出」三好兼光編『伊吹島研究資料叢書（三） 伊吹島出部屋資料集～イリコの島の子育て～』伊吹島研究会、二〇〇八年、三五頁）。

(21) 米：麦：空豆を五：五：一の割合で炊き、産婆や手伝った人を出部屋に招いて振る舞うこと。年輩者のいる家にはこれを配った（三好編 2008：16）。

(22) ⑩さんへの聞き取り調査日は、二〇〇八年八月二七日、二〇一〇年一月二三日、四月一日、二〇一一年四月一日、二〇一三年六月二四日、八月二六日、二〇一四年三月二四日、二〇一五年一月九日、九月一一日。

(23) 伊吹島は、讃岐質安山岩を中心に、島全体が集塊岩、玄武岩から成っており、そのため湧き水をみることができない（香川県編 1985：661）。

(24) それでも足りなくなると、観音寺へ水船を出して水を買って来た。その水を共同井戸へ押し上げて、各家で使用する量を制限していたという（香川県編 1985：684）。

(25) 昭和四八（一九七三）年に完成した簡易水道は、給水船「ひうち」によって島に運ばれた水が高地の配水池から低地給水池を経て各家庭に送られるという仕組みだった。その後、昭和五八（一九八三）年に海底送水管が設置され、現在に至っている（香川民俗学会編 1991：49）。また、㉟さん（昭和二二（一九四七）年生）と㊶さんによると、簡易水道敷設以前にも、自宅の溜め井戸にポンプを設置して蛇口から水が出るようにしていた家庭もあったという（㉟さんへの聞き取り調査日は二〇一四年三月二六日）。

(26) 観音寺市役所伊吹支所長への聞き取り調査日は、二〇一四年三月二六日。

(27) ㉔さんへの聞き取り調査日は、二〇一四年三月二五日、二〇一五年九月一〇日。

(28) 前掲久保「産院の思い出」三五頁、および観音寺市誌増補改訂版編集委員会編（1985a：946）。

(29) 前掲久保「産院の思い出」三四頁。

(30) 「伊吹電気導入完工記念　1967.10.1」観音寺市役所伊吹支所蔵。

(31) 「観音寺市航路事業の概要」作成年不詳、頁記載なし、観音寺市役所伊吹支所蔵。

(32) 元島民の昭和四（一九二九）年二月二六日の日記には、「本日ヨリ伊吹丸ハ定期航海ヲスル事ニ成ツタ様デアル」とあり、定期便になったのはこの時からであることがうかがえる。
(33)『観音寺市誌』では、第一号伊吹丸の就航以前の無動力船時代にも、島民の依頼を受けて観音寺の商店で商品を買い整える商人が毎日乗っていたとされる。商人たちは「渡海屋《とうかいや》」と呼ばれていたそうだ（観音寺市誌増補改訂版編集委員会編 1985a：395）。
(34) 前掲「観音寺市航路事業の概要」。
(35) 資料タイトルなし（伊吹丸に関する年表）作成年不詳、観音寺市役所伊吹支所蔵。
(36) 前掲「観音寺市航路事業の概要」。

# 第二章　昭和戦前期における出部屋の産院化

出部屋の歴史のなかで最大の転機の一つは、昭和五（一九三〇）年に改築されて「伊吹産院」となったことである。出部屋が産院とされたことはすでに多くの研究者に知られており、「建物も病院式のものとなり名称も産院と改め昔の面影を偲ぶ因もない」（横田 1933：65）、「立派な産院となった」（アチックミューゼアム編 1940：103）、「近代的な産院風に改造」（松岡 1972：74）、「立派な産院になった」（瀬川 1980：69）、「恩賜財団の助成金」によって「伊吹産院」に改築された（吉村 1992：156）、「近代的な産院にまで高めていった」（宮本 2001：163）などと表現されてきた。しかしながら、その詳細や歴史的背景に関する分析はなされてこなかった。本章では、出部屋が誰からどのようなかたちで「産院」として認知されるようになったのかということを、当時の社会状況に照らして解明する。

## 第一節　妊産婦保護事業の広まりと産屋へのまなざしの変化

明治・大正期における産屋は、しばしば行政側から蔑まれる対象であった。序章で述べたように、明治五（一八七二）年に太政官布告第五六号「自今産穢不及憚候事」が発せられたこともあり、行政の手で閉鎖に追い込まれる産屋もあった。伊吹島の出部屋の場合は、大正一〇（一九二一）年発行の内務省編『児童の衛生』のなかで取り上げられ、「文明の輸入が極めて遅々たるもので、異様の風俗がまだ残つてゐる」[1]と表現された。この当時の出部屋は、政府から「遅れた」もの、「異様」なものとして位置づけられる対象だったのである。

しかしながら一九二〇年代以降、妊産婦の保護を目的とした社会事業が広まっていく過程で、一部の共同体では、産屋に対して従来とは異なる視線が注がれるようになる。そのあらわれの一つが、産屋の産院化であった。ここで、当時の産院および妊産婦保護事業についてごく簡単に説明しておきたい。

大正・昭和初期における出産の大部分は自宅で行われていたが、少数ながら産院や病院での出産もみられた。大出春江および木村尚子によれば、産院には、医学生や産婆学生の実習を目的とするものや、経済的困窮者のために設立された社会事業の無料産院、「中産階級」向けの洋風産院[2]など、様々な形態があった（大出 2006：29-30、木村 2013：75, 103）。また、主に富裕層が利用するような病院の産婦人科にも、経済的困窮者向けに低額で利用できる枠が用意されている場合などがあった[3]。これらの多様な出産施設のうち、「伊吹産院」は、社会事業の産院の一つとして位置づけられた。社会事業の産院は、内務省（厚生省）発行の『社会事業統計要覧』の各年版[4]に一覧が掲載されており、昭和一〇（一九三五）年発行の第一三回調査分以降「伊吹産院」もここに名を連ねている。各年の一覧から設立年別の産院数をグラフ化すると、（図2-1）のようになる。もちろん、ここにあがっているのは内務省（厚生省）が把握していた施設に限られるが、これを見ると、社会事業の産院が多く設立されたのが大正一〇（一九二一）年頃から昭和初期であることがわかる。

産院の設立が本格化する直前の大正九（一九二〇）年は、大阪市が全国に先駆けて公立の無料産院を設立し、また内務省保健衛生調査会（大正五（一九一六）年設置）が「都市ニ於テハ貧困ナル産婦ヲ収容スル為産院ヲ設置

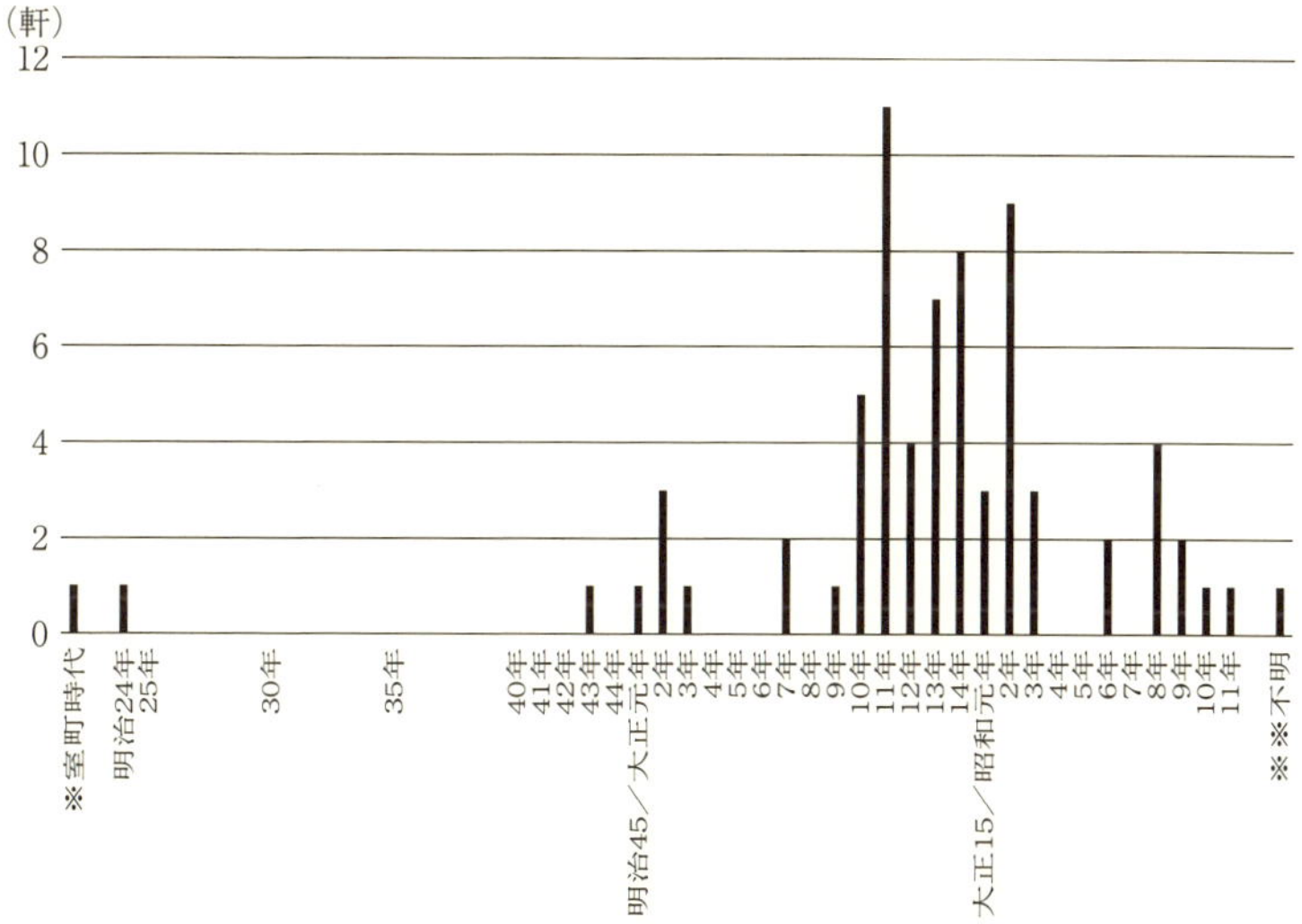


図2-1　設立年別産院数

内務省地方局編『感化救済事業一覧』(明治44年末調、大正3年末現在、大正5年末現在、大正6年末現在)→内務省地方局編『社会事業一覧』(大正7年末現在)→内務省社会局編『社会事業要覧』(大正8年末現在、大正9年末現在)→社会局第二部編『社会事業統計要覧』(大正11年調、大正12年調)→社会局社会部編『第六回社会事業統計要覧』(1927年3月発行)→社会局社会部編『社会事業一覧』(1927年6月発行)→社会局社会部編『社会事業統計要覧』(第七回―第十四回、1928-1929、1931-1936年発行)→厚生省社会局編『社会事業統計要覧』(第十五回―第十六回、1938、1940年発行)(社会福祉調査研究会編『戦前期社会事業史料集成』第4巻―第8巻、日本図書センター、1985年所収)に掲載された産院の数を設立年別にグラフ化した。掲載号によって産院の設立年の表記が異なる場合があるため、原則として初出時の設立年を採用した。

※「室町時代」とあるのは「伊吹産院」のことであり、「香川県伊吹産院ハ出部屋ト称スルモノニテ室町時代ヨリ文献アリト云フ(5)」と記されている。

※※「不明」とあるのは横浜市産院のことである。同産院は関東大震災(1923年9月1日)後に設立されたが1925年9月に廃止されたようである(6)。

スルコト」、「産婆ナキ地方ニハ公設産婆(7)ヲ設置スルコト」を含む議案「児童及姙産婦保健増進ニ関スル件」を可決した年である(8)。両者に共通する問題意識は、当時世界でワースト1(9)とも称された日本の乳児死亡率(10)をいかにして低下させるかということであった(11)。つまり、大正九(一九二〇)年に、都市には貧困な産婦のための産院を設置し、非都市部の無産婆村ではまず産婆による分娩介助を普及させることで、乳児死亡率を低下させようという行政側の方針が打ち出されたわけである。同年発行の『日本社会事業年鑑』においても、妊産婦が医療者の診察を受けることの重要性が説かれ、貧困や「従来の慣習」によってそれが叶わない人のために産院や巡回診療をもっと整備すべきである旨が述べられている[12]。

こうして、胎児や妊産婦は社会的に保護すべき対象とみなされるようになり、一九二〇年代には貧困者向けの産院がいくつも設立されるようになった。そのほとんどは都市部につくられたものであり、何人もの医師や産婆が置かれて手術室なども完備された大規模な施設もあったが[13]、非都市部においても意外な反応がみられた。

例えば、全世帯の約八割が海女を生業としていた三重県志摩郡越賀村（現在の志摩市越賀）の産屋（おびやと呼ばれる）は、女性が自宅の寝間（夫婦の寝室）での出産後一―二週間ほど経てから新生児とともに入り、約四〇―七五日間の「物忌みに服する」ためのものであり、藁葺・土間敷の「粗末な」建物であった（坂口他 1997：201、志摩町史編纂委員会編 1978：299）。それゆえ、村では「改築ノ議」が起こり、「村会ノ議決ヲ経」て大正一二（一九二三）年に改築され、名称も「産婦保養所」とされた[14]。

越賀村の「産婦保養所」は産後の静養に特化した場であり、出部屋と同様に出産のための場所ではなかったが、大正一三（一九二四）年の『三重県社会事業概要』において、妊産婦保護事業の一つとして位置づけられ、「母体ノ健康乳児ノ発育上最モ緊要」な「施設」であり、当時越賀村に置かれていた「村営産婆」と相俟って「妊産婦及乳児ノ保健上著シキ効果ヲ挙ケツヽアリ」と評されている[15]。この「産婦保養所」は、財団法人中央社会事業協会（現在の全国社会福祉協議会の前身の一つ）の『全国社会事業名鑑』（一九二七年）にも掲載されており、社会事業施設として全国的な認知を受けていたことがわかる。

おびやが「産婦保養所」とされた当時の越賀村役場書記で、その後村会議員・助役・村長を歴任した小川久五郎[16]は、助役だった昭和一三（一九三八）年に『越賀村産婦保養所概況』を著し、「教育の進展」と「衛生思想の発達」によっておびやでの「雑居生活」は「考慮の余地あるやの観あるも」、越賀の女性たちが進んでおびやを利用することによって「産婦肥立ちの順調なると乳児の発育良好なる」こと、「産後に於ける婦人病」もほとんどないことを誇り、今後は「助産婦」をおびやに出張させて衛生や育児法の普及を図りたいとしている(17)。

また、広島県尾道市の漁村・尾崎では、米騒動を経て(18)、地域の「名士」を中心とした「尾崎改善団」が結成され、大正一〇（一九二一）年にはその活動拠点である「尾崎倶楽部」（集会所）が設立された（北西 1989：21、藤目 1993：97）。改善団に参加した産婆・柴原浦子（一八八七—一九五五）は同年、尾道市の「嘱託産婆」に任ぜられ、倶楽部内に助産所を開設することになった。その際に彼女が構想したのは、尾崎では「もう失はれてゐた」産屋習俗を「古い信仰（＝穢れ）とは別のいみから（中略）もう一度立てなほす」ことであった(19)。柴原は、自伝のなかで「伊吹島の産院のやうなものをこの倶楽部につくつてみるのは、何とすばらしいことであらうと心がきまると、もう何もためらふ余地もなかつた(20)」と振り返っている。こうして出来上がった助産所には、婚外出産などの事情を抱えた人を中心に、常時二、三人の産婦が入っていたという。

大正期の出部屋は、未だ「伊吹産院」とはなっておらず、第一章で述べた通り土間敷の小屋であった。しかしながら、柴原産婆のみならず、大阪市立産院の産科医・余田忠吾もまた、この時期の出部屋に言及している。余田は、大正一四（一九二五）年に雑誌『社会事業研究(21)』のなかで「我国に於ける産院の起源」として出部屋をあげ、産屋と産院の連続性を示唆した(22)。同誌においては大正一〇（一九二一）年にも、大阪府嘱託の医学士・金子準二が、妊娠出産による死亡率を減らすためには西洋医学をそのまま実地に行おうとするだけでなく、「現今の生活風習に科学を織り込み消化さして行く」ことが必要であり、「風習の内で美点を残し欠点を補ふに力を尽されたい」と述べている(23)。金子の言う「風習」は、具体的に出部屋や産屋のことを指しているわけではないが、大正期の社会事業関係者のなかには、より実効的かつ現実的な乳児死亡対策や妊産婦保護策を考えるうえで、共同体の「風習」との連続性を保つことが重要であると考える人もいたということである。

時代が下って昭和初期には、日本赤十字社福井支部病院産婦人科医長・洲崎隆一が福井県敦賀郡松原村（現在の敦賀市西浦）の白木・立石の産屋を調査している。洲崎は、これらの地区の産屋について、「幼稚ながら、現代医学上から見てもなか〳〵捨てたものでなく、却つて参考にする点が多いと思ふから今俄にこの伝流《ママ》的方法を改める必要はない。たゞし産屋の構造及び設備は衛生的立場からみて関心は出来ないが、妊産婦の別居は安静を保てる上からも又、精神的に休養を与え得る点からでも非常に結構だ（24）」と評価し、「産屋の建物は粗末であっても、今少し衛生的に、採光、排水を計り、床を高くして、換気に注意し、産婆は現代産婆を使用して、妊産婦の取扱を行はしめたならば如何に理想のものであるかを想はしむ（25）」と述べる。さらに、「都会に於ける大病院産科、産院等に恵まれ得ない地方にあつては、これ等の産屋の改良したものを区毎に造り、此組織を発展させては如何かとおもふ（26）」と提案した。その後の論考で洲崎は、「例へば戸数三十位に一つの産屋を建て、公設の産婆をして管理せしめ、妊産婦を収容し、平素は兼ねて妊産婦や育児の健康相談所とし、進んで工場地帯とか農漁村では託児所の仕事をも出来る様にする事は特に乳幼児の死亡率の多い北陸地方では一挙両得の施設ては《ママ》なからうかと思はれる（27）」と、より具体的な提言を行っている。つまり、乳幼児死亡率が高く、医療環境の整備も不十分な北陸地方において、産屋を「施設」と見做して普及・発展させることが妊産婦保護の次善策として提案されたわけである。そして福井県の社会課も、洲崎の論考を受けて、病院に恵まれない地域では産屋を改良したものを造りたいという意向を示したようだ（28）。

以上のように、妊産婦保護事業の普及が目指され、胎児や妊産婦が社会的に保護すべき対象として認識されるようになると、産屋を持つ地域の住民や社会事業との関わりの深い医療者によって、産屋が社会事業の妊産婦保護施設あるいは産院の起源として捉えられ始めたのである。これは、妊産婦保護事業の広まりに対する地方からの反応の一つであったといえよう。

また、産屋に由来するものではないが、福岡県の門司港において主に船上生活を送る労働者家族のために設置された「門司港自衛組合産院」（大正一四（一九二五）年二月開設）もまた、「普通の民家の稍手広きものに過ぎず、「単に室を貸すだけ」のものであった[29]。医療の設備はなく、出産の際には各自で介助者を用意する必要があったが、船上生活者の家族が出産前後の時期に移り住んで「団欒する」ことができるという点や、同じ建物内にある組合事務所の「幹部指導者」によって「衛生上の良習慣が吹き込まれる」という点で評価された[30]。このように妊産婦保護事業が広まっていく過程においては、医療設備の整った施設を新設するだけでなく、妥協案として有り合わせのものを転用したり改良したりするということも推進されていたのである。

次節以降は、伊吹島の出部屋が社会事業の産院として助成を受けた際の状況を具体的に明らかにする。助成金というのは、出部屋が誰からどのようなかたちで「産院」として認知されたのかを示す指標になるからである。

## 第二節　「伊吹産院」の成立

### 1　恩賜財団慶福会による助成

出部屋は、昭和四（一九二九）年度に「伊吹産院」という名称で恩賜財団慶福会から「妊産婦保護」の施設として認められ、「建築費」の助成を受けた[31]。管見の限り、出部屋が「伊吹産院」としての認知を得たのはこれが最初である。

恩賜財団慶福会は、大正天皇が皇太子（後の昭和天皇）の成婚にあたり「私設社会事業助成ノ思召ヲ以テ」政府に下賜した内帑金百万円を基金とし、大正一三（一九二四）年に設立された財団である[32]。実は、慶福会設立の三年前に社会事業に対する財政支援策「社会事業資金特別会計法案」が未成立に終わったため、慶福会の設立は事実上その代案であったとされる(33)。

遠藤興一によると、慶福会の総裁は閑院《かんいん》宮載仁《ことひと》親王であったが、会長は清浦奎吾内閣総理大臣、副会長は水野錬太郎内務大臣、理事長は池田宏社会局長官であり、助成に関わる対象選定も内務省主導で行われるなど、実質は内務省の一部局と大差ない組織であったようだ（遠藤 2010：140–143）。さらに、評議員長や顧問には司法・宮内・文部大臣等が置かれていた(34)。法としては実現しなかった私設社会事業への助成が、天皇の「思召」を介して行われたということであろう。

「伊吹産院」が受けた「建築費」は、慶福会の「一般助成」にあたる。これは、私設社会事業団体の「建築設備等にかかわる臨時費」についての助成で、府県あるいは北海道、朝鮮・台湾等の監督官庁による推薦団体の中から「成績佳良であって、計画内容が乳幼児母性の保護保健救療、その他、救護救済等の総合的施設に重点を置き、その内容が適切であり、かつ、確実なもの(35)」が対象として選ばれた。昭和四（一九二九）年度の「一般助成」は、各府県等から推薦された八四団体のうち、四四団体に対して行われた(36)。助成は建築費の一部を賄うものであり、『綴』によると、「伊吹産院」の場合は改築にかかった費用三二〇一円六〇銭のうち一〇〇〇円が慶福会による助成であった。

慶福会の『事業概要 昭和五年度』では、竣工したばかりの「伊吹産院」が次のように紹介されている（図2－2）。

　本産院は、伊吹島産褥婦の出部屋にして、本島姙産婦は必ず入院して家族と別居するは、古来より伝はる良風なりと雖、歳を経し院舎は腐朽頽廃甚しく、設備亦文化に伴はず、折角の良風も漸時《ママ》衰頽の徴あり。之

図２－２　恩賜財団慶福会編『事業概要　昭和五年度』（1931年、41頁）に掲載された出部屋

が拡張改善の必要切なるものあるを以て、本会より其の改築費に助成したるに、昭和五年五月伊吹島民・処女会・我が家会等の寄付金参千弐百余円を以て、三十七坪の現代式産院を建築し、之に設備を施せり。入院産婦一ヶ年百四十余名に及ぶ。(37)

ここでは、「伊吹産院」が出部屋であるということが明記されており、「古来より伝はる良風」として表現されている。出部屋の機能については、「産褥婦の出部屋」と記されている一方で、「妊産婦は必ず入院して家族と別居する」と書かれていることから、慶福会が出部屋を出産場所と見做していたのか、産後のみ過ごす場所であると理解していたのかは判然としない。

このことから、慶福会は、出部屋の具体的な機能を評価したというよりは、「古来より伝はる」、「折角の良風」である出部屋が「衰頽」するのを防ぐという名目で助成を行ったと考えられる。実際、慶福会の『事業概要　昭和五年度』に掲載された各施設の概況を通読すると、他の助成対象施設についても、大まかな施設の目的と、建物や設備がいかに腐朽・狭隘をきたしているかが述べられるにとどまっている(38)。

なお、伊吹島民と慶福会側が直接交わした書類は発見されていないが、昭和四（一九二九）年に東京府下の社会事業団体に対して慶福会が提示した「恩賜財団慶福会ヨリノ社会事業団体助成ニ関スル件照会」によると、助成を受けるためには「事業ノ目的、種類」や「沿革ノ大要」、「事業経営ノ状況並ニ現況」等を明記して「申請」する必要があったことがわかる（津曲 1982：75）。「姙産婦保護」を目的とした、「古来より伝はる良風」としての出部屋という意味づけは、島民たち自身によって考えられ、それを慶福会側が承認したということであろう。次節では、「伊吹産院」成立に関わりの深い島民や組織について述べる。

## 2　関係者からみる「伊吹産院」の位置づけ

「伊吹産院」竣工時の棟札の裏には次の名が記されている。

建築委員　松本若造、三好梅吉、河野岩吉、三好福治、伊瀬新吉、橋田繁一
町会議員(39)　三好文司《ぶんし》、三好和市《わいち》、川端伊勢吉、伊瀬峯治《みねじ》
区会議員(40)　伊瀬定七、三好金治、久保恒吉、久保鹿三、岩田千松、篠原國松、三好定吉、三好保吉

このうち、慶福会への助成申請時に「代表者」となっていたのは松本若造である(41)。彼は当時の伊吹区長であっ

た。[42]彼の家は代々網元であり、大正時代には鯛網で朝鮮海域へ出漁していたという記録が残っている。[43]河野岩吉も網元で、元町会議員でもあった。[44]三好福治も網元、伊瀬新吉は後述する伊瀬峯治の分家である。三好梅吉についても、後述する。また、橋田繁一は昭和四―五（一九二九―一九三〇）年度の伊吹小学校長であった。[45]久保僊《せん》治郎《じろう》（一九一五―二〇〇二、元伊吹小学校教頭、伊吹島民俗資料館創設者）は、橋田が「処女会を率いて産院建設に尽力していたことを思い出す」[46]と書きのこしている。処女会とは、義務教育終了後の女子の大多数が高等女学校・実科高等女学校に進学しなかった状況の下、「野放し」状態にあった彼女らを指導者のもとに掌握し、教育的働きかけを行う機関であった（渡邊 1997：413）。

町会議員四名はいずれも網元である。三好文司（一八七五―一九三九）は初代伊吹青年会長（一九〇九年創設）、伊吹島漁業組合長（在任一九一二―一九三六年）を務め、「模範組合タル表彰」を受けるに至ったことを顕彰する碑が島内に建てられている。

また、『綴』の各書類によると、「伊吹産院」には「名誉職」の職員が置かれていた。「伊吹産院」成立時の職員は以下の通りである。

院長　伊瀬峯治
副院長　三好梅吉、宮武定吉
事務員　朝日福松
評議員　川端與右衛門、真鍋梅吉、川端虎吉、三好善司、尾池大吉、篠原吉之助、三好定吉、三好保吉

院長の伊瀬峯治（一八九四―一九七一）も網元であり、大正一一（一九二二）年に伊吹島漁業組合役員に就任、

昭和初年には伊吹三等郵便局長に任命されている（『綴』、草薙監修、磯野編 1985：51）。三等郵便局とは、近代郵便制度創成期において全国に郵便局を普及させるため、各地域の「名士」や「大地主」に土地建物を無償提供させて事業を委託するかたちで設置されたものであった。[47] 伊瀬峯治の自宅の一角には、当時郵便局として使用していた建物が現存しており、レンガ造りの洋風外壁は近隣の家々とやや趣を異にしている。

また、伊瀬峯治は昭和三（一九二八）年に「片手廻し巾着網」を考案、朝鮮に固定した根拠地を設けて魚油や魚粕の工場をつくるなど「内外地における伊吹漁民の先達として大いに活躍」し、昭和四（一九二九）年に香川県漁業組合の理事にも就任しているほか、「伊吹産院」成立前から観音寺町会議員を務めており（在任一九二六―一九四七年）、伊吹区長（一九三三―一九四六）、伊吹漁業共同組合長（一九四九―一九五七）、香川県会議員（一九五一―一九五五）、三豊郡漁業組合連合会長等も歴任した（観音寺市誌増補改訂版編集委員会編 1985b：168、草薙監修、磯野編 1985：51）。

副院長の三好梅吉（一八七三―一九六一）は、江戸時代に出部屋の土地を寄贈した人物の子孫にあたると言い伝えられている。[48] 彼の遺品から、軍人として日清・日露戦争に出征した後、明治三九（一九〇六）年に日本赤十字社正社員、昭和七（一九三二）年に立憲政友会香川県支部評議委員、昭和九（一九三四）年に方面委員に任命されていたことなどがわかる。[49] 同じく副院長であった宮武定吉の家は、かつて寺子屋をしており、明治期には島民の名字をつけるなど、「島の知識人」という存在だったようである。[50]

事務員の朝日福松は役場の職員であり、当時の島の様々な会計書類は彼の手によるものであった。[51] 彼の妻は、処女会で裁縫を教えていたそうである。[52] 渡邊（1997）によると、一般的に、処女会活動の直接の指導には村の有力者の妻・娘や教員が携わる場合が多かったようであるが（1997：33）、伊吹島もその例に漏れなかったということだろう。

伊吹島の処女会がいつ発足したのかは明らかではないが、『大正五年四月起　出納簿　伊吹処女会』が存在していることから、少なくとも大正五（一九一六）年にはすでに活動していたと考えられる(53)。これは、香川県内では比較的早い方である(54)。伊吹処女会は、出部屋改築時に『産婦静養室建設寄附芳名録 伊吹処女会』を作成しており、改築費の寄付を募っていたということがうかがえる。現在、『産婦静養室建設寄附芳名録 伊吹処女会』の保管場所は不明であり、その表紙のコピーが伊吹島民俗資料館に展示されているのみであるが、現物を確認した久保儞治郎によると、この芳名録には「御大典記念」と記されていたという(55)。久保は、この表紙コピーに対する説明として、「昭和三年の御大典記念行事として産院の改築が計画されたらし(56)」いと述べている。おそらく、処女会が御大典記念行事として出部屋の改築に関わり、改築費の寄付を取りまとめたということであろう。また、昭和九（一九三四）年度の「香川県三豊郡観音寺町伊吹産院報告書」（提出先不明、『綴』所収）にも、「伊吹産院」が改築を機に「処女会主催」になったと記されている。

以上から、出部屋が改築を経て「伊吹産院」として成立した際には、島の有力男性が建築委員や職員となっていたことがわかる。漁村である伊吹島において有力であったのは網元であり、漁業組合長はもちろん、区長や町会議員、三等郵便局長を務めていたのも彼らであった。昭和四（一九二九）年度の「伊吹区経費割財産等級（戸数割）名簿」を見ると、四四四件中一位から順に三好福治、伊瀬峯治、三好文司、三好和市、松本若造、川端伊勢吉、河野岩吉、川端與右衛門、三好保吉…と「伊吹産院」関係者の名が続いている。また、「伊吹産院」が、役場の事務員や小学校長のような、いわば近代化の担い手や、近代になって創られた処女会との関わりが深かったことも明らかになった。また、「伊吹産院」の落成式には、香川県の坪井勧吉知事をはじめ、県社会課主事、観音寺署長、観音寺町長、伊吹区長、伊吹小学校長、町会議員等が参列している(57)。新聞記事によると、落成式において知事は以下のような祝辞を述べたという。

出部屋の工事が処女会の発起に依り順調に進行し（中略）今後此の産部屋からは極めて健かな立派な人物が出て国家の為めに尽されることであらうが、又一面、文化の進展上第二の世間を作る大なる使命を有する婦人が、日頃信ずる昔の教へを其儘今日に伝へたことは、頼もしく喜ばしいことである（中略）原始時代からズット一貫して出部屋制度を捨てなかつた所謂古来の慣習の残つて居るのは非常に稀で、此の良習慣が我香川県にあることは本県の誇りである。世間の人々は何でも新しいことを好むが、古いことにも斯うした良い習慣は飽まで続け伝へて行くことが、思想上にも凡ゆる点に於てよいこと丶思ふ。[58]

このように、知事は出部屋を「本県の誇り」と表現したが、それは出部屋の具体的な設備や機能を評価したからではなく、「古来」の「良習慣」が伊吹島の女性たちによって活かされていると見做したからであった。また、『大阪朝日新聞　香川版』は、「同島（＝伊吹島）の誇りとするいまだに原始的の遺風を存する出部屋の新築落成式」について、「本院竣工前の産院即ち出部屋は実にお粗末千万なもので掘建小舎、床もなければ障子もなく産婦は土間に筵を敷き恙も厭わず三十余日もこの小舎で暮したものであるが、この落成は婦女子を非常に喜ばした」[59]と伝えている。これらの記述は、島の有力男性が慶福会と共有した出部屋観――「院舎は腐朽頽廃甚し」いが、「古来より伝はる良風」である――を踏襲するものであるといえる。このような見方は、その後どのように変奏あるいは維持されていくのだろうか。

## 第三節　「伊吹産院」の評価

出部屋の入口には石柱があった。そこには「恩賜財団慶福会助成金　昭和五年二月」「高松宮殿下御下賜金　昭和八年一月」と刻まれており、「伊吹産院」が皇族からお墨付きを得たということに対する島民の誇りが感じられる。石柱は、出部屋の建物が解体された今も残されている（図2－3）。

図2－3　出部屋入口の石柱
伏見撮影、2011年4月1日。

「高松宮殿下御下賜金」とは、大正一二（一九二三）年に絶えた有栖川宮家の祭祀を継承した高松宮が、昭和七（一九三二）年秋に創設した有栖川宮記念厚生資金のことである。これは、「主として農山漁村の福祉を増進する目的の下に其の振興開発に関し奨励助成の為賜与せらるる」[60]ものであった[61]。その初年となる昭和八（一九三三）年に選ばれた六六件（個人を含む）のうちの一つが「伊吹産院」であり、一〇〇円が「賜与」された。

有栖川宮記念厚生資金創設の背景には、昭和恐慌の影響による農山漁村の疲弊があった。それ以前の社会事業は都市を中心に進められてきたが、恐慌により農山漁村の社会問題や社会事業の遅れが無視できないものとなったのである（一番ヶ瀬・高島 1981：59、菊池他 2003：114）。昭和七（一九三二）年八月三日の『東京朝日新聞』によれば、高松宮は、同年春に石黒忠篤農林次官ら四名を召喚し、農山漁村における社会事業の奨励と表彰を通じてその救済をはかりたいという旨を伝え、この四名が具体案を決定したということである。(62)

有栖川宮記念厚生資金の創設と同じ昭和七（一九三二）年秋には、農林省訓令第二号「農山漁村経済更生計画ニ関スル件」が出され、農山漁村に対して「固有ノ美風タル隣保共助ノ精神」に基づく「自奮更生」が求められた。(63)これ以降九年間にわたり、農山漁村の「更生」を目指す農山漁村経済更生運動が行われることになる。昭和一一（一九三六）年には、内務大臣の諮問機関である社会事業調査会が「農村社会事業ノ振興方策ニ関スル件（答申）」のなかで「農村ニ於ケル社会事業ノ要諦ハ、我国固有ノ美風タル隣保共助ノ精神ヲ基調トシ、村民協同ノ良習ヲ涵養シテ、相互扶助ニ依ル社会施設ヲ振興セシムルニ在リト謂フベシ」(64)と述べている。

農山漁村経済更生運動の推進役の一人は、有栖川宮記念厚生資金創設にも関わった石黒農林次官であるが、彼の推薦で行われたのが柳田國男らのいわゆる「山村調査」(65)（一九三四―三七）であった（大塚 2007：121）。この調査の目的は「日本人のみが持つてゐる美質と思はれる性情」の由来を知り、「今の世の中に最も必要な学問のために尽」くすことであり、(66)村の「有形、無形の約束」が「村人を団結させ、且つ其の繁栄と平和とを保つて来た」ということが前提となっていた。(67)調査項目のなかには「産屋の行事」も含まれている。恩賜財団愛育会も、柳田発案のもとで昭和一〇（一九三五）年から一三（一九三八）年にかけて産育習俗調査を行い、その結果がまとめられた『日本産育習俗資料集成』において、改築後の出部屋は「模範的な産屋」と評されている。(68)

また、昭和一一（一九三六）年に出版された福井県職員・杉本壽の『若越農政経済史研究』では、産屋を「農村に於ける「是」なる可き制度と認め」、「経済更生の一助として心掛く可き」であると述べられている。(69)というのも、同書では、「農村婦人」の「頑強なる肉体とエネルギッシュなる精神」が更生運動において重要であり、それを確保するためには、産後の快復期における養生・摂生が鍵だと見做されたからである。[70]なお、同書の序文を執筆したのは農林省経済更生部長（農山漁村経済更生運動の最高指導者）の小平権一や福井県知事の近藤駿一らであった。

民俗学者の福田アジオによると、昭和初期の柳田が、恐慌の影響で危機的な情況にある農村の問題をいかに解決するかという実践的課題を担う学問として民俗学の確立を目指し（福田 1984 : 224）、また行政側は「淳風美俗」や「隣保共助」という掛け声のもと、「伝統的」な人間関係や社会組織を「望ましいもの」として存続させることで「地域的連帯」を強調し、社会の分化と対立を隠蔽したという（福田 1988 : 30）。このように、昭和初期の行政と創成期の民俗学は、恐慌にあえぐ農山漁村民たちを精神的に団結させ、「自奮更生」を促す上で役立つような「伝統」の発見とその利用に乗り出すようになったとされる。

農山漁村向けの家庭誌『家の光』では、生活改善や産業組合推進、「迷信」の打破を謳う記事と並んで、柳田の「村の生活史を語る」が連載され（一九三四年一月―五月）、そこで取りあげられた個々の習俗習慣は柳田によって非常に高く評価されている。[71]また同誌では、越賀のおびやについて、「不浄を忌むために起つた風習は、産婦を、ゆつくり休養させるといふ点で、実に貴重な役割を果してゐる」[72]と紹介されたり、福井県内の産屋が「珍しい社会施設」[73]と表現されたりしている。産屋は、農山漁村向けの雑誌メディアによっても「社会施設」として宣伝されるに至ったのである。

このように、農山漁村やその習俗習慣に対するまなざしが再編されてゆくなかで行われたのが、有栖川宮記念厚生資金による「伊吹産院」の「選奨」であった。『有栖川宮記念厚生資金選奨録』によると、選奨された団体や個人は「顧問会の詮議を経て決定」された「世の模範」であり、顧問には石黒農林次官や闘屋貞三郎宮内次官、潮恵之輔内務次官らが名を連ねている。また同書には、選奨された各団体や個人からの「推薦書」および「他の材料」をもとに作成された「業績の大要」が集録されている。(74)

『綴』には、昭和八（一九三三）年に伊瀬峯治から高松宮嘱託の天谷虎之助(75)に宛てた書簡が残っている。この書簡が「推薦書」であろう。書簡の冒頭には「昭和八年二月一〇日付ヲ以テ御照会相成候伊吹産《ママ》ニ対スル事項左記ノ通リニ有之候」とあり、天谷から伊吹産院に関する問い合わせがあったということがわかる。伊瀬峯治は書簡のなかで、出部屋が「太古ヨリ」の「風習ニ依リ産婦ヲ収容シ静養ヲナサシメ」る場であると表現し、「太古ヨリノ風習其儘ガ現代ニ於ケル社会事業或ハ隣保事業ト等シ」いこと、慶福会から助成を受けて改築したこと、「社会的施設事トシテ古クヨリ活動ヲ続ケ来リタルモノニシテ、本邦中稀ニ見ル太古遺風ナルト、産婦静養所トシテ尤モ必要適切ナル事業ナリト、本島民一般ニ認メ」ているということを記している。つまり、出部屋は「産婦ヲ収容シ静養」させるという役割を「太古」から担っており、それがそのまま「現代ニ於ケル社会事業或ハ隣保事業ト等シ」いというわけだ。この書簡の記述を受けて『有栖川宮記念厚生資金選奨録』に掲載された「伊吹産院」の「業績の大要」は以下の通りである。

産院は其の起源不明なるも、遠く太古よりの遺風として今日に存するものとせられ、産婦を約一ヶ月間収容して静養せしめ、其の健康体に復するを待つて退院せしむるものなり。／当伊吹は観音寺町を去る約六浬、瀬戸内海中の一孤島にして、戸数四六〇を有し、住民は主として漁撈を業とし、住家狭小、人手少き等の為、妊婦の分娩後は、母子の保護上其の居を住家外に置くの必要あるに因るものなり。本院収容の産婦は未だ嘗て産後に故障を生じたることなく、産婦静養所として最も効果を挙げつゝあり。即ち上古よりの風習其の儘が、現時に於ける社会事業施設として継続し、其の機能を発揮しつゝあるは誠に興味深き所なり。入院産婦数は毎年百二十名内外にして、入院料は一名金五十銭とし、食事等は自炊自弁す。産院一ヶ年の経費は約二百円にして、島内全戸に戸数割として之を徴収す。[76]

ここでは、「伊吹産院」が出産場所ではなく「妊婦の分娩後」に利用する「産婦静養所」であることが明記されている。このような施設が産院として「選奨」されることになった要因は、「上古よりの風習其の儘が、現時に於ける社会事業施設」となっていることに対する「興味深」さと、漁村における産後の母子の静養が健康上必要であると認識されたからであろう。ここでの記述は、慶福会から助成を受けた際の紹介文に比して、「上古よりの風習」がいかに実践的意義を有しているかということが具体的に記されている。

しかしながら、「母子の保護上其の居を住家外に置く必要ある」理由として「人手少き」をあげることについては、[77]少々議論が必要であると思われる。産後の女性が出部屋に入っている間、自宅に加えて出部屋にも水や燃料を運び、さらに自宅に残された家族の世話や家事、農作業などをする人手があるからこそ、女性たちは出産するたびに一ヶ月間も出部屋で過ごせるのである。伊吹島では、漁業の繁栄を背景に大家族を形成することも多く、また米や水、生活物資の確保も難しかったため、家族内で産後の母子の世話をすべて担うよりも、出部屋を活用しながら共同体レベルで負担を分け合う方が効率的であったということもできる。聞き取り調査では、姑と同居していない場合や、同居していても姑の協力が得られない場合（つまり、人手がない場合）に、出部屋で一ヶ月間も過ごすことができなかったという女性の経験も聞かれる。つまり、「母子の保護」がそもそも不可能なほど人手が足りない家庭の女性は、出部屋を十分に利用することができないが、「母子の保護」を前提とした場合には、家族でそれを担うよりも共同体で分かち合った方が効率的で手厚い保護を行うことができるというわけである。

出部屋の意味づけについては、『綴』の記述にも経年変化がみられる。昭和七（一九三二）年度の「伊吹産院調査書」（提出先不明）では、「起源及沿革ノ大要」として「遠ク太古ヨリノ遺風ニシテ、産婦トシテ産後ニ於ケル衛生上尤モ適切肝要ナル習慣ナリト、現今尚其風習ヲ存続セリ」と書かれるにとどまっていた。それに対し、同じく『綴』に入っている昭和九（一九三四）年度の「香川県三豊郡観音寺町伊吹産院報告書」（提出先不明）には、「沿革ハ本島ノ遠ク太古ヨリノ遺風ニシテ、産婦トシテ産後ニ於ケル乳児ノ保護ト自己ノ静養等衛生上尤モ適切ナル習慣ナリト、現今尚其風習ヲ続ケ称賛セリ」という「沿革ノ大要」に加え、「事業経営ノ状況」として「婦人ノ健康ハ概ネ産後ノ養生ニ、乳児ノ健康ハ其母ノ健康ニ伴フ故ニ、母ノ静養ハ乳児ノ保育上ニ重大関係アリトノ婦人ノ声ナリ」という記述もあり、出部屋での「産後ノ養生」が「婦人ノ声」によって求められたかのように書かれている。続いて、「本島ハ真正漁村ニシテ、男子ハ常ニ出漁出稼シ、数十日又ハ数ヶ月ヲ経テ突然帰宅スルヲ常トス。此場合、産婦自宅ニ養生スレバ、其ノ夫ト同居ニ伴フ自然ノ危惧アリ。又家族ノ多キ宅ハ四面ノ気扱アリテ、産後ノ養生充分ナラズ、然レドモ本院ニ入院スレバ、極メテ気楽ニ養生ガ出来、一ヶ月間経過スレバ必ラズ健康体ニ復シテ退院ヲ為ス。古来ヨリ、本院ニ於テ斃レタル産婦一名モ無ク、亦本島婦人中ヒステリー病ニ罹リタルモ稀ナリ。故ニ、本島民トシテ本院ノ存在必要ヲ認メ、経費ノ如キモ本島民ノ財産等級ニ依ル戸数割トシテ、何等ノ異議ナク負担セリ。本島民挙テ産婦ト乳児ニ対スル衛生上尤モ必要適切ナル事業ト称賛セリ」というように、出部屋の役割や意義が具体的にあげられている。こうして出部屋は、単なる「古来より伝はる良風」にとどまらず、「衛生」や「健康」、「ヒステリー」の予防といった近代的価値に適う習慣が「太古」から行われ、さらに産後間もない時期の性交回避や、大家族で暮らす気遣いからの解放が可能になるなど共同体の実情を鑑みても必要な施設であるから、島民同士の相互扶助によって維持されているという意味づけを獲得したのである。

これまで述べてきたように、「伊吹産院」は、慶福会による助成を受けた際も、有栖川宮記念厚生資金を得た時も、一貫して出部屋すなわち産屋習俗に由来するものとして評価されていたわけだが、一言に産屋といっても、その意味づけには変化が見られるのである。つまり、慶福会による助成が行われた当初は、その具体的な機能が評価されていたというよりは、「古来より伝はる良風」としての価値が前面に出されていたのに対し、農山漁村経済更生運動に付随する有栖川宮記念厚生資金を得た際には、「上古よりの風習其の儘」が「現時に於ける社会事業施設」として十分通用するということが強調されていた。特別な医療環境などを新たに整備せずとも、住民の互助に基づく方法によって「産婦は未だ嘗て産後に故障を生じたることなく、産婦静養所として最も効果を挙げ」られるということは、行政側にとって大変都合がよく、まさに農山漁村経済更生運動の目指すところ——「相互扶助ニ依ル社会施設」の増進——と一致していた。そして、『綴』の報告書類に書かれた内容の経年変化をみると、出部屋に対して先述のような評価がなされており、助成に付随する書類を用意するなかで、島民たちが出部屋の意義を言語化する機会は増し、出部屋の衛生上の意義や島内の実情に見合った意義を積極的に表現できるようになっていったことがうかがえる。

また、こうした助成が、恩賜財団慶福会や有栖川宮記念厚生資金のように、皇族に関連づけられるかたちで行われたということも見逃せない。すでに述べた通り、これらの組織は、皇族を頭に据えたものであったが、実際に内実を取り仕切っていたのは宮内省や内務省の官僚たちである。この時期の両者の関係については、遠藤(2010)が「皇室の「仁慈」は基本的に個人の発意にもとづくというより、宮内省、内務省を中心とする「宮中」、「府中」双方の政治的必要から生じたもので、たとえ個人的な発意にもとづく場合があったとしても、実施にあたっては政治情勢との関係が深く影を落している」とまとめている通りである(2010：20)。それでも、助成金を受けた側にとって、皇族関係の組織からお墨付きを得たという事実は非常に価値が高く、「伊吹産院」の入口の石柱には、この両者による助成の事実のみが記されている。しかし実は、「伊吹産院」が得た助成金は他にも

表2－1 「伊吹産院」が得た助成金一覧

| 年（年度） | 助成機関 | 金額 |
| --- | --- | --- |
| 昭和4年度 | 恩賜財団慶福会 | 1000円 |
| 昭和8年 | 有栖川宮記念厚生資金 | 100円 |
| 昭和9年 | 香川県 | 20円 |
| 昭和13年度 | 厚生省 | 150円 |
| 昭和14年度 | 〃 | 210円 |
| 昭和15年度 | 〃 | 210円 |
| 昭和16年度 | 〃 | 210円 |
| 昭和17年度 | 〃 | 210円 |
| 昭和18年度 | 〃 | 200円 |
| 昭和19年度 | 〃 | 200円 |

『伊吹産院関係書類綴』をもとに作成。

ある。『綴』によると、昭和九（一九三四）年に香川県から二〇円を得ており、昭和一三（一九三八）年度から終戦まで厚生省から毎年一五〇―二一〇円を得ている（表2－1）。

厚生省からの助成金は、昭和一三（一九三八）年に成立した社会事業法に基づくものである。社会事業法とは、明治以降一貫して私設社会事業に対する補助を立法化してこなかった政府が、昭和一三（一九三八）年の厚生省新設にあわせて成立させた法律である。その内容は、私設社会事業の範囲を定め（第一条）、事業経営者に届出義務を課し（第二条）、施設に対する改善命令および処分、監督や指示の権限を地方長官に与え（第四条、第六条）、寄付金募集を許可し（第五条）、政府が「予算ノ範囲ニ於テ補助スルコト」ができること（第一一条）を規定するものであった。しかし、各施設への助成金額はきわめて少額であり、むしろ指導・監督・管理の方が強化されていったことから、社会事業法は「危機段階における民間社会事業に対する国家管理の確立であった」（一番ヶ瀬・高島 1981：71）とか、「国家統制政策の一翼として機能」したものである（鵜沼 2000：40）と考えられている。しかしながら、その「統制」は副次的に「社会事業経営及び社会事業行政の近代化」をもたらすものでもあったと言われる（同 2000：41）。

「伊吹産院」では、社会事業法成立以前からほぼ毎年、予算や決算、利用状況等をまとめていたが、社会事業法成立後は県を通じて厚生大臣に年次報告書を提出せねばならず、その形式や期限が定められていた。『綴』には、提出期限に遅れた場合の督促書類も残っている。

また、厚生省社会局児童課の初代課長である伊藤清（一九〇三―一九八〇）の著作として昭和一四（一九三九）年に出版された『児童保護事業』[78]では、以下のように述べられている。

産院の歴史は相当古く、我国に於ても既に室町時代出部屋と称せられるものが存在した。現に、香川県伊吹産院の如き同時代より伝へられたる文献があると謂はれて居る。然し乍ら、医学的保護を中心とする社会施設としての産院は、比較的最近の施設であって、我国に於ては、大正七年賛育会本所産院の出来た前後からのものが、其の大部分である。[79]

ここでは、出部屋が「医学的保護を中心とする社会施設としての産院」とは異なるものとして捉えられているが、現存する「伊吹産院」が「室町時代」からのものであるということを根拠に、「産院の歴史は相当古」いと述べられている。つまり出部屋は、日本の産院の歴史が古く、古来から妊産婦保護が行われてきたということの証左とされているわけである。

『綴』において、出部屋の始まりを室町時代とした文書は見当たらないが、香川県編『昭和七年三月　香川県社会事業概要』には、「創立年月日ハ明確ナラズ室町時代ヨリコノ設備アリシガ如シ」とある。[80] また、内務省の『社会事業統計要覧』には、昭和一〇（一九三五）年発行の第一三回調査分以降、「伊吹産院」が掲載されており、「香川県伊吹産院ハ出部屋ト称スルモノニテ室町時代ヨリ文献アリト云フ」という注がわざわざ付されている。[81]

そして昭和一〇年代後半になると、産屋が「人的資源」涵養の観点から「最も簡易なる姙婦保護策」として露骨に期待されるケースも出てくるのである(82)。

以上のように、大正一〇（一九二一）年の時点では内務省から蔑まれていた出部屋であったが、妊産婦保護事業の広まりや農山漁村経済更生運動を経てその位置づけは変化し、「伊吹産院」が共同体の相互扶助による妊産婦保護施設になっているという点や、その由緒が日本の産院や妊産婦保護の歴史が古いことの証左として利用できるという点で歓迎されるようになったといえよう。

## 注

（1）内務省編『児童の衛生』同文館、一九二一年、八頁（国立国会図書館近代デジタルライブラリー http://kindai.ndl.go.jp/info:ndljp/pid/934514、二〇一三年九月二五日閲覧）。

（2）例えば、井出茂代子（竹内茂代）医師が大正一〇（一九二一）年に設立した新宿の産院（「初産婦の為めに理想的の産院」『読売新聞』一九二一年九月八日、朝刊、第四面）。

（3）例えば、東京帝国大学附属病院、慶應義塾大学病院、聖路加国際病院（婦人記者「赤ちゃんが生れる迄の費用調べ 自宅・病院・産院にてどのくらゐかゝるか」『主婦之友』第一三巻第一〇号、主婦之友社、一九二九年一〇月、二〇三―二〇五頁）。また、京都の産科医に聞き取り調査を行った落合恵美子によると、昭和初期において京都府立病院で入院分娩するのは「経済的余裕」のある層が中心であったが、ほぼ無料で入院できる「学用患者」（経験の浅い産婆や産婆学生が中心となって分娩介助を行う）という制度があり、店員をしていた人などがこの制度をよく利用して入院分娩していたという（落合 1990a：138）。

（4）発行年によって資料タイトルが変化している。すなわち、内務省地方局編『感化救済事業一覧』（明治四四年末調、大正三年末現在、大正五年末現在、大正六年末現在）→内務省地方局編『社会事業一覧』（大正七年末現在）→内務省社会局編『社会事業要覧』（大正八年末現在、大正九年末現在）→社会局第二部編『社会事業統計要覧』（大正一一年調、大正一二年調）→社会局社会部編『第六回社会事業統計要覧』（一九二七年三月発行）→社会局社会部編『社会事業一覧』（一九二七年六月発行）→社会局社会部編『社会事業統計要覧』（第七回―第十四回、一九二八―一九二九、一九三一―一九三六年発行）→厚生省社会局編『社会事業統計要覧』（第十五回―第十六回、一九三八、一九四〇年発行）（社会福祉調査研究会編『戦前期社会事業史料集成』第四巻―第八巻、日本図書センター、一九八五年所収）である。

（5）社会局社会部編『第十三回社会事業統計要覧』一九三五年、五一頁。

（6）財団法人東京市政調査会編『都市に於ける妊産婦保護事業に関する調査』一九二八年、一四七頁。

（7）公設産婆とは、自治体や社会事業団体に雇われた産婆が担当地域の妊産婦を巡回訪問して分娩介助や健康相談を行う制度である（吉長 2008：102）。巡回産婆、市町村営産婆など、様々な呼称がある。

（8）保健衛生調査会編『保健衛生調査会第五回報告書』一九二一年、一五一―一七頁（国立国会図書館近代デジタルライブラリー http://kindai.ndl.go.jp/info:ndljp/pid/985126　二〇一四年一一月二一日閲覧）。

（9）当時の新聞には、「我国に於ける乳幼児の死亡率高きことは世界中の第一位に在り」（「育児法根本調査」『東京朝日新聞』一九一七年三月一九日、朝刊、第三面）、「乳児の死ぬのは世界で日本が第一番　阿部統計局長談」（「怖るべき此死亡率」『読売新聞』一九二三年三月八日、朝刊、第四面）といった記述がみられる。

（10）日本で人口動態統計が整備された一八九〇年代の乳児死亡率は、欧米諸国よりも低い水準であったが、各国の乳児死亡率が次第に低下してゆくのに対して、日本では一向に低下せず、むしろ上昇傾向さえ示していた（伊藤 1998：1）。

（11）小河滋次郎「乳児保護施設に就て」『救済研究』第八巻第三号、救済事業研究会、一九二〇年三月、七一―一七頁、前掲財団法人東京市政調査会編『都市に於ける妊産婦保護事業に関する調査』、中馬（2003, 2004）。

（12）大原社会問題研究所編『日本社会事業年鑑（大正八年）』大原社会問題研究所出版部、一九二〇年、五七―五八頁。

（13）大出（2006）によれば、昭和一〇（一九三五）年の時点で東京市の全出生児の約一割が、社会事業団体・賛育会系列の産院で誕生したと伝えられており、特筆に値する。

（14）『三重県社会事業概要』三重県庁、一九二四年九月、一四三頁。

（15）同右。

（16）「小川久五郎」（履歴書のようなもの）個人蔵。

(17) 小川久五郎著、鈴木敏雄筆写『越賀村産婦保養所概況』一九三八年。
(18) 大正七(一九一八)年に富山から始まった米騒動は、以後の様々な民衆運動の基礎となり、近代的な社会事業を成立せしめる契機ともなったと言われる(藤目 1993 : 97)。
(19) 柴原浦子『母心一路』興亜文化協会、一九四二年、一四七頁。
(20) 同、一一九頁。出部屋は、大正一〇(一九二一)年の段階では「伊吹産院」という名称を得ていなかったが、柴原が自伝を執筆する際に「産院」と表現したものと思われる。
(21) 大阪社会事業連盟発行の『社会事業研究』は、大正末期には毎月一〇〇〇部発行され、その半数以上が大阪以外で読まれていた。購読者は行政、民間、個人にわたっていたという(菊池他 2003 : 96)。
(22) 余田忠吾「妊産婦保護に就て(二)」『社会事業研究』第一四巻第一二号、大阪社会事業連盟、一九二五年一二月、一六頁。ただし、余田は出部屋を「分娩所」と解しており、産後の静養に特化したものであるとは認識していなかったと思われる。
(23) 金子準二「妊産婦及乳児保護に就て」『救済研究』第九巻第七号、救済事業研究会、一九二一年七月、五三頁。
(24) 洲崎隆一「敦賀地方にある産屋を観る」『産婆学雑誌』第一九年第一号(第四〇号)、京都帝国大学産婆同窓会、一九三四年六月、一六頁。
(25) 同右。
(26) 同右。
(27) 洲崎隆一「産屋の奇習」『産婆学雑誌』第二四年第二号、京都帝国大学産婆同窓会、一九四〇年二月、一〇五頁。
(28) 「原始的なお産の小屋」『産師界』産師界社、一九三五年三月一五日、一三―一四頁。
(29) 前掲財団法人東京市政調査会編『都市に於ける妊産婦保護事業に関する調査』一五二―一五三頁。
(30) 同右。
(31) 恩賜財団慶福会編『事業概要　昭和四年度』一九三〇年、五〇頁。
(32) 社会福祉法人恩賜財団慶福育児会編『慶福育児会のあゆみ』一九九五年、一六八頁。
(33) 大原社会問題研究所編『日本社会事業年鑑(大正拾四年)』同人社書店、一九二五年、一〇頁。

(34) 前掲社会福祉法人恩賜財団慶福育児会編『慶福育児会のあゆみ』一九三頁。
(35) 前掲社会福祉法人恩賜財団慶福育児会編『慶福育児会のあゆみ』一六〇頁。
(36) 前掲恩賜財団慶福会編『事業概要　昭和四年度』四七頁。
(37) 恩賜財団慶福会編『事業概要　昭和五年度』一九三一年、四一頁。
(38) なお、慶福会の『事業概要』各年版（一九二六―一九三七、一九三九―一九四〇、一九四三年発行）によると、乳児院や託児施設が助成対象になることは多かったが、妊産婦保護事業が選ばれることは稀であった。助成を受けた妊産婦保護事業には、病院や産婆会の附属産院、出産相扶組合（本章注（61）参照）などがある。
(39) 昭和五（一九三〇）年当時の伊吹島は香川県三豊郡観音寺町に属していた（第一章参照）。
(40) 当時、観音寺町は八区に区分されており、それぞれの区には区長や区会議員が置かれていた（観音寺市議会事務局での聞き取り調査、二〇一一年四月二七日）。
(41) 前掲恩賜財団慶福会編『事業概要　昭和四年度』五〇頁。
(42) 三好兼光さんへの聞き取り調査による（二〇〇八年一二月一四日）。また、「伊吹産院」の落成式の様子を伝える新聞記事「伊吹島の産部屋　盛大に落成式」（『四国民報』一九三〇年六月一一日、夕刊、第二面）にも「松本伊吹区長」という表現がみられる。後任は伊瀬峯治で、昭和八（一九三三）年に就任している（観音寺市誌増補改訂版編集委員会編 1985b：168）。
(43) 「朝鮮海域出漁団　香川県　大正四年の春」伊吹島民俗資料館（観音寺市郷土資料館分館）蔵。
(44) 『昭和参年分　観音寺町会々議録』（観音寺市議会事務局蔵）に、河野岩吉が町会議員を辞職し、後任として三好和市が選出されたことを伝える文書が残されている。
(45) 観音寺市立伊吹小学校に問い合わせて回答を得た。
(46) 久保傳治郎「青年団の発達」作成年不詳、頁記載なし、伊吹島民俗資料館（観音寺市郷土資料館分館）蔵。
(47) 山根（2001）によれば、郵便線路の全国網化は「地域社会を近代国家へ再編的に統合していく過程」であり、各地の有力者たちは三等郵便局長という準官吏の身分を与えられることにより、〈国家＝官〉の側へ組織化されたという（2001：174、178）。こうして彼らは、一見すると「封建的身分秩序に適合的にしかみえない動員のレトリック」によって、地域社会の「近代化」の指導者に仕立てあげられたと山根は述べている（同：178）。

(48) 三好梅吉の親族および三好兼光さんへの聞き取り調査による（二〇一一年三月三一日）。ただし、「愛媛県讃岐国豊田郡伊吹嶋全地図」（個人蔵）を見ると、出部屋の土地は別の人のものになっており、三好梅吉の祖先の土地はその隣地であった。なお、この地図は伊吹島が愛媛県だった時期すなわち明治九（一八七六）年八月から明治二一（一八八八）年一二月の間のものであると考えられる。
(49) 方面委員制度は、知事等が、旧中間層の自営業者を主体とする民間の篤志家を名誉職である方面委員に選び、地域の救貧活動を委嘱するという地方ごとの取り組みである（菊池他 2003：87）。その先駆は大正六（一九一七）年の岡山県済世顧問制度であった。香川県では大正一二（一九二三）年に財団法人私立鶏鳴学館において設けられたのが最初であり、県令による方面委員設置規定が出されたのは昭和三（一九二八）年のことである。活動が本格化したのは、方面委員職務規定（香川県訓令第七九号）が出された昭和六（一九三一）年以降であった（香川県民生委員児童委員協議会連合会編 1998：9-12）。
(50) 三好兼光さんへの聞き取り調査による（二〇一一年四月一日）。
(51) 例えば、伊吹島民俗資料館に現存する『大正十三年度　伊吹区諸種年末決算報告書』の表紙および各書類には、「取扱人　朝日福松」と記されている。
(52) 処女会活動を経験した①さんへの聞き取り調査による。
(53) 前掲久保「青年団の発達」（頁記載なし）による。『大正五年四月起 出納簿 伊吹処女会』の保管場所は不明であるが、表紙のコピーが伊吹島民俗資料館に展示されている。
(54) 香川県における処女会数は、大正五（一九一六）年末には四八であったが、大正九（一九二〇）年には一四四に達した。最も盛んに創設されたのは大正七、八（一九一八、一九一九）年であった（内務省社会局編『全国処女会婦人会の概況』一九二一年、二九一頁）。
(55) 前掲久保「青年団の発達」、頁記載なし。
(56) 『産姫婦静養室建設寄附芳名録 伊吹処女会』の表紙コピーに付された、久保の手によるキャプション。
(57) 前掲「伊吹島の産部屋　盛大に落成式」。
(58) 同右。
(59) 「伊吹島の産院竣工」『大阪朝日新聞　香川版』一九三〇年六月一三日。

(60) 「諸言」『有栖川宮記念厚生資金選奨録』第一集、高松宮出版、一九三三年、頁記載なし。
(61) 少なくとも昭和八（一九三三）年から昭和一二（一九三七）年にかけて、有栖川宮記念厚生資金において圧倒的に多く選ばれたのは、農事組合をはじめとする産業組合であった。妊産婦保護事業が選ばれることは非常に稀であり、「伊吹産院」以外で選ばれた例は、出産相扶組合二件（いずれも新潟県。組合費で産婆を雇用し、組合員は無料で「産婆の巡回及助産」を受けられる）であった（前掲『有栖川宮記念厚生資金選奨録』第一集、一二三頁、『有栖川宮記念厚生資金選奨一覧　自昭和八年一月至昭和一二年六月』高松宮事務所、一九三七年）。
(62) 「高松宮殿下　農村の向上に有難い御思召」『東京朝日新聞』一九三二年八月三日、夕刊、第二面。
(63) 『法令全書』昭和七年訓令農林省、内閣官報局、三頁。
(64) 社会事業調査会「社会事業調査会答申」一九三六年、三頁（社会福祉調査研究会編『戦前期社会事業史料集成一七』日本図書センター、一九八五年）。
(65) 「山村調査」の正式名称は「日本僻陬諸村における郷党生活の資料蒐集調査並びに其の結果の出版」である。
(66) 比嘉春潮『郷土生活研究採集手帖（昭和九年度）』郷土生活研究所、一九三四年、一―二頁（比嘉春潮・大間知篤三・柳田国男・守随一編「採集手帖」『山村海村民俗の研究』名著出版、一九八四年、一―一一頁）。
(67) 比嘉春潮『郷土生活研究採集手帖（昭和十年度）』郷土生活研究所、一九三五年、一二頁（比嘉春潮・大間知篤三・柳田国男・守随一編「採集手帖」『山村海村民俗の研究』名著出版、一九八四年、一二一―一二五頁）。
(68) 恩賜財団母子愛育会編『日本産育習俗資料集成』第一法規出版、一九七五年、一九〇頁。
(69) 杉本壽『若越農政経済史研究』品川書店、一九三六年、八九、一〇九頁。
(70) 同、一二二頁。
(71) 例えば、イズメ（嬰児籠）は「祖先の優れた力」と捉えられ（柳田國男「村の生活史を語る　日本の揺籃イズメの話」『家の光』第一〇巻第三号、産業組合中央会、一九三四年三月、一六一頁）、一二、三歳の女児が赤児の子守をすることは「何とも言ひやうのない美しい日本的な情景」、仮親は「親の愛の現れ」とされ（柳田國男「村の生活史を語る　子守と赤児」『家の光』第一〇巻第四号、産業組合中央会、一九三四年四月、七二―七四頁）、そしてお百度参りや物乞いは「温い共同精神」の証と見做された（柳田國男「村の生活史を語る　物を乞ひ物を与へる風習」『家の光』第一〇巻第五号、産業組合中央会、一九三四年五月、七一頁）。

(72) 本誌記者「地方色豊かな志摩めぐり　海女と真珠と産屋の話」『家の光』第一〇巻第八号、産業組合中央会、一九三四年八月、七九頁。
(73) 本誌記者「新日本漫画風土記　福井県の巻」『家の光』第一三巻第六号、産業組合中央会、一九三七年六月、九一頁。
(74) 前掲「諸言」および「例言」『有栖川宮記念厚生資金選奨録』第一集、頁記載なし。
(75) 天谷は、有栖川宮記念厚生資金の創設を機に嘱託に任命された人物であるが、それ以前は福井県内務部長を務めていた（「農山漁村に畏し御心　高松宮邸内に調査機関設置」『東京朝日新聞』一九三二年八月二三日、朝刊、第七面）。
(76) 前掲『有栖川宮記念厚生資金選奨録』第一集、一二一―一二二頁。
(77) この文言は、香川県編『昭和七年三月　香川県社会事業概要』（一九三二年、九四頁）にも見られるため、『有栖川宮記念厚生資金選奨録』作成の際に同書が参照されたことが推測できる。
(78) 『児童保護事業』の著者は伊藤清となっているが、実際に執筆したのは児童課職員の森健藏・船本數江・大場昇一の三名であることが序文において明記されている（伊藤清『社会事業叢書第六巻　児童保護事業』常盤書房、一九三九年、「序」二頁（『戦前期社会事業基本文献集一三　児童保護事業』日本図書センター、一九九五年））。
(79) 前掲伊藤『社会事業叢書第六巻　児童保護事業』五〇頁。
(80) 前掲香川県編『昭和七年三月　香川県社会事業概要』九四頁。
(81) 前掲社会局社会部編『第十三回社会事業統計要覧』五〇―五一頁。
(82) 例えば、三重県四日市市富田浜病院長であった石田誠は、県会議員当選直後に刊行した『人的資源論』（一九四〇年、「序」は拓務次官・田中武雄による）のなかで「妊婦保護と産屋」という節を設け、「最も簡易なる妊婦保護策」として「かの北陸敦賀附近の孤島とか、紀州の僻村に散在する産屋制度を検討し、全国の町村に対し、政府が適当な補助金を与えて、部落毎に産屋を建設せしめ、此処に一定期間妊婦を収容して、精神的安静と栄養の摂取過激労働の禁止とを励行することが一番捷径だと考へられる」と述べている（石田誠『人的資源論』秋豊園出版部、一九四〇年、四四頁（児童問題史研究会監修『現代日本児童問題文献選集二三　石田誠　人的資源論』日本図書センター、一九八八年））。石田は、産屋の利用が減じて産屋を廃滅した部落が多いという当時の状況について「遺憾」と述べ、産屋が「全国の各部落に普及したら、今日世界第一の称ある死産及び嬰幼児の高い死亡率は、或る程度まで緩和されると信ずる」としている（同）。

# 第三章　戦後の出部屋を活用した近代医療の導入

## ――助産婦のライフヒストリーを通して

戦前期の出部屋は近代医療との関わりを欠いた状態であったが、「古来より」の慣習が妊産婦保護に適っているとして、皇族関係の組織ないし政府からお墨付きを得ていた。

戦後になると、児童福祉法（昭和二二（一九四七）年制定）第一九条で「都道府県知事は、妊産婦又は乳児若しくは幼児の保護者に対して、保健所又は医師、助産婦若しくは保健婦につき、妊娠、出産又は育児に関し、保健指導を受けることを勧奨しなければならない。／妊産婦及び乳児又は幼児の保護者は、保健所又は医師、助産婦若しくは保健婦につき、妊娠、出産又は育児に関し、保健指導を受けなければならない。（後略）」とされ、さらに第二二条により「市町村長は、保健上必要があるにもかかわらず、経済的理由により、入院助産を受けることができない妊産婦を助産施設に入所させて、助産を受けさせなくてはならない。但し、附近に助産施設がない等やむを得ない事由があるときは、この限りでない[1]」と定められた。そして、「助産施設[2]」の種類は「医療法の病院」（第一種助産施設）および「医療法の助産所」（第二種助産施設）の二種類に限定され、その職員や設備等に関する基準も明記された[3]。つまり、出部屋のように産後の静養のみを目的とした「産院」というものは戦後社会福祉の埒外に置かれたのであり、出部屋が助成金を得ることもなくなったわけである。換言すれば、戦後には、出産に関わる福祉政策が医療者による保健指導および入院助産に集約されるほどに、近代医療に基づく出産というものが広まっていたということである。では、戦後の出部屋は、出産が近代医療の範疇に取り込まれていくという社会的な動向から取り残されてしまうのだろうか。あるいは、新たな関係を築いていくのだろうか。

本章では、伊吹島初の助産婦として昭和二一（一九四六）年から四二（一九六七）年まで島の助産を担ったNさんのライフヒストリーを通じて、出部屋と近代医療との関係性を明らかにする。従来の研究において、産屋は一般的に近代医療と相容れないものとして描かれることが多かったが、Nさんはいかなる医学的バックグラウンドを持って、どのように出部屋に対処したのだろうか。また、その結果、出部屋にどのような変化がもたらされたのだろうか。そしてそのことが、出部屋の存廃とどのように関わるのだろうか。

先行研究においてNさんの存在に触れているものは、武田他（1958）の「助産は二十二《ママ》年以後は助産婦がいる」（1958：134）という記述や、三好編（2008：36）に掲載されたNさんへのインタビュー記事、板橋（2013）の研究が存在するが、Nさんの活躍が出部屋にどのような影響を与えたかという視点での研究は見られない。[4] 本章では、Nさんへの聞き取り調査[5]と映像資料[6]からまとめた彼女のライフヒストリーおよび住民と元保健婦[7]への聞き取り調査をもとに、出部屋と近代医療との関係について検討したい。

なお、Nさんが得た免許は、当時の制度上では「産婆」免許であるが、彼女が伊吹島で活躍したのは昭和二一（一九四六）年からであり、その翌年に「産婆」は「助産婦」に改称されている。本章では、Nさんが自分の職業名を「助産婦」と表現していることも加味し、彼女の職業名を原則として「助産婦」と表記する。

## 第一節　助産婦になるまで

Nさんは、大正一四（一九二五）年に大分県宇佐郡長洲町（現在の宇佐市長洲）で生まれた。Nさんの父親は、薬種商(8)として「N薬舗《やくほ》」という薬屋を営んでいたが、父の兄が営む薬屋と競合していた。当時は、伊吹島から多数の漁師が長洲へ出稼ぎに来ており、Nさんの父は彼らに宿を貸すこともあったそうだ。(9)このような縁で、伊吹島に薬屋が存在しないことを知ったNさんの父は、伊吹島で開業することを決意した。こうして、Nさんが小学五年生の時に家族で伊吹島へ移住することになったのである。

移住後の昭和一二（一九三七）年一二月、Nさんの母親は四番目の子どもを出産した。Nさんにとっては末の妹にあたる。その際、介助したのは目の不自由なトリアゲバアサン（素人の器用な人）で、Nさんの父はその「不潔さ」に愕然としたそうである。(10)長洲でNさんや妹たちが生まれた時は、免許を持った産婆が介助していたため、父はその時との差に驚いたようだ、とNさんは述べる。このことがきっかけで、Nさんの父はNさんに産婆になるよう強く勧めたそうである。

Nさんの母は、出産のおよそ三日後から、「島の風習だから」と言って「穢れを逃れるため」に赤ちゃんを連れて出部屋入りした。本来なら、出産翌日頃から約一ヶ月間出部屋で過ごすが、Nさんの母は家のことが心配で、二週間ほどで自宅に戻ってきたという。母親が出部屋にいる間、長女であるNさんが自宅で父と妹たちを世話し、母の食事を出部屋まで運んだ。

Nさんは、小学校卒業後、香川県内の高等女学校に進学した。卒業後は父の勧めに従って産婆になることを決め、京都の医院に住み込みで働きながら産婆看護婦学校で二年間学び、数え二〇歳の時に産婆免許を得たそうだ。

しかし、伊吹島で働くことは考えておらず、香川県丸亀市の産婦人科で見習い看護婦として働きながら看護婦養成所に通っていたが、治安の悪さや職場の人間関係を理由に二、三ヶ月で中退し、伊吹島の親元へ帰った。その後独学で県の看護婦検定試験に合格し、高松市の産婦人科で数ヶ月間勤務した。看護婦免許を取得したのは、産婆としての開業ではなく病院勤務を希望していたからだそうだ。Nさんは、高松市内の総合病院で働くことを希望していたが、空襲で病院も街も焼失し、再び伊吹島に帰ることを余儀なくされた。それでもNさんはすぐに島を出て、香川県三豊郡荘内村大浜（現在の三豊市詫間町大浜）の医院で看護婦として勤務し、終戦を迎えた。その後、治安の悪化を心配した父が迎えに来て、昭和二一（一九四六）年の春に伊吹島へ帰ることになった。

Nさんは、帰島翌年である昭和二二（一九四七）年に伊吹島出身の男性と結婚した。Nさんが夫と初めて出会ったのは、見習い看護婦として丸亀の産婦人科に勤務している時であった。この産婦人科の向かいには、陸軍の練兵場があり、そこに拠点を置く歩兵第一二連隊には伊吹島の男性もしばしば入隊してきた。彼らは、窓越しにNさんの姿を見つけると、こっそりメモを託し、家族に渡すよう頼んだ。そのメモには、戦地へ向かう出発日が記されていたという。兵隊の出発日は、本人には直前に知らされるが、家族に知らせるすべがないため、彼らは伊吹島に縁のあるNさんを頼ったのである。当時、丸亀の産婦人科にはしばしば伊吹島の女性たちが診察を受けに来ていたため、Nさんはメモを託した。そしてその患者が島で兵士の家族にメモを渡すことにより、家族は出発日に駅まで見送りに来ることができたそうだ。その兵隊のうちの一人が後のNさんの夫だったのである。

ここで注目しておきたいのは、終戦前に伊吹島の女性たちがわざわざ丸亀の産婦人科を受診していたことである（伊吹島から丸亀までは、現在でも片道約一時間半を要する）。兵士たちから受け取ったメモは急いで渡す必要があったため、よほど頻繁に島から患者が来ていないと出発日に間に合わないことになる。Nさんの記憶によると、伊吹島からの患者には子宮筋腫や卵巣嚢腫等の治療のために来た人もあれば、性病や人工妊娠中絶といった事情を抱えた女性もいたようである。

## 第二節　伊吹島での開業

昭和二一（一九四六）年にNさんが帰島した時、妊産婦手帳（現在の母子健康手帳）の発行を受ければ、妊産婦は特別の配給（石鹸、タオル、出産時に必要な物など）を得られる制度があり、手帳の発行には医師または助産婦による妊娠証明が必要であった[11]。それまで伊吹島で分娩介助を行っていたトリアゲバアサンは、免許がないため正式な証明ができず、さらに高齢でもあったため、島民から次第に頼られなくなっていったそうだ。Nさんは、島の医師のもとで看護婦として働く傍ら、妊婦からの求めがあれば無料で妊娠証明を行い、産婦の家族に呼ばれれば分娩介助をした。妊産婦手帳という制度は、伊吹島においても他地域と同様に、妊産婦の頼るべき人物がトリアゲバアサンから助産婦へと転換する一つのきっかけになったといえよう[12]。Nさんは、県に助産婦として登録するよう医師から勧められたため、登録して開業することにした。当時、助産婦として開業するためには県に登録する義務があった。

そして昭和二二（一九四七）年四月、Nさんは結婚した。四姉妹の長女であるNさんはN家を継ぎ、結婚後も両親と同居することになった。翌年には、自宅で第一子を出産したが、出部屋は利用しなかった。Nさんの分娩を介助したのは、Nさんに続いて開業した助産婦のIさん（大正一〇（一九二一）年生[13]）であった。Iさんの開業を機に、NさんとIさんは助産婦の職能団体（現在の助産師会）に加入した。Nさんは自宅に「N助産所」という看板をかけ、一定の料金を取ることにしたが、きちんと支払いをする家は決して多くなく、お金の代わりに魚をもらうこともあったそうである。産婆・助産婦に対して現物での支払いが行われる例は、伊吹島に限らず他地域でも見られたようだ（落合 1990b：292-293、西川 2004：138-140 など）。

また落合恵美子は、免許持ちの産婆が「人間関係の作り方というもっとも基本的な面で産婆がトリアゲバアサンのやり方を引き継いで地域の結合を保ったままでの緩やかな変化を可能にしたこと」などを指摘している（落合 1990b：317）。伊吹島でも、助産婦は出部屋飯などの儀礼に招かれており、報酬の扱いも前段落で述べた通りだが、NさんとIさんの助産婦としての人間関係の作り方には対照的な面があった。島の女性たちへの聞き取り調査によると、Nさん・Iさんともに、家が近所だからという理由で依頼されることがあったほか、Iさんの顧客には親類関係が目立っていたのに対し、Nさんの顧客には自分や夫がNさんと（学校の）同級生だったという人がしばしばみられるのが特徴的である。伊吹島出身ではないNさんにとって、学校というものが人間関係を形成する上で重要であったと考えられる。昭和二〇年代にIさんに分娩介助してもらったというある女性にとっては、Nさんは家が薬屋で「偉かった」という印象があり、精神的にやや遠い存在であったことがうかがえる。

さて、Nさんは開業後、妊婦に月一回程度Nさん宅（N助産所）へ診察に来るように指導しており、骨盤計測や血圧測定、体重指導などを行っていた。診察で狭窄骨盤や高血圧、双子などが判明した場合は、帝王切開も可能な観音寺の産婦人科医院を紹介していた[14]。しかし、なかには、高血圧など重大な症状が出ていたのに、Nさんの勧めを無視して医師の診察を受けず、手遅れになって母子ともに亡くなってしまったケースもあったという。また、伊吹島の西方約八キロメートルの地点にある股島（現在は無人島）から、流産しそうになった妊婦がNさんの診察を求めて来たこともあったそうだ。

Nさんは、自宅が薬屋であったということもあり、しばしば人工妊娠中絶の相談を受けることもあった。Nさんによると、中絶を希望するのは、未婚の場合や、既婚で夫以外の子を妊娠した場合など様々であったという。島民たちは、中絶や流産した胎児を出部屋の庭の隅にある「胎盤を入れる大きな穴」に「捨てていた」そうである。伊吹島では、婚外恋愛や離婚が多く（女性をめぐる男同士のケンカでは、島民たちが集まって勝敗を決めることもあったようだ）、夫以外の子を妊娠して自殺した女性もいたそうである。[15] 当時の伊吹島において、中絶は深刻な問題だったことがうかがえる。妊産婦手帳や分娩介助だけでなく、中絶の相談もまた、島の女性たちとNさんを結びつける要因だったのかもしれない。

## 第三節　出部屋で産ませる

Nさんが帰島した昭和二一（一九四六）年当時の伊吹島では、女性が自宅で出産し、翌日頃に歩いて出部屋に入り、約一ヶ月間新生児とともに過ごすのが一般的であった。これは、病院で勤務経験を積んできたNさんにとって「変な風習」に思えた。というのも、伊吹島は面積的には小さいが、集落規模は大きく、比高も大きいため、少しの移動でも大変な体力を要するからである。出部屋は、多くの人々の自宅からみて島の峠を越えたところに位置しており、ごく近所でない限り、出産の翌日に行くのは体力的に無理があったはずである。

実は、Nさんが帰島する一〇年以上前、昭和二（一九二七）年から昭和一〇（一九三五）年まで伊吹島で勤めていた横山医師が、すでに出部屋習俗のあり方に異議を唱え、「出産後間も無く急な路を歩いて産院（＝出部屋）へゆくのは誠に危険千万だからと幾度か注意したが、陰陽の迷信から入院の日柄を選ぶ故、日が良ければ出産当日でも歩いて産院に入るのを止めない」と言っていたようである（アチックミューゼアム編 1940：107）。

Nさんもまた、女性たちが出産直後に急坂を上ることを医学的見地から問題視した。しかし、彼女は出部屋の利用そのものを否定するのではなく、自宅で産んだらそのまま自宅にいた方が良いと勧め、出部屋に行きたければ出産前に出部屋へ行き、出部屋で産んでそのままいるように勧めて、「風習」との折り合いをつけようとした。

ところが、「まだ二〇代の若い助産婦の言うことなんて、最初は聞いてくれなかった」という。出産の際、産婦の親戚が大勢集まり、「破水しているのに「風呂に入れ」と言う[16]」とか、「分娩第一期から「きばれ、きばれ」と言う[17]」など、医学的根拠を欠いた助言が飛び交うなかでは、しばしばNさんの言い分が無視されることがあった。

分娩時間が長引くと、産婦の親戚が勝手にトリアゲバアサンを呼んで来ることもあったそうである。トリアゲバアサンは、産婦のお腹を押したりするほか、座産を勧めたり、分娩途中で風呂に入るように命じたりするなど、Nさんの方針とは異なる主張をしたため、Nさんは非常に気を悪くした。そのため、Nさんは、「早く年を取りたかった。若いと馬鹿にされる」と振り返る。

それでも産む本人たちは、Nさんの助言を素直に受け入れる場合が多く、顧客も増えていった。⑨さん（昭和三（一九二八）年生[18]）の場合、昭和二〇年代後半に第一子、第二子を出産した時は姑の勧めに従い、親戚であるトリアゲバアサンに介助してもらったが、本心ではNさんに頼みたいと思っており、昭和三〇（一九五五）年の第三子出産からはNさんに介助してもらった、と語っている。

Nさんによると、「出部屋で出産するように」との勧めにも、徐々に応じる人が増えてきたそうである。そこで、NさんとIさんは役場に出向き、「出部屋に分娩室を作ってほしい」と要求した。こうして、昭和三一（一九五六）年に分娩室が設けられたのである。先行研究には、「分娩―昭和三十一年の出部屋改築以前は（中略）各自の家庭で行ったが、出部屋が改築され、診察室及び分娩室が完備されてからは出部屋で分娩する者が現れ、一月より八月十三日迄の分娩者数七〇名中二八名を占めている」（武田他 1958：134）とある。これを読むと、昭和三一（一九五六）年に分娩室や診察室が「完備」される以前に出部屋で出産した人はいなかったかのようであるが、出部屋で出産するように勧めるNさんの方針は、分娩室設置以前も以後も一貫して変わらなかった。

Nさんによると、分娩室には造りつけの木製ベッドが設置されたが、特別な設備ができたわけではなかったと

図3－1　出部屋に設けられた「分娩室」
『伊吹産院 58.2.16』（解体直前の出部屋の写真が収められたアルバム、観音寺市役所伊吹支所蔵）より。

いう（図３－１）。Ｎさんは、出部屋に分娩台や医療器具を置いて「病院みたいに」したいと考えていたようだが、それは叶わなかった。しかも、この当時は出生数が非常に多く、分娩室も他の部屋と同様に産後の母子の生活の場として使われることがあったため、分娩室とは名ばかりであったそうである。また、Ｎさんは「診察室なんてなかった」と言っている[19]。

## 第四節　近代医療の導入

分娩介助を行う際、Ｎさんは産婦に浣腸をし、必要に応じて導尿した。分娩姿勢は仰臥位（あおむけ寝）で、「分娩器」[20]を使って産ませたが、仰臥位を嫌がる場合は産婦の好きな姿勢で産ませることもあったそうである。Nさんは、聴診器やトラウベで胎児心音を確認し、排臨（赤ちゃんの頭が見え隠れする状態）時は産婦の肛門を押さえて、発露（赤ちゃんの頭が引っ込まず、見えたままの状態になる）するとタオルで会陰を温めて会陰保護を行った。保護しても会陰裂傷になることはあったし、赤ちゃんがどうしても出ない時は会陰切開を行うこともあった。裂傷や切開となった場合は会陰縫合をする必要があるが、縫合は助産婦に認められていなかったため、翌日に観音寺の医師の診察を受けるように勧め、Nさんが付き添うこともあった。しかし、仕方なくNさんが縫合することもあったようだ。過去にトリアゲバアサンの介助を受けた経産婦の中には、ひどい会陰裂傷が縫合されず裂けたままになっている人もいたそうである。

陣痛がなかなか進まない時は、子宮口を開く器具を使って誘導したり、陣痛促進剤を投与したりすることもあった。しかし、微弱陣痛で観音寺の産婦人科に連絡したものの、医師が到着するまでに胎児が死亡した例もあったそうである。海を渡るには時間がかかるため、Nさんは早めに医師を呼ぶように努めていたが、医師が間に合わなかった場合はNさんが悪く言われることもあり、非常に辛い思いをしたとのことである。

また、赤ちゃんがなかなか出て来ず鉗子をかける必要がある場合にも医師を呼んだが、Nさんが仕方なく鉗子をかけることもあったようだ。胎盤が出にくい時は、手で軽く触れて剥離することもあった。無事に胎盤が娩出されると、お腹を縛って子宮収縮剤を注射し、お腹の上に冷やしたタオルを置いた。臍帯は、コッヘル（止血鉗子）や臍帯結紮糸、クーパー（臍帯剪刀）を使って切断した。

赤ちゃんが羊水を飲んでしまった場合には気管カテーテルを使って処置を行い、泣かない場合は赤ちゃんの足を持ち、叩いて蘇生させたそうである。逆子や双子も取り上げることはあったが、できる限り病院で産むように勧めていた。妊娠中に逆子が判った時は、外回転術をして腹帯で固定するようにしたが、治る場合も治らない場合もあったという。

図３－２　出部屋で新生児の沐浴をするＮさん
中村由信撮影、1961年頃。

このように、Ｎさんは最新の医療技術や器具を用いた分娩介助を行っていた。しかし、縫合や鉗子など、本来助産婦に許されていない処置を行うのはＮさんにとって大きなストレスであり、そうした道具は昭和四二（一九六七）年に島を離れる時に処分したとのことである[21]。

Ｎさんは、分娩介助後も産後一週間経つまで新生児の沐浴に通った（図３－２）。出部屋があったおかげで、沐浴の際に個々の家を回らずに済んだのは便利だったそうである。また、母乳の出を良くするための乳房マッサージは、「マッサージ屋さんの仕事」であると認識していたため、Ｎさんは行わなかった。伊吹島には、あん摩から乳房マッサージまで行う「マッサージ屋さん」の女性がいたそうである。Ｎさんが産後の女性からマッサージを頼まれた場合は彼女を紹介していた。断りきれない場合は無料で行ったが、助産や沐浴だけでも忙しかったＮさんにとって、乳房マッサージは非常に負担のかかることであったそうだ[22]。粉ミルクについては、Ｎさんが勧めたり飲ませたりすることはなかったが、自宅の薬屋で売っているものを買いに来る女性もいたそうである。

伊吹島には、昭和二六（一九五一）年に保健婦（大正一三（一九二四）年生）が赴任してきた。その当時、Nさんは妊産婦だけではなくあらゆる島民からの健康相談に応じていた。例えば、漁師がオコゼに刺された際の対処は、帰島前に勤めていた大浜の医院で学んでいたため、島の医師以上に的確であり、島民から信頼を得ていた。また、ケガをした子どもの傷跡を縫合してあげることや、医師に頼まれて栄養剤を点滴することもあったそうである。しかし、保健婦が赴任してからは、妊娠・出産以外の保健・医療に関する行為は保健婦に「遠慮して」行わないようにしたとのことである。

保健婦の側もまた、Nさんに「遠慮して」、妊娠・出産にはあまり関わらないようにしていたようだが、保健婦の仕事である「赤ちゃん訪問」のために出部屋滞在中の母子を訪問することは日常的なことであったそうだ。その際、産後の女性が「イリコと味噌だけ」の食事を摂っているのを見て栄養状態を心配し、もっと色々なものを食べるよう助言したが、伊吹島出身でない者の言い分はなかなか通らなかったという(23)。保健婦は、主に小学校での身体測定やトラホーム、シラミの処置にあたっていたほか、診療船「さぬき」が来た時には検診を手伝っていた(24)。

そしてNさんは、昭和二九（一九五四）年に自宅で第二子を出産した。この時も介助したのはIさんで、出部屋は利用しなかった。分娩そのものは軽かったが、胎盤が残留していたのか、産後一〇日ほどして近所のお産に立ち会った際に、大出血を起こして意識を失った。Nさんの父が自宅の薬屋にあった強心剤を注射し、翌朝観音寺の産婦人科を受診して一命を取り留めたそうだ。

第二子出産後、Nさんは自宅（N助産所）を増築して四畳半ほどの診察室を作り、簡単なベッドも置いた。自分の子どもたちが近づかないように、診察室は二階に設けたそうだ。産気づいた妊婦が診察室を訪れ、そのまま出産に至ったことも一度だけあったという。

また、Nさんにとって、出部屋は出産や産後の静養のためだけのものではなかった。Nさんは、職能団体を通じて母親学級（妊婦教室）についての講習を受け、妊婦の中から希望者を募って出部屋で母親学級を開催し、妊娠中の過ごし方についての指導や、分娩の進み方についての解説を行った。また、出部屋では避妊の指導も行っていたという。こうした指導をする上で、出部屋は非常に便利だったそうである。

昭和二〇年代後半以降、避妊すなわち受胎調節は国の方針として進められるようになり、その指導は助産婦の重要な任務とされた。Nさんは、昭和三〇（一九五五）年頃にIさんとともに観音寺で講習を受け、受胎調節実地指導員の指定を受けた。Nさんは、島の女性たちに無料で指導を行い、ペッサリーは希望があれば職能団体から購入し、コンドームや殺精子剤は自宅の薬屋で販売していた。指導に必要な人体模型は、役場が出部屋の備品として購入してくれた。

これまで述べてきたように、Nさんは、出部屋を拠点として近代医療に基づく分娩介助や指導を行ってきた。これまでの出産史研究において、産屋が近代医療導入の拠点になったということが注目されることはほとんどなかったが、伊吹島の出部屋のみならず、第二次世界大戦後まで利用された複数の産屋において、助産婦が近代医療に基づく助産や指導を行っていた。第二章で取りあげた三重県志摩市越賀の場合、大正期に「村営産婆」が置かれており、その後も地域の開業助産婦がおびやの存在意義を認めていた。昭和一〇年代から三〇年代におびやを利用した女性三名に聞き取りを行ったところ、自宅で開業産婆・助産婦による介助を受けて出産し、産後をおびやで過ごしたという(25)。昭和三四（一九五九）年の『助産婦雑誌』の座談会記事において、当時の越賀の開業助産婦は、「産屋（うぶや）または「おびや」とも言うんですが、そんなものが、むかしからあつて、分娩すると一〇日目頃からそこへ行つて養生するんです。それはそれは気楽なもんですワ。（中略）私達も時々そこへ行つて、育児の相談や母親学級等も開きます(26)」と述べている（（うぶや）は原文のまま）。こうして、越賀のおびやは昭和四二（一九六七）年まで利用された。

また、山形県西置賜郡小国町大宮でも、小屋場《こやば》（またはお産小屋《さんごや》）と呼ばれる産屋が昭和四三（一九六八）年まで利用された。小屋場は、安産祈願で名高い大宮子易両《こやすりょう》神社に付設されたもので、神社のある大宮の「神聖」な土地を出産で穢さないために、隣の地区の飛び地とされる場所に設置されている。大宮の人々は、衛生行政の指導に抗いながら、(27)小屋場で産めば神社の加護があり安産できるという信仰のもとで、(28)小屋場を堅持した。少なくとも大正期以降、小屋場での出産には助産婦が立ち会い、戦後には難産になると医師が小屋場に駆けつけたため、女性たちは神への信仰と近代医療への信頼を両輪として出産に臨んでいた。「やっぱりちゃんとした（＝免許を持った）産婆さん、しっかりした人がいるから、（中略）安心して」産めた、と住民らは口をそろえる。(29)

その他、少なくとも昭和三一（一九五六）年まで利用された大分県豊後高田市加礼川屋山の産屋（サンゴヤと呼ばれる）においても、サンゴヤでの出産に助産婦が協力していた。(30)このように、各地の産婆・助産婦は、家庭や医療機関だけでなく産屋をも活用しながら、地域の実情に応じたかたちで出産に近代医療をもたらしたのである。(31)

## 第五節　伊吹島を去る

Nさんは、伊吹島の人々の健康を支え、出部屋での出産を推し進めてきたが、昭和四〇年代には出部屋を利用する女性が減り、自宅で出産してそのまま自宅で過ごす女性の方が多くなったそうである。この理由として、Nさんは「嫁の地位向上」をあげている。Nさんが開業した当時、嫁というものは、自宅にいれば出産直後でも「下女さんみたいに仕え」なければならない存在であった。しかし、次第に「嫁の地位」が向上して、産後自宅にいてもゆっくり静養できるようになったため、出部屋に入る必要がなくなったというわけである。

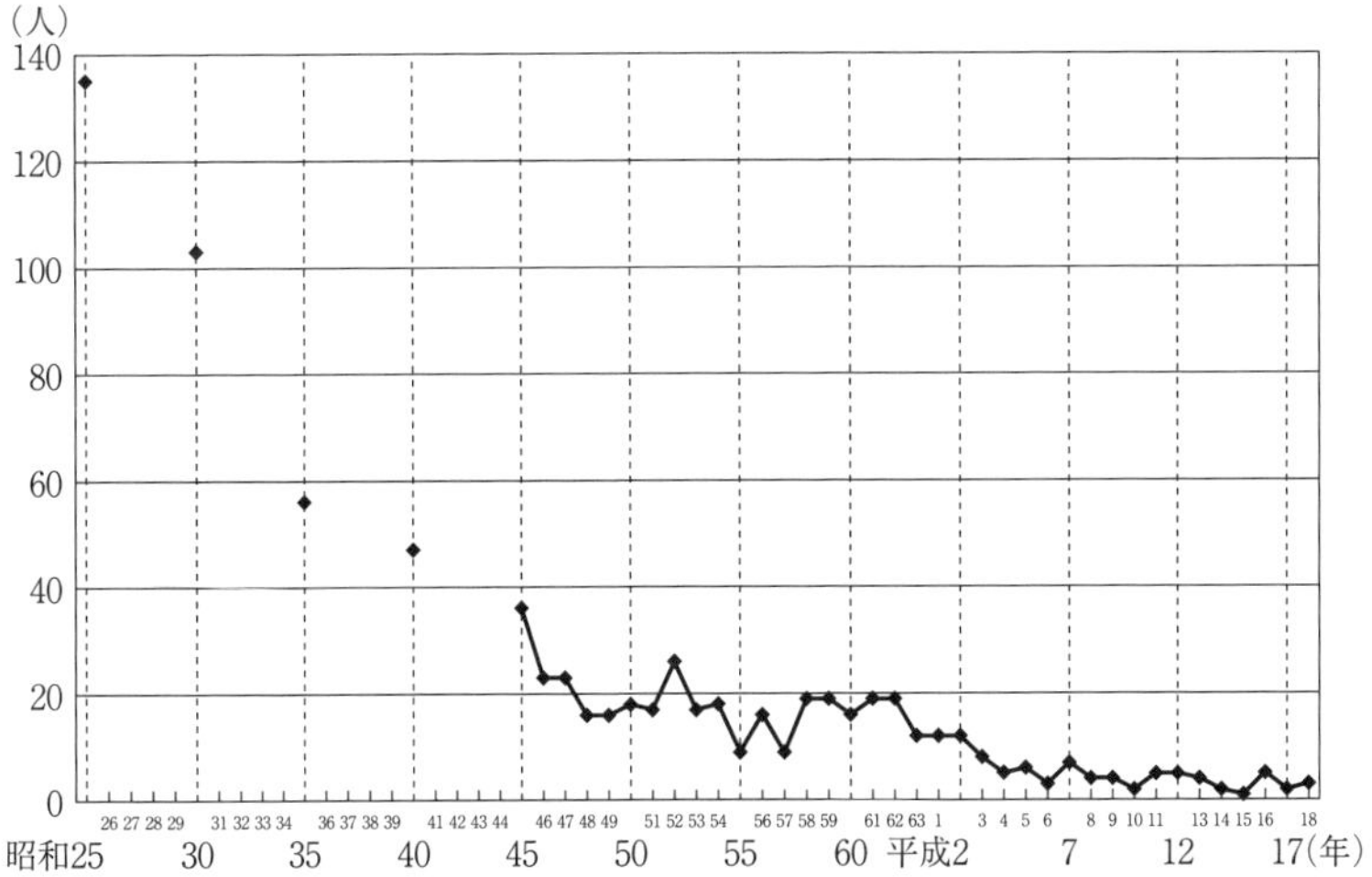


**図3-3　伊吹島の出生数の推移（人口動態調査）**

「伊吹島の人口資料」および「伊吹町人口異動調査」（作成年不詳、観音寺市役所伊吹支所蔵）をもとに作成。

出部屋は、昭和初期に「伊吹産院」とされ、戦後は助産婦が介入して伊吹島の出産に変化をもたらしてきた。言い換えれば、出部屋はそのあり方を変化させることによって存続してきたのである。一方で、こうした変化に伴い、産前産後の身体を大切にされるようになった女性たちは、かつて唯一の静養場所であった出部屋を必要としなくなったのであろう。島の女性たちの視点から見たこの変化については、次章以降で検討するが、少なくともNさんの目からはそのように見えたということである。

また、出部屋の利用者が減った要因については、利用率の減少だけでなく、出生数自体の変化も影響している。伊吹島の出生数は、昭和二五（一九五〇）年頃には月に一〇人以上、昭和三〇（一九五五）年頃は月に八人ほどあり、Nさんは一晩に三人取り上げたこともあったそうだが、昭和三〇年代後半になると激減し、月に四人ほどになったという（図3-3）。

さらに、昭和四二（一九六七）年四月には、Nさんの第一子が大阪の大学へ進学することになり、それを機にNさんも大阪へ移住した。というのも、豊前長洲に生まれ、京都の学校を出たNさんにとって、伊吹島での生活は違和感の連続であり、非常に辛いものだったからである。助産婦としても、中絶の相談を受けたり、非科学的な発言が飛び交うなかでの分娩介助や医師の職分である医療行為を行ったりすることは大変大きなストレスであった。そのため、Nさんは一刻も早く島を抜け出したい気持ちで二〇年余りを過ごしてきたそうである。当時の気持ちを、Nさんは「空を飛んでいきたい気持ち」だったと表現している。第一子の大学進学は、Nさんにとって伊吹島を出るために絶好の機会だったのである[32]。Nさんが第一子とともに伊吹島を去る時、島民たちは色とりどりの紙テープを伊吹丸に投げて見送ってくれたそうだ。伊吹島では、その後もIさんが分娩介助や沐浴を行っていたが、Nさんが島を出て三年後にあたる昭和四五（一九七〇）年の春、ついに出部屋の利用者はいなくなり、閉鎖に至った。

Nさんは、大阪に移住した後、東大阪市の産婦人科で二年間勤め、その後八尾市の公立病院で一五年間、大阪市の総合病院で五年間勤めた後、母親の世話のために一年ほど伊吹島で過ごしたが、再び大阪に戻り、大阪市の産婦人科で平成一九（二〇〇七）年までの一六年間を勤め上げ、八二歳で引退した。

大阪で勤め始めた時の印象を尋ねると、やはり設備などどれを取っても伊吹島とは全然違っており、非常に勉強になったそうだ。病院での医療介入や帝王切開に対して不満を抱くことはなく、桶谷式乳房マッサージやラマーズ法など、時代に応じた技術も実践してきた。Nさんは、もともと病院勤務を経験したのち、伊吹島で開業して非常に苦労したため、大阪で開業することは全く考えなかったという。Nさんは、「病院の方がいい」と繰り返し語っている。

「助産婦として、一番大切にしてきたことは何ですか」とNさんに尋ねると、答えは「（産む）本人とのコミュニケーション、信頼関係」であるとのことだった。助産婦として一番うれしかった経験は、伊吹島での一人ひとりのお産であったという。伊吹島では、病院と違って最初から最後まで妊産婦と関わることができるため、無事に生まれた時の喜びもひとしおだったそうである。逆に、伊吹島での出産で異常が起こった時が一番辛く、「代わってやりたい」という気持ちになったそうだ。病院では、勤務時間に制限があり、最終的な責任は医師にあるため、精神的に楽である一方、印象にも残りにくいとのことであった。Nさんにとって、伊吹島での経験は苦労の連続であったが、助産婦としてのやりがいに満ちた日々でもあったのだろう。

## 注

（1）『法令全書』昭和二十二年十二月法律、内閣官報局、三八―三九頁。

（2）「助産施設」は、児童福祉法第三六条により「保健上必要があるにもかかわらず、経済的理由により、入院助産を受けることができない妊産婦を入所させて、助産を受けさせることを目的とする施設とする」と定義されている（同、四〇頁）。

（3）昭和二三（一九四八）年厚生省令第六三号「児童福祉施設最低基準」第一八条―第二八条の規定による（『法令全書』昭和二十三年省令厚生省、内閣官報局、一二七―一二八頁）。

（4）吉村（1992）は、「一九五六年には（出部屋に）診察室、分娩室が増築され、助産婦が常勤して助産所となり」（1992：156）と述べているが、これは事実とやや異なる。

（5）Nさんへの聞き取り調査日は、二〇〇八年九月一四日、二〇〇九年九月二五日、一〇月一八日、一九日、二九日、一二月二三日、二〇一〇年六月一四日、一六日、八月二七日である。

（6）Nさんが、伊吹島で使用した医療器具の一部について、三好兼光さんに解説した動画。二〇〇六年撮影、三好兼光さん蔵。

（7）元保健婦への聞き取り調査は、二〇〇九年一〇月二八日、二〇一〇年四月一日。

（8）薬種商は、「薬品営業並薬品取扱規則」（明治二二年三月二五日法律第一〇号）において「薬種商トハ薬品ノ販売ヲ為ス者ヲ云フ」（第二〇条）、「薬種商ハ地方庁ノ免許鑑札ヲ受クヘシ」（第二一条）と規定され、薬局の開設や薬剤の調合が認められた薬剤師とは区別されている（『法令全書』明治二十二年法律、内閣官報局、九二―九四頁）。

（9）香川民俗学会編（1991）によると、「近海の操業が終わると九月二〇日頃から一一月いっぱいの秋には国東半島方面に出漁することが多かった。これを下打瀬あるいは下行きと呼び国東半島の西付け根にある長洲を拠点として周防灘で漁を行った」という（1991：66）。

（10）Nさん自身は妹の誕生に立ち会ったわけではなく、どんな風に「不潔」であったのかは知らないそうだが、父がそう言っていたということを記憶している。

（11）妊産婦手帳制度は、「（ア）妊娠した者の届出を義務づけ、その者に妊産婦手帳を交付すること、（イ）妊産婦はできるだけ保健所、医師、助産婦又は保健婦による保健指導を受け、診察、治療、保健指導又は分娩の介助を受けたときは所定の事項を記載してもらうこと、（ウ）妊産婦手帳は、妊娠、育児に関し必要な物資の配給その他妊産婦及び乳幼児保護のため必要ある場合にこれを使用させること等を定め、流・死・早産を防止するほか、妊娠及び分娩時の母体死亡を軽減することを主要な目的としていた」とされる（厚生省五十年史編集委員会編1988：459-460）。

（12）吉村（1985：162）、西川（2004：216）も同様の事例について言及している。

（13）Nさんによると、Iさんは簡単な講習と検定を受けて免許を得たと話していたそうだが、Iさんの親戚で、Iさんに分娩介助してもらった①さんによると、Iさんは東京の産婆学校を出て免許を取ったとのことである。Iさん自身は既に亡くなっている。

（14）Nさんが高松で勤めていた産婦人科は、空襲で全焼し、終戦後に観音寺へ移転した。Nさんが紹介した産婦人科の一つは、この医院である。この産婦人科の院長とNさんは、互いに協力できる信頼関係があったそうである。

（15）落合（2004）によると、婚外の性関係や婚外子の出生は九州の海村でも頻繁にみられ、例えば鹿児島県肝属郡根占町（現在の肝属郡南大隅町根占）では、婚外子も地域社会の中で（虐待などを受けることもありつつ）育てられていたという。

（16）医学的には、感染予防のため、破水（胎児と羊水を包む羊膜が破れ、羊水が膣から流れ出すこと）後は分娩が終了するまで入浴を禁じるのが一般的である。

(17) 医学的には、分娩経過は第一期から第三期に分類される。第一期とは、陣痛の開始から、子宮口（子宮頸管）が完全に開く（全開大、約一〇cm）までの期間であり、初産婦の平均は一二—一五時間ほど。この時点ではまだ「いきみ（息を止めて腹に力を加える）」始めてはならないとされる。あまり早くからいきみ始めると、頸管が裂けたり産婦が疲れたりする恐れがあるからである。第二期とは、子宮口が完全に開大してから胎児を娩出するまでの期間であり、初産婦の平均は一—二時間。「いきむ」のはこの段階である。第三期とは、胎児を娩出してから胎盤を娩出するまでの期間であり、通常数分間で終了する（ビアーズ、マーク・H他編『メルクマニュアル第一八版日本語版』福島雅典監修、日経BP社、二〇〇六年、電子版 http://merckmanual.jp/mmpej/index.html（二〇一〇年八月二一日閲覧））。

(18) ⑨さんへの聞き取り調査日は、二〇〇八年八月二七日、二〇〇九年一〇月二日。

(19)『伊吹産院58．2．16』に収められた解体直前の出部屋内部の写真には、入口に「診察室」という札が付けられた部屋がうつっていたが、これは他の部屋と同じ造りの六畳間で、特別な設備などは何もなかったようである。また、その札が付けられた時期も不明である。そのため、Nさんは「診察室」として認識していなかったか、印象に残っていなかったのではないかと思われる。

(20) 産婦の足を固定し、産婦自身に引っ張らせていきませるためのベルトのようなもの。

(21) 開業助産婦が医療技術や薬の使用について悩んだり、実際に使ったりする例は、Nさんに限らず、医師が身近に得難い地域ではしばしば見られたことである（西川 1988：166、木村 2013：88-90 など）。

(22) 現在、乳房マッサージは助産師の専売特許のようになっているが、かつては「あん摩マッサージ師」が行う地域もあった（伊賀 2008：149-150）。

(23) 食事に関しては、Nさんも野菜や果物を摂るように注意していたそうである。Nさんによると、女性たちはその注意をよく聞き入れてくれたという。

(24)「さぬき」は、丸亀港を基地とし、東は小豆島、西は伊吹島まで、二七島の住民の検診を行う県有診療船として昭和二七（一九五二）年に進水した。昭和三三（一九五八）年進水の第二船時代、丸亀港から伊吹島まで三時間一〇分を要した。平成一二（二〇〇〇）年三月廃止（香川県環境保健部編 1988：101-103 および「シリーズ追跡八〇　消える県診療船」四国新聞電子版 SHIKOKU NEWS 二〇〇〇年一月三一日、http://www.shikoku-np.co.jp/feature/tuiseki/080/index.htm、二〇一〇年七月一四日閲覧）。

（25）当時の越賀では妻問婚《つまどいこん》が一般的であり、結婚後も女性は実家で暮らしていた。昭和五（一九三〇）年・昭和八（一九三三）年生まれの元海女二名によると、実家で第一子を出産して約二〇日後におびやに入り、産後約六〇日目までのおびや生活を終えて初めて婚家で暮らし始める。第二子以降の出産は婚家で行い、約七日経つとおびやに入って産後約四五日目までを過ごした（越賀の女性への聞き取り調査日は、二〇一三年九月一一日（世界人権問題研究センター研究第四部との共同調査））。なお、越賀の婚姻習俗については、吉井他（1996：73）が詳しく述べている。

（26）安西定他「座談会　海女さんの生態を語る（2）」『助産婦雑誌』第一三巻第五号、医学書院、一九五九年五月、四六頁。戦後のおびやに助産婦や保健婦の訪問があったことについては、坂口他（1997：202）も言及している。

（27）丹野（1955）の研究によると、小屋場はもともと出産のたびに急造する仮設の小屋であったが、明治中頃に、当時の衛生行政を担っていた警察が「万物の霊長たる人間が子供を産むのに俄か造りの小屋ではまづい」と言って同じ場所に常設の小屋を造らせた。しかし、その後二、三年間は住民が神の「祟り」を恐れ、常設の小屋の傍に仮設の小屋を建てて使用したという。その後、常設の小屋が使用されるようになったが、昭和二六（一九五一）年に保健所の勧めで小屋場が「不用意に解体」され、解体に承知しなかった住民が同じ場所にトタン葺の小屋を再建したという（1955：80–82）。

（28）小屋場で産めば安産できるという記述は、早くも「大宮大明神縁起書之写」（貞享三（一六八六）年成立、安永一〇（一七八一）年春筆写）において確認できる（小国町史編集委員会編『小国町史』一九六六年、小国町、一二五四―一二五五頁）。また、わたしが行った聞き取り調査によると、大宮のある女性（昭和九（一九三四）年生）の第一子は、昭和三一（一九五六）年に小屋場で生まれたが、早産だったため生後一週間で亡くなった。当時の状況について女性は、「難産の人はいた。部落の中には、初子を失った人はいっぱいいたよ。だけど、お産小屋で産んでるんだ」と振り返り、小屋場以外で産むことは「誰も考えねぇ」と言う。そこで女性に、小屋場で出産することに対する恐怖感について尋ねたところ、「ないない。この部落さ来て、神様の信仰をちゃんと自分で言い聞かせてたから。皆そういう気持ちだよ」と即答であった。

（29）小国町大宮での調査は、二〇一〇年三月二五―二七日、二〇一二年八月二七―二九日に実施し、計一二名の住民と大宮子易両神社宮司、役場職員、小屋場で分娩介助を行った助産師（大正元（一九一二）年生）に聞き取り調査を行った。

（30）　加礼川屋山での聞き取り調査日は、二〇一一年三月二四日。女性住民二名（昭和六（一九三一）年生・昭和一一（一九三六）年生）によると、屋山の金剛山長安寺に安置される「太郎天」は出産の穢れを嫌うとされる。そのため、集落を横切る「不浄道《ふじょうみち》」と呼ばれる小道より寺に近い四軒の家の女性は、不浄道を隔てたところに位置するサンゴヤで出産し、産後三一日間（出生児が男児の場合）または三三日間（女児の場合）を過ごした。サンゴヤには、出産と沐浴の際に助産婦が訪れており、夜は夫も一緒にサンゴヤに泊まることができた。サンゴヤの建物自体は、平成三（一九九一）年の台風で全壊したため現存しないが、現在も産後三三日経たない女性が「不浄道」を越えて寺に近づくことは許されていない。屋山のサンゴヤは、現在も制度として存続しているのである。

（31）　一方、医療者の判断で産屋の機能が縮小された可能性のある事例もある。京都府福知山市大原町垣内の女性たちは、大正二（一九一三）年頃まで産屋で出産し、七日七晩泊まっていたが、「お医者はん」が「行くな」と言ったため、あるいは神職の考えにより、産屋で産むのをやめたといわれる。以後、産後のみの利用が昭和二〇年代頃まで続いたようだ（三和町郷土資料館編『大原の産屋』一九九九年、四、一六頁、三和町史編さん委員会編 1995：515, 728）。また、福井県敦賀市色浜のように、産屋が閉鎖されるまでトリアゲバアサンの介助による出産が続いていたところもある。色浜の産屋（サンゴヤあるいはコヤと呼ばれる）は、少なくとも昭和四二（一九六七）年まで利用された（色浜での聞き取り調査日は、二〇一二年三月二七―二八日、八月一一日（八月一一日のみ世界人権問題研究センター研究第四部との共同調査））。

（32）　事実、Nさんは夫と第二子を残し、第一子と二人で大阪へ移住した。生活が落ち着いてから、夫と第二子を呼び寄せたとのことである。

# 第四章　昭和二〇―三〇年代における出部屋の利用状況とその変化

## ――出産をめぐる共同体の規範と家族の事情

前章までは、行政側や、島外で医学を学んだ医療者の立場から、出部屋が妊産婦保護や近代医療の推進という社会の動向と矛盾せず、むしろそれらを島に導入する拠点となって存続していたことを明らかにした。

ここで、序章の最初に述べた産屋の定義を思い出したい。そこでは、産屋というものが出産に伴うとされる穢れと密接に関わるものとして定義されていた。しかしながら、行政側やNさんの言葉のなかに、穢れに関する語はほとんど全く登場しなかった。出部屋は、少なくとも近代以降において、出産の穢れを避けるための場ではなかったのだろうか。換言すれば、近代以降の伊吹島において、出産の穢れというのは重視されるべき要素ではなかったのだろうか。本章ではこの点にも留意しつつ、昭和二〇―三〇年代の伊吹島において女性たちが出部屋とどのように関わり、また離れていったのかを、共同体の動向に関連づけながら検討する。

前章でも触れた通り、出部屋の利用が顕著に減少するのは昭和四〇年代に入ってからであり、本章で扱う昭和二〇年代から三〇年代は、まだ出部屋が盛んに利用されていた時期にあたるが、出部屋を利用しない女性も現れ始めていた。つまり、出部屋を利用するのが当たり前であった時期から、利用しない女性が増えていく時期へと移行する過渡期にあたる。この時期の共同体や家族の動向を把握しつつ、女性たち一人ひとりの行動や意識を追うことは、出部屋の存続と閉鎖のメカニズムを複眼的に理解することにつながるだろう。

　出部屋が閉鎖に至った要因および契機については、これまで「次第に産婦人科医院で分娩するようにな」ったということや（観音寺市誌増補改訂版編集委員会編 1985a：947、伊吹島民俗資料館運営委員会編 2006：48）、最後の出部屋利用者が室内の大量のムカデに驚いて退出したということがあげられてきた（板橋 2013：55–56）。また、元伊吹島民の三好秋光は[(1)]、「めまぐるしい時代の流れと医療の進歩、人口の過疎、漁労方式の近代化が重なり、産婦の殆どが地方（じかた）の産院で生むようになりました」と指摘している（三好 1982：34、括弧内は原文のまま）。事実経過としてみれば、病院出産の普及に伴う出部屋の閉鎖という見解に間違いはないだろうが、一人ひとりの女性やその家族にとって、病院は直接的に出部屋の代替物となったのだろうか。また、医療や人口、漁業をめぐる状況の変化は、女性の出産行動に対して具体的にどのような影響を与えたのだろうか。そして、女性が出部屋を利用しなくなった要因は、これらの目に見える変化だけで説明しきれるのだろうか。こうしたことにも注意したい。

　なお、戦後の伊吹島で助産を行っていたNさんとIさんの職業名について、前章では「助産婦」と表記したが、島の女性たちは皆、NさんとIさんのことを「産婆さん」と呼んでいることから、本章および次章では産婆と統一する。

## 第一節　穢れ観に基づく規範

　昭和戦前期の出部屋の利用状況について、『婦人之友』の三上秀吉の記事「共同産院を持つ瀬戸内海の孤島」（一九四一年）では、「いよいよ赤坊が生れると、母子ともに、絶対にこの産院に入らねばならぬ。家の都合で産

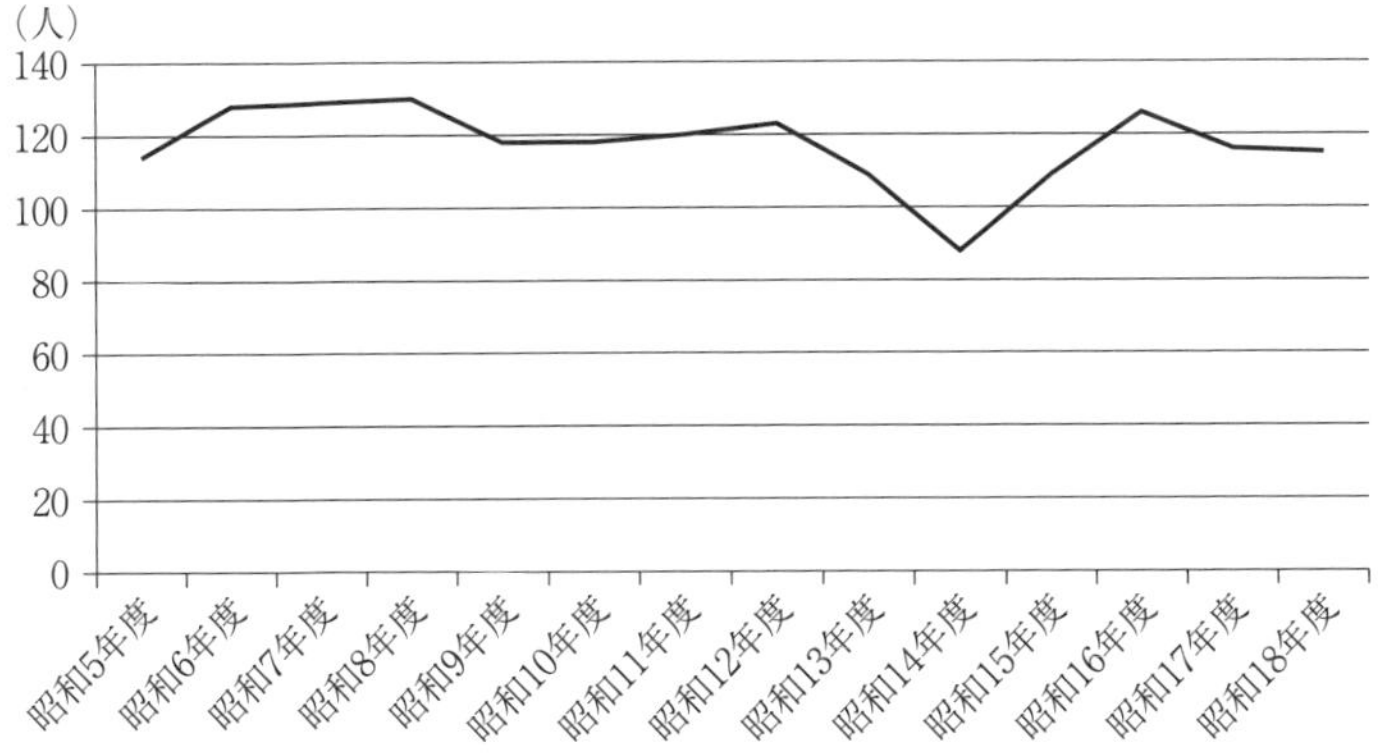


**図４－１　出部屋利用者実数の推移（昭和 5-18 年度）**

『伊吹産院関係書類綴』をもとに作成。

院にいきたくないといふことは、島民であるかぎり許されない」[2]と述べられている。『綴』を見ても、昭和五（一九三〇）年度から昭和一八（一九四三）年度のほぼ毎年、一〇〇人以上の利用者がある（図４－１）。この時期の伊吹島の出生数は不明であるが、島の人口がピークを迎えつつあった昭和二五（一九五〇）年の出生数が一三五人だったことから推測すると、昭和戦前期における出部屋の利用率は非常に高かったといえる。では、戦後の状況はいかなるものだったのだろうか。

## 1　漁師の信仰と穢れ観

昭和二〇—三〇年代に出部屋を利用した女性たちは、出産に対する穢れ観との関連で出部屋を語ることが多い。例えば、昭和三〇、三二、三五（一九五五、五七、六〇）年に出産を経験した漁師の妻⑭さんは、自宅の納屋で出産を終えて出部屋へ向かう際、「穢れとるけん言うて八幡さんの前通らん」ように注意した。同様の話は、複数の女性たちから聞くことができる（図４－２）。⑭さんは、同居する姑と離れられる出部屋生活を「極楽」だったと感じていたが、⑭さんの夫は、漁師として穢れを気にしていたため、「子をもうけたら（中略）（産後の女性を）あんまり見んな

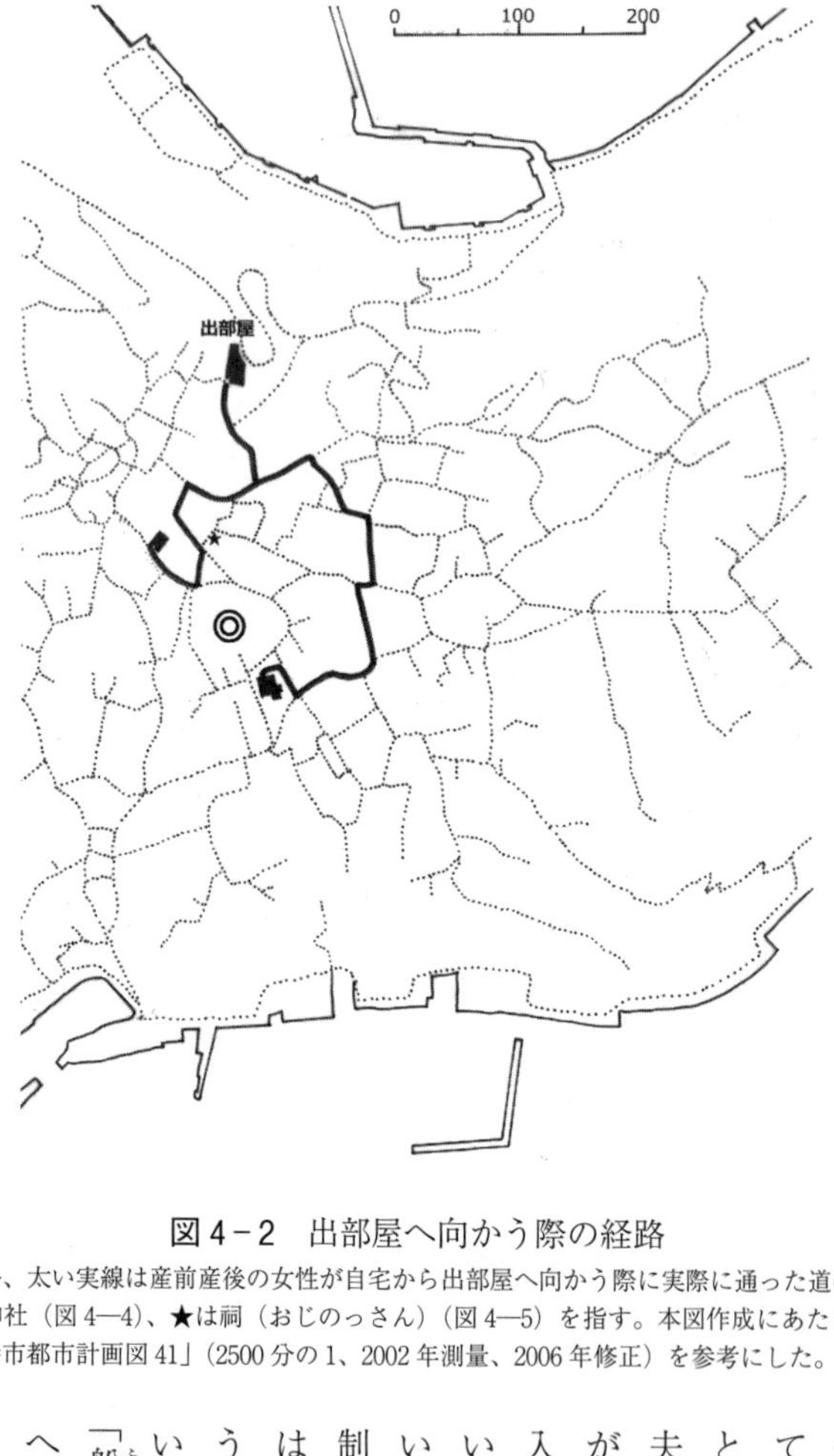


図４－２　出部屋へ向かう際の経路

点線は道路、太い実線は産前産後の女性が自宅から出部屋へ向かう際に実際に通った道の例。◎は伊吹八幡神社（図４—４）、★は祠（おじのっさん）（図４—５）を指す。本図作成にあたり、観音寺市「観音寺市都市計画図41」（2500分の1、2002年測量、2006年修正）を参考にした。

（＝見ない）」と言い、出部屋は「穢れをきよめに行って、男の人と隔離して、養生」するところだと捉えている。⑭さんの夫は子どもの頃、弟や妹が生まれた後に出部屋に入っている母親によく会いに行ったことを覚えているが、出部屋は男子禁制で、大人になると男性は行ってはいけないということが頭に染みついていた。また、漁船に祀る「船霊《ふなだま》さん」（図４－３）への信仰が篤く、土足で船に上がらない等の禁忌を守り、正月には乗り初めの儀式を行っていた。

図４－３　船霊さん

観音寺市誌増補改訂版編集委員会編『観音寺市誌（通史編）』（観音寺市、1985年、967頁）より。

「船霊さん」は女の神様で嫉妬深く、女性を嫌うことから、長らく「おなごが船に乗ったら嫌われよった」そうだ。三好（1982）によると、「船霊さん」は、「女性の月経とか、お産等は特に穢れると忌み嫌」ったという（1982：32）。また、観音寺市役所伊吹支所所蔵の「伊吹島のあらまし」には、出部屋について「発祥はいつごろか詳らかではないが、古老の言い伝えによれば、江戸中期以前には存在していたとのことである。／動機として伝えられることを考えれる《ママ》と、すべてが漁民であったが故の原始的ともいえる船霊さまに対する（おそれ）が原因ではあるまいか。船霊さまは血を忌むという信仰が、女子の月一回の生理期間は神棚のある居間と同一床面での起居を遠慮させることになり、特に出産後に於ける隔離一ヶ月が必要なため出部屋という智恵が生れたのではあるまいか[3]」と記されている（括弧内は原文のまま）。

大正一五（一九二六）年生まれの元漁師の男性[4]も、「穢れるとか何とか言いよったんや。ほだきん、男の人は一切行かんずくや。出部屋へは」と言い、漁師が産後の女性に会うのは良くないことだと思っていた[5]。その理由として、

図４－４　伊吹八幡神社

伏見撮影、2011 年 4 月 1 日。

「今みたいにエンジンがなかったんよ。（中略）昔は帆船ばっかりじゃ。（中略）そら危険なわ。（中略）海に半分以上浸かっとる。（中略）ようけ死んだよ」と、帆船時代の危険さを説明する。

帆船でエビジャコなどを獲る打瀬網漁は、明治後半から昭和初期まで伊吹島で非常に盛んに行われており、第三章第一節で述べたように近海の操業が終わる秋には大分の国東半島方面に出漁することも多かった（香川民俗学会編 1991：63-66）。大正三（一九一四）年には、島内に九二隻もの打瀬船があったと言われる（村上 1950：23）。また、大正期から敗戦までは、縛網や巾着網などで朝鮮海域へ出漁する網元もあった（香川民俗学会編 1991：67、三尾 1991：438-439）(6)。

このように、打瀬船をはじめとする無動力船によって漁が行われていた時代、漁業は島の暮らしの中心であるとともに、死と隣り合わせの営みでもあった。したがって、船霊信仰と密接に関わる出産の穢れ観が、島全体に深く浸透していたのである。

図4－5　祠（おじのっさん）

伏見撮影、2010年4月2日。「おじのっさん」は「お地主さん」の意。島内に120余りあるといわれる。木、石、セメントなどで作られているが、単に石を積み重ねただけのものもある。たたり神、安産の神、漁の神、「出雲神社の信者」の墓など、所によって諸説がある（観音寺市誌増補改訂版編集委員会編 1985a：968-969）。

ところが、敗戦によって朝鮮海域での漁が不可能となり、やむを得ず総引き揚げとなった。加えて復員や、外地および戦災都市からの帰島により、伊吹島の人口は急増した（武田他 1958：13）。大正期以来積み上げてきた朝鮮における漁業基地の喪失は、網元にとって大きな打撃であり、小さな島で四〇〇〇人超の人口を養うのは大変なことであった。しかし、敗戦後数年間は生鮮魚介類に対する国家統制により価格が良く、また戦時中に操業不能であったためか漁獲量にも恵まれて好況だったとされる（武田他 1958：23）。昭和二五（一九五〇）年の国勢調査によれば、伊吹島内の就業人口の七二・六％が水産業従事者であった

（山崎他 1989：20）。

⑭さんの夫によれば、打瀬船は、昭和二〇（一九四五）年九月の枕崎台風による港の大破をきっかけにほとんど姿を消し、エンジン付きのコギ（小型機船底曳網漁船）へと移行していったそうだ。昭和二三（一九四八）年頃には、コギが一〇〇隻以上存在したとみられるのに対し、完全に無動力の打瀬船は三隻、動力付きだが漁に出る時だけ帆を利用する打瀬船が三隻となった（村上 1950：23–24）。

⑭さんの夫が乗っていたコギのエンジンは、着火、焼玉、ディーゼルと改良を重ね、船霊信仰に基づく儀礼は徐々に衰退したという。焼玉エンジンの頃までは男性漁師を二、三人雇って操業していたが、昭和三〇年代にエンジンがディーゼル化する頃には、経営面で厳しくなったことと、人手もあまりいらなくなったことから、夫婦二人で漁に出るようになった。子どもは両親に預け、弁当を持って毎晩漁に出た。

先述の元漁師の男性も、漁獲量が多かった頃は男性が複数人同乗しても生活できるだけの稼ぎが得られたが、魚がそれほど獲れなくなってからは、夫婦での漁が広まったと述べている。また、イワシの漁法が巾着網から動力船二隻で漁具を引き回すバッチ網（イワシ機船船曳網、パッチ網ともいう）に移行したことも、女性の漁業参加の促進につながったという(7)。『香川県漁業史　通史編』によると、伊吹島におけるバッチ網への移行手続きは昭和二八（一九五三）年から三三（一九五八）年にかけて行われたという（香川県漁業史編さん協議会編 1994：644–647）。

⑭さん夫婦と元漁師の男性の話から、漁の危険さと漁師の信仰や出産に対する穢れ観には関連があり、漁船の動力化およびエンジンの改良が本格的に進められた昭和二〇―三〇年代に、それらが変化したことがわかる。では、こうした穢れ観は産む側の女性たちにどの程度共有され、またどのような場合に差し置かれたのだろうか。

## 2　逃れ難い慣習

昭和二〇（一九四五）年から昭和二七（一九五二）年の間に四度の出部屋生活を経験した①さんは、伊吹島が「漁師の町」であることから、「出部屋はもう、伊吹じゅうの人が行くわの。（自分の夫が）漁師であってものうても」と言う。①さんの夫は、敗戦で復員してから二、三年間は漁師をしていたが、まもなく郵便局の保険外務員に転職している。

①さんは、出部屋で一ヶ月間過ごして自宅に戻る際に、北浦の「海の潮でちょっと体拭いて戻ってきたり、足だけ浸かって戻ってきたり」するという「風習」に従い、足を洗った。このことについて①さんは、「やっぱりここは漁師町じゃけんな」、「身体きよめるいう意味かな」と言う。帰宅する際の新生児はまだ髪の毛を剃っていないため「不浄のものとして」扱い、真新しいカブセギモン（かぶせ着物）をかぶせて連れて帰った。帰宅すると、男女を問わず新生児の髪の毛を剃り、坊主頭にした。①さんにとって、伊吹島では「漁師町」としての「風習」が最優先であり、出部屋へ行くのが当たり前のことであった。

一方で①さんは、出部屋へ行くのは「養生」のためという意識も持っていた。①さんが第一子を出産した昭和二〇（一九四五）年五月は、出生数自体が少なかったうえ、「戦争でな、食べもんがなかってな、出部屋へ行く人がおらんかった」という時期で、出部屋へ行くのが「贅沢」だったという。というのも、産後の女性が出部屋に入っている間は、家族が出部屋まで食べ物を運ばねばならないため、食糧難の時期にこの慣習を維持するのは非常に難しかったからだ。そのような状況のなかでも①さんは、「あの子（＝第一子）ができて、ものすごく嬉しくて、身体の調子が悪うなったらいかんけん、やっぱしひと月養生に行かないかん言うて」、自宅出産の後に出部屋へ行ったと振り返る。①さんは、若い頃から「（女性）ホルモンが足らんかった」ため、妊娠するまで観音寺のO医院でホルモン治療を受けていた。第一子は、結婚後六年経ってようやく授かった子どもであった。妊娠前は定期的にO医院に通っていた①さんであったが、妊娠・出産で医師にかかろうとは思わず、第一子の妊娠中は誰にも診てもらわなかったそうだ。

①さんが第一子を出産した当時の伊吹島では、免許のないトリアゲバアサンに介助してもらうのが一般的だったが、①さんの分娩を介助したのは、伊吹島の親類宅に偶然滞在していた島外在住の看護婦だった。①さんは「私は（お産は）はじめてじゃし、素人の人にしてもらうのはなんかこわい気がしたけん」という理由から、自分で看護婦に頼んだという。①さんは一人娘で、実家で結婚生活を送っていたため、自分の意思を表明しやすい環境にあった。出部屋での一ヶ月間は、同居していた実祖母が毎日来てくれたが、夜になると一人で寂しかったそうだ。

出部屋での食事は、ご飯を一、二膳、一日四回食べた。おかずは味噌とイワシだった。産後一〇〇日間は冷たいものを摂ってはならないとされるなど、食事の注意は親や年輩者からの「言い伝え」で成り立っていた。産後一ヶ月で出部屋から自宅に帰ると、出部屋に入っている間に出産祝いを持って来てくれた人々を自宅に招き、出部屋飯をした。

①さんが第一子を出産した時は、出部屋の利用者が①さん一人だったが、このような利用状況は一時的なものであった。①さんが第二子を出産した昭和二二（一九四七）年九月には複数人が出部屋を利用しており、第三子を出産した昭和二五（一九五〇）年三月には一部屋につき数人が入るほど利用者が多かったという。なお、伊吹島における出生数は、年だけでなく月（季節）によっても差があった。『綴』をみると、漁の繁忙期である夏季には少なく、漁の閑散期である冬季に多いという傾向が見て取れる（図4－6）。また、伊吹島の結婚は旧正月が多いことから、翌年二月に生まれる子が多かったとも言われる(8)。

①さんが第四子を出産した昭和二七（一九五二）年一〇月には、出部屋に「管理人のおばあさん」とその娘が

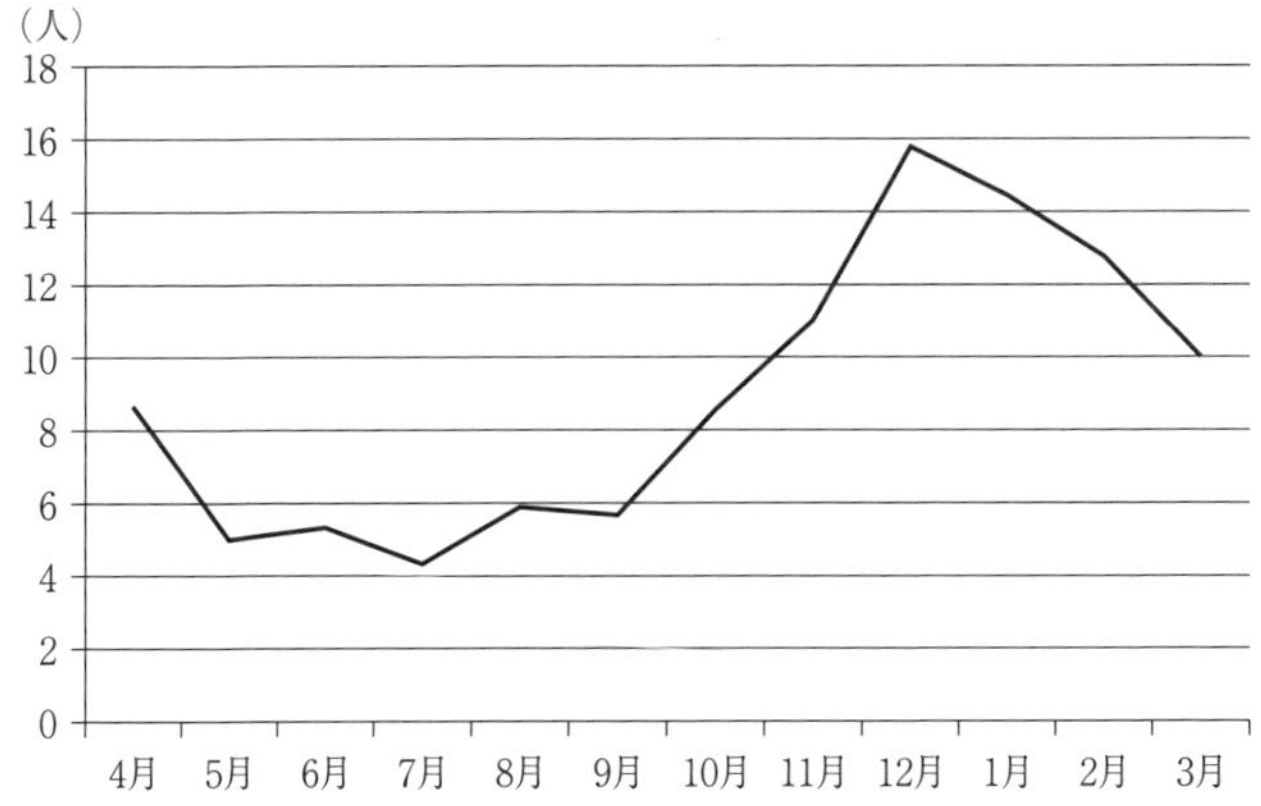


図4－6　月別出部屋利用者数（昭和7、9-10、13-18年度の平均）

『伊吹産院関係書類綴』をもとに、月別利用者数のわかる年度の各月の利用者数の平均値を算出し、作成した。

住み込んでいた。彼女らは伊吹島出身だが、他所から引き揚げてきて「おるとこもないけん」、出部屋で暮らしていたという。①さんが第四子を産んで出部屋に入っていた際、赤ちゃんの黄疸が酷くなり、死ぬのではないかと慌てていたところ、管理人が島の医師を出部屋まで呼んできてくれたそうだ。また、①さんの第二子以降の分娩を介助したのは、親戚にあたるI産婆であった。

①さんは、複数の母親同士で過ごした第二子以降の出部屋生活を「良かった」と言っている。しかし、普段実家で暮らしている①さんにとって、「家でおったら例えば子どもを自分ひとりで一日中世話見んでええけどな、出部屋でおったら夜も昼も自分が子どもの世話を見るのに、ちょっと寝たいしと思ってもやっぱ子どもが泣いたら寝られん」とか、「出部屋でおったら大勢の中の生活じゃけん、自分ひとりでないけんな、自分思った通りのことをしたり言うたりしたんでは皆と仲良くできん」という理由から、「一〇日、一五日経ったらやっぱ帰りたいなーと」思うようになったそうだ。①さんは、島全体で共有された漁師の穢れ観を受容しており、また「養生」のためという理由もあって食糧難の時期にも出部屋

を利用したが、普段暮らしている実家の方が過ごしやすいと感じていた。

出部屋に違和感を持っていたのは、①さんだけではなかった。姑と同居せず、夫婦で借家に住んでいた⑧さん（昭和二（一九二七）年生[9]）は、出部屋生活を「隔離」のようなものだと感じていた。⑧さんの夫は、夏は漁師だったが、冬は「イズミ」（井戸）を掘る職人をしていた。⑧さんは、妊娠中も夫とともに漁に出ていたが、「大将の奥さん」に「もうええかげんにやめたら。もしも何か飛んできて打ったら怪我したらいかんからやめ」と止められてやめたという。妊婦健診は観音寺のT産婦人科に通っていたが、伊吹島でN産婆に診てもらうこともあった。⑧さんが第一子を出産した昭和二六（一九五一）年の時点では、トリアゲバアサンも活躍中であったが、目が不自由だったこともあり、「もしも失敗したらえらいこっちゃ」と思い、またトリアゲバアサンよりもN産婆の方が家も近かったため、N産婆に介助してもらった。⑧さんは、第一子から昭和三四（一九五九）の第四子出産までのすべてにおいて、自宅出産後に出部屋を利用した。

⑧さんは、「伊吹は漁師どこじゃけんな、家でおられんの。赤ちゃん産んだらな、出産したらな。ほだからみんな大方（出部屋へ）行くん。家でおるのは珍しい」と言うが、出部屋から自宅へ戻る際にわざわざ身体をきよめることはなかった。自宅に帰ると、出産祝いでもらった大量の米を使って「あずき飯」とおかずを炊き、出部屋飯をした。

出部屋については、「家が姑じゃなんじゃいうてややこしいとこは楽しいわな。そこへ行ったらな。ほなけど、自分だけでもう幸せにやっとるもんだったらそない楽しいないわな。ちょっとあそこへ隔離せられたようになってな」と語る。また、出部屋の庭には大きなユーカリの木があり、明治期の衛生思想に基づいて植えられたものだと言い伝えられているが（三好編 2008：6）、⑧さんにとってはその木が「尚こわい」という印象だった。

昭和二〇年代に第一子を出産した⑤さん（大正一四（一九二五）年生[10]）もまた、姑と同居していなかった。彼女は、「穢れているから行かなあかん」と言われ、出産翌日に出部屋入りしたものの、イリコと味噌ばかりの食事で、風呂もなく、さらに女同士の共同生活が肌に合わず、また途中で台風が来たこともあり、一ヶ月を待たずに帰宅した。規定の日数より早く帰宅したことに対しては、実祖母などからあきれられたという。

以上のように、昭和二〇年代においては、産む女性自身の気持ちがどうであれ、出部屋を利用しないということは考えにくかった。これは、漁師の穢れ観が島全体に深く根ざしており、規範として働いていたことの証左といえる。通婚圏もほぼ伊吹島内に限られていた当時にあっては、実家もまた伊吹島にあるために慣習から逃れようがなく、出部屋に違和感を持っていた場合でも、途中で帰宅するというのが関の山だったといえよう。

一方で、出部屋生活を楽しんでいた女性も大勢いる。①さんは、「お姑さんと一緒に生活しよるお嫁さんは、出部屋へ行くことを楽しんどるわの。（中略）気兼ねなしに自分のな、好きな通りの生活ができた、そんな話は聞く」と言っているが、実際はどうだったのだろうか。

## 第二節　同居の姑から離れての出部屋生活

舅や姑はもちろん、何人もの親戚と同居していた⑨さんの場合、楽ができるのは出部屋にいる間だけだった。⑨さんは、昭和二六（一九五一）年に第一子を、昭和二九（一九五四）年に第二子を、自宅の普段寝起きしている納戸で出産し、出部屋に入った。第一子出産時、島ではN産婆に介助してもらう人が増えていたことから、⑨さんもN産婆に頼みたいと思っていたが、同居していた姑が有無を言わさずトリアゲバアサンを連れて来たという。トリアゲバアサンは、⑨さんの婚家の親戚にあたり、家もごく近所であった。⑨さん自身が生まれた時も、このトリアゲバアサンの世話になったそうだ。その後、第三子（昭和三〇（一九五五）年）と第四子（昭和三二

（一九五七）年）は、N産婆の介助により納戸で出産している。第三子の時は出部屋が工事中で利用できなかったが、第四子の時は産後を出部屋で過ごした。なお、⑨さんの母子手帳によると、第一子を妊娠して六ヶ月の時に伊吹診療所の上村医師の診察を受けており、また、第二子、第三子の時は妊娠後期に一度ずつ、伊吹診療所の只野医師の診察を受けていたことが記録されているが、⑨さんはその時のことについて詳しく覚えていないとのことであった。

⑨さんが出産を終えて出部屋に入っている間に、約一二〇人が出産祝いの米や着物を持って来てくれたという。⑨さんは出産直前まで忙しく働き、出部屋から帰宅するとまたすぐに働かねばならなかった。舅らが子どもの相手をし、夜は子どもと一緒に眠ってしまうため、⑨さんは我が子と接する機会さえほとんどなく、家事や畑仕事に追われる日々であった。授乳の時が唯一の休憩時間だった。

同じ頃に出産した②さん（大正一〇（一九二一）年生）[11]、③さん（大正一三（一九二四）年生）[12]も、姑あるいは夫の姉との同居生活で苦労していたため、出部屋での生活を楽しんでいた。産後の女性が出部屋入りというかたちで日常空間から離されることの根拠について、③さんに尋ねたところ、穢れではなく「養生」のために出部屋へ行ったと明言している。また、②さんの夫は伊吹島や大阪で漁師をしており、出産時も不在だったが、姑とは常に顔を合わせての生活であった。②さんは「お産じゃいうたら、ちょっと忌み嫌うような。漁師どこじゃけん。（中略）ほなけど、うちらそんなことはなかったわ」と言い、出部屋での生活は「楽しい」ものだったと言う。つまり、穢れは意識しているが、それ以上に姑と離れての出部屋生活を楽しんでいたということである。

とはいえ、姑と同居している女性が必ずしも出部屋生活を満喫できたとは限らない。昭和二四、二六、二九、三四（一九四九、五一、五四、五九）年に出産した漁師の妻⑥さんは、出部屋の隣にある家で舅姑と同居していたが[13]、姑は家事などをせず、「たばこ吸うか、映画を見に行くだけ」の「遊ぶ人」だったため、⑥さんは産後に出部屋に入っている間も自宅と行き来して家族の分の洗濯を担ったり、自宅でお茶を沸かしたりしていた。さらに、「(出部屋には)一五日しかお母さん(＝姑)がおらしてくれん」ため、産後一五日で帰宅し、すぐに畑仕事や水汲みに駆り出された。「産後も何もないわな」と⑥さんは振り返る。⑥さんは、出部屋へ向かう際の経路で「身体が穢れとるから」と神社の前を避けて通るなど、出産の穢れを意識していたが、姑は労働力としての嫁のあり方の方を優先させていたのである。そして、子どもたちがある程度成長してからは、⑥さんも夫と一緒に漁に出ていた。⑪さん(昭和六(一九三一)年生)[14]もまた、二〇代の頃に三人の子どもを納戸で出産し、産後を出部屋で過ごしたが、いつ出部屋から帰るかは同居する姑が決めたという。例えば初産の時は、姑の目の具合が悪く、眼科を受診するために、やむを得ず出部屋生活を一五日くらいで切り上げたそうだ。

このように、姑や夫の姉と同居する女性にとって、出部屋は気兼ねなく過ごせる貴重な場であり、穢れ観が重圧とはなりにくかった。しかし、嫁の労働力としての必要性などから出部屋生活を早めに切り上げさせる姑もあり、一概に姑との同居が出部屋を満喫できる条件であるともいえない。

前節と本節では、主に昭和二〇年代に出部屋を利用した女性の話から、漁師の穢れ観が島全体で共有されており、出部屋を利用しないことは考えにくかったが、女性自身の気持ちや嫁としての労働との間で葛藤やせめぎ合いがあったこと、同居の姑から離れて出部屋生活を満喫する女性は、穢れについてあまり気にしていなかったことを明らかにした。次節では、昭和三〇年代に出部屋を利用した女性の経験に着目し、第一節1で述べたような漁師の船霊信仰の弱まりが女性たちの出産行動に影響を及ぼしたかどうかということや、先行研究等で指摘されるような出産の医療化や病院化が女性の出部屋行きを阻害することはなかったのかということについて検討したい。

## 第三節　船霊信仰の弱まりと近代医療導入による影響

伊吹島において、出産への近代医療導入のキーパーソンとなったのは、第三章で述べた通りN産婆である。N産婆は、出部屋での出産という選択肢を女性たちに提示し、I産婆とともに分娩室の設置を実現させた。N産婆から見た分娩室の位置づけについては、第三章で述べた通りであるが、島の女性たちから見て、分娩室ができたことはどのような意味があったのだろうか。また、出部屋で難産が生じた時、医師が往診に来ることはなかったのだろうか。

⑩さんは、昭和三一（一九五六）年三月に第一子を、昭和三二（一九五七）年五月に第二子を出部屋で産んだ。介助したのはN産婆だった。N産婆は⑩さんの夫の同級生だったため、頼みやすかったそうだ。妊娠中は、主にN産婆の自宅で月に一度ぐらい健診を受けていた。⑩さんの夫は漁師ではなく、ボートの船長などの仕事で常に出稼ぎに行っていた。

第一子を自宅で産まなかった理由は、自宅の裏に住む親しい知人が⑩さんの出産当日に亡くなったからだった。産気づいた時には家じゅうが落ち着かない状況であり、同居する姑から出部屋へ行けと言われたそうだ。姑は葬式の準備で手が離せず、出産には叔母が付き添った。陣痛が丸一日続いたため、狭い分娩室ではなく六畳間の静養室の畳の上での出産となった。第一子は逆子で、生まれた時には産声をあげなかったが、N産婆の処置によってようやく泣き始めた。そして⑩さんが出部屋に入っている間に、延べ一〇二名が出産祝いの「初着」や米を持って来た（うち一二三名が「初着」と米の両方を持って来た）という記録が残っている。(15)⑩さんによると、近親者や付き合いの深い知人は「初着」を、近隣の人は米を持って来る場合が多かったという。

**図4－7　神戸の艀**

昭和40（1965）年のメリケン波止場の様子。撮影者不詳、神戸築港資料館「ピアしっくす」蔵。

⑩さんが第一子を出産した時、産気づいて出部屋へ行ってから生まれるまで時間がかかり、周りから急かされて「辛かった」という経験から、第二子を産む時には、産気づいてもギリギリまで我慢してから出部屋へ行き、分娩室ですぐに生まれた。実母は体が弱く、出産時に手伝ってもらうことはあまりなかったが、実父は出産のたびに「古血をおろす」と言われるチヌとサトイモのズイキを持って来てくれた。出部屋では、誕生後三日目のヒアワセ、七日目の名付祝などの儀礼を行い、出部屋から帰る時には、塩で身と盥をきよめ、新生児の「不浄の初毛」を剃って帰った[16]。また、出部屋でともに過ごした母と子は、出部屋友達として「終生の交わり」をするようになったという[17]。

そして、⑩さんが第三子を妊娠した頃、⑩さん夫婦は二人の子どもを連れて神戸や大阪で艀《はしけ》生活を送っていた（図4－7）。親戚の男性が「艀の商売」を始めたからだった。艀とは、港内で港湾輸送を行う船舶のことであり、従業者の住居を兼ねる場合も

図４－８　伊吹小学校初代校旗

阪神方面で艀運送業に従事していた伊吹島出身者の旗を染め直したもの。観音寺市立伊吹小学校（旧校舎）蔵。

少なくなかった（河原 1998：148, 159）。第五節で詳述するが、当時、艀運送業に従事する伊吹島出身者は数多く存在した（図４－８）。出産前になると、⑩さんは子どもたちを連れて船便で伊吹島に戻り、昭和三六（一九六一）年二月に第三子を出産した。出部屋に行くのが間に合わないほどの安産で、姑の指示に従い、自宅の納戸で出産した。普段、舅と姑は二階で生活しており、⑩さんが寝起きしていたのは一階の座敷で、納戸は物置部屋だった。そして、夜が明けるとやはり出部屋へ行った。

⑩さんは、出部屋に分娩室が設けられて間もない時期に出部屋で出産した一人であったが、自宅で産むか出部屋で産むかということは、その時の状況に応じて姑が判断していた。出産時からであれ産後からであれ、出部屋を利用するということ自体については、⑩さんも昭和二〇年代に出産した女性たちと同様、夫の職業などにかかわらず「伊吹でおったらそこ（出部屋）

へ行かなあかんもんにしとった」と言う。

では、同時期に出産した他の女性はどのような経験を持っているのだろうか。⑮さん（昭和九（一九三四）年生）[18]は、昭和三一（一九五六）年九月に出部屋の分娩室で出産し、約一ヶ月間を過ごした。自宅ではなく出部屋で産むことになったのは、産気づいたときにN産婆から「（出部屋へ）行こうって（言われた）。その方が楽な（楽だ）」と言われたからだった。その後、第二子を昭和三七（一九六二）年に出産したが、臨月の時にN産婆から逆子になっていると指摘され、観音寺の産婦人科へ行くように言われて帝王切開で出産した。昭和三九（一九六四）年生まれの第三子も逆子で、帝王切開での出産となった。第二子、第三子を出産して退院した後は、島内の実家で過ごした。⑮さんの実兄や兄嫁たちは出稼ぎに行って艀運送業に従事しており、実家には実母しかいなかったため、⑮さんは気兼ねなく世話してもらうことができたという。また、⑰さん（昭和九（一九三四）年生）[19]は、昭和三四、三七、三八、四一（一九五九、一九六二、一九六三、一九六六）年に出部屋で出産した。I産婆と家が近く、妊娠中から診察を受けており、産気づくと呼びに行った。⑰さんは、自分たちより年上の世代は自宅で産んでから出部屋に行ったが、自分たちの世代は出部屋で産んだ人の方が多いと感じており、昭和三〇年代に出部屋での出産が増加しつつあった様子がうかがえる。

網元に嫁いだ⑬さん（昭和七（一九三二）年生）[20]は、舅や姑をはじめとする親族約二〇人と同居していた。⑬さんは、昭和二〇年代から三〇年代にかけて、I産婆の介助で五人の子どもを出産した。妊娠中もI産婆に診てもらったそうだ。⑬さんは出部屋で出産した経験を持つが、産んだ部屋は分娩室ではなく、六畳間の静養室だった。出部屋から帰れば、家族全員分の炊事や洗濯、水汲み、燃料となる草の刈り取りといった家事に加えて、イワシを浜からあげてイリコに加工するなど、沢山の仕事が待っていたため、出部屋には「長いことおるほうがええ」と思っていたそうだ[21]。出部屋には実母が頻繁に来て沐浴の世話などをしてくれた。

観音寺出身の㉑さん（昭和一一（一九三六）年生）[22]も、嫁ぎ先の家は網元であったが、結婚した時にはすでにディーゼルエンジンのバッチ網が導入されており、漁船に「船霊さん」が祀られているということや、出産したら穢れるという話を聞いたことはないという。㉑さんは、夫との借家暮らしで部屋が狭かったため、自宅では産まず、昭和三六（一九六一）年頃の八月に出部屋で出産している。I産婆の介助で、分娩室は使っていない。非常に難産で、生まれた子どもは生後四日で亡くなった。子が亡くなっても、㉑さんは産後一ヶ月経つまで出部屋で過ごした。㉑さんが一ヶ月間出部屋を利用した理由は、大勢のきょうだいで網元の仕事をしていたため自宅では落ち着かないということと、夫との性交を避けるためだった。㉑さんの実母はすでに亡くなっており、夫が出部屋を訪ねて来ることもあったが、泊まることはなかった。㉑さんが出部屋にいる間に別の女性が出部屋入りして来たが、その子どもを見るのが辛かったという。産後一ヶ月間の出部屋生活のなかで、めまいを起こして倒れたこともあるそうだ。また、出部屋には蚊やムカデが多くて困ったという。その後、昭和三七（一九六二）年五月に出産した子どもは逆子になっていたため、病院で帝王切開し、一ヶ月ほど入院した。㉑さんは何度か出産や流産を経験したが、無事に育ったのはこの時に生まれた子だけだった。

このように、昭和三〇年代に入ると、産婆の企図した通り出部屋で産む人が増加した。だが依然として、第一節1で紹介した⑭さんのように、昭和三〇年代にも自宅や納屋で出産した人はいた。⑭さん夫婦にとって、出部屋で産むということは考えられず、出部屋で産んだ人がいるのも知らないとのことであった。昭和一二（一九三七）年生まれの㉔さんもまた、昭和三〇年代後半に三度の自宅出産を経験した。自宅には納戸がなく、姑の寝室にあたる四畳半の部屋で出産した。㉔さんの自宅は島の南部にあり、出部屋は遠かったため、出産前に行くのは間に合わなかったという。出産すると、「穢れとるいうアレで、出部屋へ皆行っきょった」ため、㉔さんもその日のうちに出部屋へ行った。㉔さんによれば、出部屋で出産した人が難産になり、会陰裂傷が起きた際には、新設された伊吹診療所の外科医・大山医師が出部屋まで来て縫合していたそうだ。出部屋に滞在中の母子の具合が悪くなった場合にも、大山医師が往診に来たという。㉔さんが産後二週間ないし一ヶ月間出部屋にいる間、大山医師の治療を受ける人は何人もいたという。そして㉔さんが出部屋から自宅へ帰る際には、塩水で手を洗った。(23)

出部屋で出産した女性への聞き取り調査において、産婆の指導ゆえに出部屋出産をしたと明言する人は少なく、また必ずしも分娩室を使用したわけではなかったが、昭和二〇年代まで自宅での出産が当たり前だったことと比べれば、分娩室が設置された昭和三一（一九五六）年になって初めて、出産場所に公然たる選択肢が現れたことになる。個々の女性や家族にとっては、産後の一定期間を出部屋で過ごすことこそが重要で、どこで産むかという選択に特別な意味づけがあったわけではなく、その時々の家族の都合や周囲の動向が色濃く反映されていたわけだが、都合によって出産場所を選択できるという発想は、後の病院出産への移行に通ずる面がある。またN産婆とって分娩室は、出部屋を「病院みたいに」できるかもしれないという希望の表れでもあった。

この時期の病院出産と出部屋との関係性を示す例としては、㉒さん（昭和一二（一九三七）年生）の経験が重要である。㉒さんは、結婚する時に婿養子を取り、昭和三三（一九五八）年一二月に自宅で第一子を出産した。介助したのは、親戚にあたるI産婆だった。出産翌日には出部屋へ行き、一〇組ほどの母子とともに一ヶ月間を過ごした。「男子禁制やけん、（夫が）来んけん、楽」で、「楽しかった」と㉒さんは言う。ところが、昭和三七（一九六二）年に第二子を出産した時は、出産予定日より約一ヶ月早かったため、観音寺のK医院で出産した。産後約一週間で退院し、帰島すると、船から直接出部屋へ行った。「船から着いたらすぐ出部屋へ行くわけ。家へ上がらんと。昔は嫌われよったよね、お産すると。漁師のアレで、穢れとるというような感じで」と㉒さんは振り返る。そして、産後一ヶ月経つとようやく自宅へ戻った。(25)

以上のように、昭和三〇年代には、病院で出産しても穢れを理由に出部屋を利用した女性がいる一方、網元でも「船霊さん」や穢れについて知らずに出部屋を利用したという女性もいた。つまり、病院での出産や船霊信仰の弱まりといった個々の事柄が即、女性の出部屋離れにつながったわけではないのである。また、産婆の求めによる分娩室の設置は、女性たちに出産場所の選択肢を提供したが、それによって出部屋の意味づけが大きく変化することはなく、女性たちは出部屋を利用し続けた。

なお、①さんによると、昭和三〇年代には生活改善運動も行われたという。特に、昭和三三（一九五八）年に設立された自治会と婦人会の主導で、結婚式の簡素化が進められた。①さんは、婦人会の初代副会長だった。昭和三三（一九五八）年の一年間で結婚したのは二七組であり、そのうち二六組は指示に従ったが、一組だけが簡素化に応じず、そのまま計画は頓挫したそうだ。また、昭和三五（一九六〇）年からは、農業改良普及事務所から女性の講師が来て、偏った食生活を「改善」するための料理講習が始まった。伊吹島では、出産祝いも派手に行われていたが、出産に関わる贈答や慣習の「改善」は行われなかったという。

またこの時代は、本章第五節で述べるような漁業不振もあって、島の漁業のあり方や教育、暮らしが外部からの視線にさらされた時代でもある。四国地方総合開発審議会・四国地方総合開発調査所による『四国地方経済復興開発資料第一七号　漁村不況実態調査――香川県三豊郡伊吹村を中心として』が発行されたのが昭和二七（一九五二）年のことであり、観音寺第二高等学校社会部が『伊吹島綜合調査』をまとめたのも同年である。そして、香川大学の教育社会学者であった稲井広吉が伊吹島を含む瀬戸内地方を中心とした漁村の実態調査から『漁村教育社会学――漁村教育の理論と実際』を出版したのは昭和三二（一九五七）年のことであった。稲井は、伊吹島（同書ではi村と表記されている）の「村民性」について「封鎖的なゲマインシャフトがもたらす性格が著しく表われている」と分析し、特に「青年の性格」について「改善への教育的精神を駆り立ててやまないものがある」と述べて（稲井 1957：350-351、初出1952）、学校教育が年齢集団や産業教育にいかに介入していくべきかを論じている。そして翌年、本書でもたびたび引用している武田良三・林三郎・佐口卓「離れ島・漁村の社会システム――瀬戸内海・伊吹島の場合」が発表される。これは、漁村における「貧しさからの解放」という「実践問題」を背景として、「漁村共同体の社会変動」などの「理論の側面」を検討するものであった[26]（1958：3-5）。そして、稲井や武田らの調査を下敷きにして実施されたのが、昭和三三（一九五八）年一一月から翌年二月の文部省委嘱社会学級であった。これは、「貧しさをなくしよう」というスローガンのもと、夜間の伊吹小学校で島の教員や医師、保健婦、巡査、漁協関係者、ＰＴＡ・婦人会役員らが講師となって子どものしつけや教育、家族計画、食生活、人口と生業などについて島民に講義したり討議したりするものであった。この一連の取り組みが記録された『離れ島漁村の学習の記録――伊吹島における（ＰＴＡを主体とした）社会学級』を見る限り、社会学級のなかで出部屋が「改善」の対象として扱われることはなかったようだが（むしろ、出部屋が産院化したことは島の「近代化」への「すさまじい脱皮」の一例と見做されている[27]）、同書に掲載された小学生の作文には、「よそはもうずうとすゝんでいるのに」とか、伊吹島の生活が「ほんとに不便だと思つた」というように島の内外を比較する記述がみられる[28]。島内には中学校までしか存在せず、低迷していた高校進学率も、昭和三〇年代後半以降は上昇し（図４－９）、島民のライフコースが島内で完結せず島外との比較にさらされる時代が到来したといえるだろう。

こうした変化が島のあり方にどのような影響を与えたかということについては今後の検討を要するが、少なくともただちに出部屋の利用に影響することはなかった。

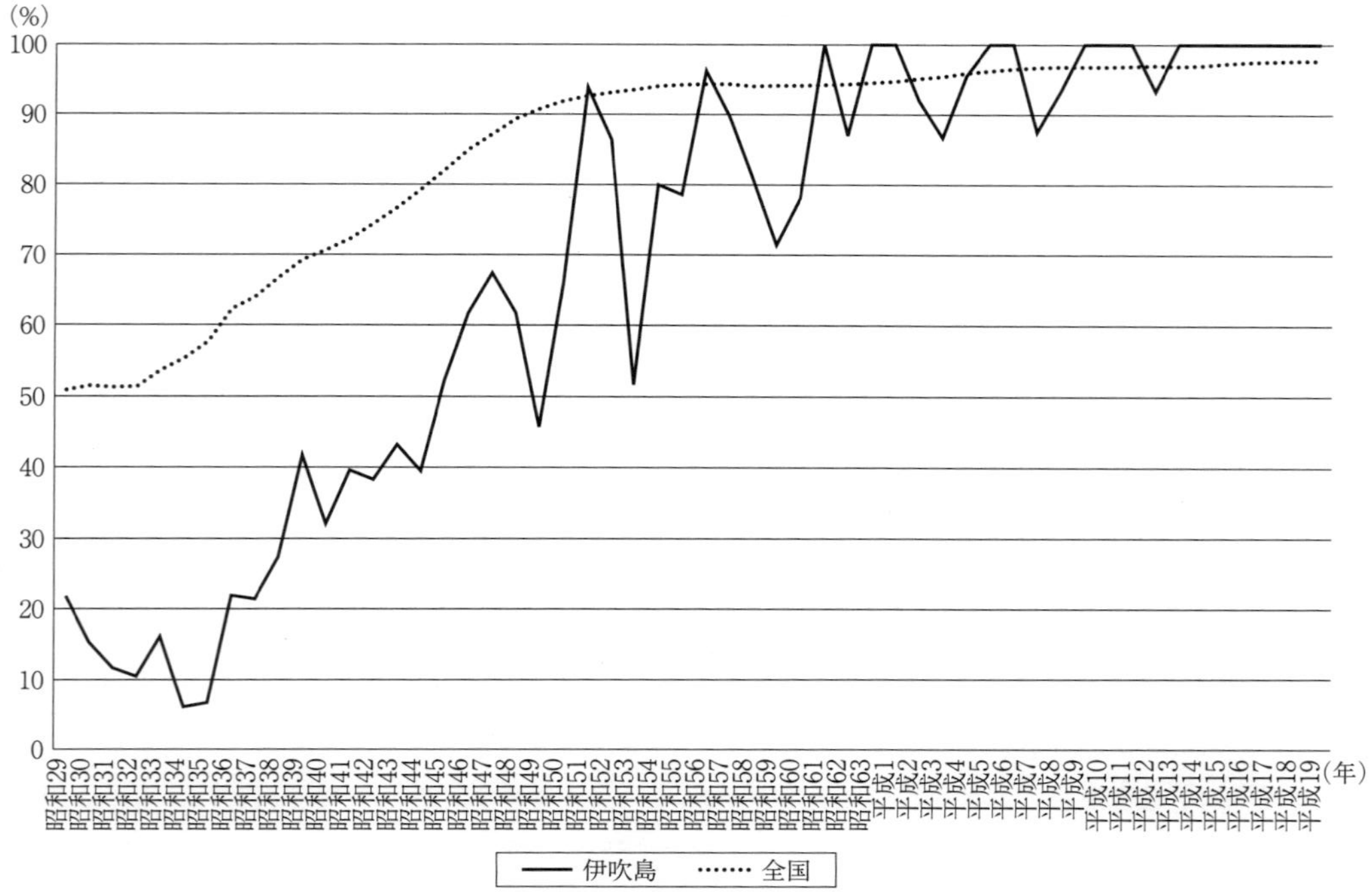


図4－9　伊吹中学校卒業生の高校進学率の推移

「伊吹中学校進学率」（2008年作成、観音寺市役所伊吹支所提供）および文部科学省「文部統計要覧（平成20年版）」（http://www.mext.go.jp/b_menu/toukei/002/002b/mokuji20.htm、2015年1月16日閲覧）をもとに作成。

# 第四節　穢れ観より優先される「家の事情」

## 1　上の子の世話

では、出部屋を利用するのが当たり前であった昭和二〇―三〇年代の伊吹島において、出部屋に行かないというのはどのような場合だったのだろうか。まずは、昭和二〇年代の時点ですでに出部屋を利用しなかったというケースについて検討する。実は、第二節で紹介した③さんは、第三子と第四子の出産時には出部屋を利用していない。彼女のケースを詳しく見てみよう。

③さんは、昭和二二（一九四七）年一〇月に第一子を、昭和二五（一九五〇）年一一月に第二子を、トリアゲバアサンの介助で自宅出産し、産後を出部屋で過ごした。第一子の時は一ヶ月間出部屋にいたが、第二子の時は「（上の）子ども見ないかんけん」という理由から二〇日ほどで帰宅した。③さんの夫は漁師で、姑はなかったが、夫の姉夫婦およびその子どもと同居しており、彼女らに気兼ねすることなく過ごせる出部屋生活を気に入っていた。

しかし、昭和二七（一九五二）年八月の第三子出産時には、出部屋へ行きたいという気持ち以上に、「子ども見ないかん」という気持ちの方が大きかったため、出部屋を利用せず、自宅で出産してそのまま自宅にいた。介助したのはN産婆だった。八月はイリコ漁の最盛期であるため、③さんは出産当日まで上の子どもたちを連れて浜でイリコの加工などの仕事をしており、産気づくと浜から上がってそのまま出産となったそうだ。「子どもを見てくれる人がおったら（出部屋へ）行っとるわな」と③さんは言う。夫の姉夫婦にも五、六人の子どもがいたため、③さんの第一子と第二子の世話を一ヶ月間も頼むことはできなかった。夫が穢れを気にすることはなかった。その後、昭和三〇（一九五五）年三月に第四子を出産した時も、出部屋は利用しなかった。出産後、出血のあるうちは「養生」のため外を出歩かず、家の神棚にも触らなかった。

③さんは、出部屋を利用した場合は帰宅後に出部屋飯をしたが、利用しなかった場合は出部屋飯をしなかった。出部屋飯というのは、すでに述べた通り、出産祝いに対する返礼という意味合いが大きいが、出部屋を利用するか否かで出産祝いの数も内容も異なったからである。③さんによると、産後出部屋にいれば、出部屋で食べるための米や麦を大勢の人が持って来てくれるが、自宅で過ごす場合は少数の近親者が赤ちゃんの着物などを持って来てくれるのみだった。そのため、出部屋を利用しない場合はわざわざ出部屋飯をしなかったということである。

上の子の世話を理由に出部屋を利用しなかったのは、③さんだけではなく、⑦さん（大正一五（一九二六）年生）[29]も同様だった。⑦さんにも姑はなく、結婚当初は夫の兄夫婦とその子どもが暮らす「本家」で同居していた。⑦さんは、昭和二六（一九五一）年に自宅の普段寝起きしている部屋で、I産婆の介助により第一子を出産し、出部屋に入った。⑦さんは出部屋について、「みんな楽しいしたよ。同い年ぐらいがおったらな。ご飯食べる時には世間話したりな。美味しいもんあったら分けおうて食べたり」という好意的な感想を持っているが、昭和二九（一九五四）年の第二子出産時には出部屋を利用しなかった。というのも、この時には「本家」を出て⑦さん夫婦と第一子だけで生活していたからである。⑦さんが出部屋に行くと自宅が留守になり、夫と第一子が困るため、⑦さんは自宅で出産してそのまま自宅にいることを決めた。夫は漁師だったが、穢れは気にしなかった。

第二子出産時にも出部屋を利用したかったかと⑦さんに尋ねると、「そなに行きたいと思わん。やっぱ家でおってする方がええわ」と即答であった。義兄の家族とともに暮らしていた時は大量の洗濯物や食事の世話に追われていたが、別居してからは自宅で過ごすのが最も快適だったようである。⑦さんは昭和三二（一九五七）年に第三子を出産しているが、この時も出部屋へは行かず、自宅で過ごした。産後も「（本家を）出とるから自由」

に過ごし、何日目から外出するかということなどは自分自身で決めた。そして、出産祝いや出部屋飯についても③さんと同様で、出部屋を利用しなかった時には出部屋飯をしなかった。

③さん、⑦さんともに夫は漁師であったが、出産当時③さんの夫は「親戚の親方」のところでイワシを獲っており、⑦さんの夫はコギ漁師で「いとこの船に乗って」いる状況であった。漁師として独立したのは子どもが生まれた後のことだった。穢れを気にする余裕はなく、「そんな言うたって（家で子どもを見ないと）しようがないやろ」と言う。出部屋に行かなかったことで周囲から悪く言われることもなく、出部屋の利用については「家の事情で行く人と行かん人とあるわ」と考えていた。③さんと⑦さんにとって、「家の事情」とは上の子どもたちの世話であった。つまり、島全体で共有されているはずの穢れ観よりも、家族の事情が優先されたということである。そして、出部屋へ行かないことによって出産祝いの数は減少し、出部屋飯も行われなくなった。

経産婦が上の子の世話のために出部屋へ行かないということについては、観音寺第二高等学校社会部編『伊吹島綜合調査』においても「此処（＝出部屋）に入ることは少くとも現在に於ては絶対的に強制されるのではなく一家を支えて子沢山の産婦は例外的に来ないらしい」（1952：22）と言及されている。加えて、出部屋利用者が「血のけがれ」ゆえに神社の前を避けて出部屋に来ることや、「姑の気兼ねから解放」されるという側面があることも指摘されている（同：22-23）。つまり同書では、出部屋に来ないということがあくまでも「例外的」であると捉えられているのであり、その上で、出部屋が「将来もすたれて行く徴候は現在の所見えない様である」と述べられている（同：23）。また、細川（1958）も、「デベヤへ行かぬのは、家がよくよく少人数で、おまけに留守を頼む人がないような僅かの例外的なものだけだという」（1958：46）と指摘している。これらが発行された当時、すなわち③さんや⑦さんが出産した当時において、「例外的」に穢れ観より優先されたものは、上の子の世話という「家の事情」だったのだろう。

## 2　島外の実家へ

昭和二〇年代から三〇年代を通じて、出部屋に行かないパターンは少なくとももう一つ存在した。それは、実家が島外にある場合である。

観音寺の街中出身で、伊吹八幡神社に嫁いだ④さん（大正一四（一九二五）年生[30]）は、夫婦二人で社務所で暮らしていた。通常であれば、社務所はプライベート空間とはなりえないものだが、本来の生活の場である母屋には家族が多すぎて、④さん夫婦が入り込む余地がなかったためである。

伊吹島に嫁ぎ、妊娠して出部屋を使う段になっても、④さんは「びっくりはせなんだ」という。それは、出部屋という慣習以上に、日常的な水や電気の不便さに驚いていたからだ。④さんが第一子を出産したのは昭和二五（一九五〇）年三月のことである。④さんは、自宅ではなく出部屋で出産するために、陣痛が起きると歩いて出部屋へ行った。そして、出部屋の空いていた部屋で、畳の上に布団を敷き、N産婆の介助により出産した。すでに義妹が同級生であるN産婆の介助で出産していたこともあり、家族からN産婆を勧められたからだ。また、④さんは実家が伊吹島内になく、姑もその時には亡くなっていたため、出産には婚家のおばが付き添った。

まだ出部屋に分娩室のなかった当時、出部屋で出産する人はほとんどいなかったにもかかわらず、④さんが出部屋で産むことになったのは、「お宮だから」である。④さんの姑はかつて母屋で出産したようだが、④さん夫婦の暮らす社務所での出産は「今までなかったこと」であり、現実的でなかった。そのため、「産まれたらどうしても産院（＝出部屋）行かなあかんやったらもう、こっち（＝出部屋）行った方がな、初めてですし。（中略）そらもう、家族の方から出部屋行った方がええんでないかと。自分でも行った方がええと思った」という。そして、その判断にN産婆も賛同した。④さんは、陣痛が来てからこのような判断をしたのであり、妊娠中はそこまで考えていなかったという。妊娠中は、かねてからかかりつけにしていた観音寺のK医院に行ったこともあるが、主にN産婆に往診してもらっていたそうだ。

出産時に出部屋に向かう際には、たとえ遠回りであっても、八幡神社や荒神社の前は決して通らなかった。島で葬式がある時は、葬列が神社の前を通ってはならないのはもちろんのこと、神社の入り口に綱を張り、人が入れないようにもしたそうだ。出産の場合は綱こそ張らないが、出生児が男の子の場合は産後三一日、女の子は三三日が済むまでは神社の前を通ってはならなかったという。

出産当日は一人部屋で寂しい思いをした④さんだったが、翌日には実母が食べ物を持って来てくれ、また夫と同級生で近所に住む①さんも産後で出部屋に入っており、同じ部屋で過ごそうと誘ってくれたため、寂しくはなかった。夫の祖母やおばが毎日世話をしに来てくれ、食事のたびに女性同士で集まって食べるのも楽しかったという。米はそれぞれ別に炊いていたが、おかずは多めに作ったり、各家から持って来てくれたりしたものを出し合って一緒に食べた。④さんと同時に出部屋に入っていた女性は皆、「出部屋へ来たらもう極楽や」と言っていたそうだ。

ところが、④さんは産後一五日で出部屋から帰宅した。その理由として④さんは、「出部屋の生活がな、みんな子どもが寝たらな、なんちゃ用事がないでしょう。そうすると島の人はみんな洗い張りする、縫物をするとて、自分の家で着とった汚れたもんをみな持って来て、それをほどいて、洗ろて、また張り板ではって、それをきれいに縫って帰るんです。全部。だからあの、ここでおる人は皆ひとつも遊んどる間もない。その後はもう皆そんな仕事をしよんです。それは私はもう、お母さんに止められとった。お産してすぐ目使いよったら目が悪なるから、三三日過ぐまで針はいろうな（＝触るな）言うてな。実家のお母さんが。だから私することなかった。だから早よ帰りたかった」と語った。

産後一五日で社務所に戻っても、④さんは座敷には入らず、暗い三畳と六畳の部屋しか使わなかった。また、社務所内の綺麗なトイレは使わず、裏手にある小さなトイレを使用したそうだ。「社務所で上がってでも、座敷の方へ行くことはなかった。三三日済むまではな。お宮の方へ顔を出すこともなかった」という。「きよめ」はあくまでも、産後三三日目と決まっていた。産後三三日が過ぎると宮まいりをするが、神社に行く前には、身体に塩をまいた。出部屋飯も、通常は産後三三日目に行うが、日が悪ければ改めた。「伊吹はもう何をするんでも日をみます。日をみるのと方角みるのと」と④さんは言う。

月経時の禁忌は「なかった」と言うが、「自分が気をつけないかんことで。自分がナニ（＝月経）があったらお宮のとこへ行ったらいかんとか、上あがったらいかんとか、それはもう自分で気をつけないかん」と続ける。④さんにとって、月経時に神を避けるということは当たり前のことであり、特別なことさえ認識されていなかった。

昭和二九（一九五四）年に第二子を出産した時には、実母から「帰って来い」と言われ、第一子を連れて観音寺の実家へ帰った。伊吹島での結婚生活において、夫の祖母やおばが結婚当初から④さんを「大事にして」くれており、薪や米を購入した際にも④さんが港から背負って上がったことがないほどだという。また、祭りや行事の際には「消防の人」が共同井戸からホースで水を汲んで神社の溜め井戸を満杯にしてくれるという「お宮におる特権」もあった。当時の伊吹島の女性にとって、水や燃料、米の運搬からの解放というのも出部屋に入る大きなメリットであったはずだが、普段の生活でそういった役割を負わされていなかった④さんにとって、出部屋に入るメリットはそれほど大きくなかったのだろう。加えて、出部屋へ生活道具を運んだり持ち帰ったりする際の大変さや、第一子の面倒を見なければならないこと、島内に実の親戚がないため「自由がききません。あれしてくださいい、これしてくださいい（と、いちいち言わなければいけない）」ということを考え、④さんは実家で産むことを選択した。当時、観音寺でもまだ病院出産は一般化しておらず、実家の近くに住むベテラン産婆の介助で出産した。④さんは、神社関係者として強い穢れ意識を持っていた一方で、島外出身者ならではの違和感をぬぐい切れず、また出部屋生活に伴う婚家への負担に遠慮して、出部屋へ行かないことを決意したといえる。

また、愛媛県出身の⑯さん（昭和九（一九三四）年）[31]の場合は、初産から実家の近くの県立病院で出産し、産後一ヶ月経つまで実家で過ごしている。⑯さんの初産は昭和三六（一九六一）年または三七（一九六二）年のことであり、実家のある地域ではすでに病院出産が当たり前になっていたため、⑯さんは妊娠中から県立病院で産むことを決めていた。その時のことについて、「出部屋へ行く気がないけんな。やっぱりあっちはもうみんな病院で産みよるけん。こっちの習慣に慣れんけん」と⑯さんは言う。姑とは同居しておらず、夫は漁師だった。出部屋に行かないことを悪く言う人はいなかった。

第一子は「未熟児」で黄疸があり、一ヶ月間保育器に入った。⑯さんによると、当時、近隣地域で保育器があったのは県立病院だけであり、「観音寺の病院で産んどっても、保育器がなかったら助かってないやろ」と回想する。その四年後に出産した第二子も同じ県立病院で出産した。産後実家で一ヶ月間休むのは、実家のある地域においても普通のことであり、病院の一ヶ月健診を受けてから伊吹島の自宅に戻った。実家が遠いため、出産祝いを持って来る人もなく、もちろん出部屋飯もしていない。

また、広島県走島出身の㉓さん（昭和一二（一九三七）年生）[32]は昭和三四（一九五九）年と昭和三七（一九六二）年に実家で出産し、走島の慣習にしたがって二、三ヶ月間ほど実家で過ごした。兵庫県淡路島出身の㉕さん（昭和一二（一九三七）年生）[33]も、昭和三〇年代後半から四〇年代にかけて、三人の子どもを実家の近くの病院で出産した。㉓さん、㉕さんともに、夫との出会いのきっかけは、夫が若い頃にそれぞれの島へ働きに来ていたことであった。また、結婚してからも仕事の都合によって出身地で暮らす時期と伊吹島で暮らす時期があったようである。

以上、④さん、⑯さん、㉓さん、㉕さんのように、実家が島外にある場合には、昭和二〇年代から三〇年代を通じて、実家の勧めやその地域の出産方法に従うことも可能であった。また逆に、伊吹島出身で広島県走島に嫁いだある女性（昭和六（一九三一）年頃生）[34]は、墓参りなどの実家の用事で伊吹島に滞在していた時に産気づいたことから、昭和三五（一九六〇）年にN産婆の介助により出部屋で出産している。出部屋では知り合い同士で過ごすことができ、「親しみがあるけん」よかったという。

次節では、昭和三〇年代に起きた変化について論じる。

## 第五節　共同体の変化に伴う女性の出部屋離れ

本節では、昭和三〇年代に出部屋を利用しなかったという女性の話をもとに、どのような共同体の変化が出部屋離れに影響したのかということを明らかにする。

昭和二〇年代に漁船の動力化や改良が本格的に進められ、昭和三〇年頃にはコギのディーゼルエンジン導入やイワシ漁におけるバッチ網への移行があったものの、経営面で厳しかったということはすでに述べた通りである。経営悪化の背景としては、敗戦を機に朝鮮半島の漁場を失った漁師や復員兵が続々と島に戻ってきて、あまり元手のかからないコギによる漁に参入したことに加え、生鮮魚介類に対する統制撤廃や昭和二四（一九四九）年の新漁業法によりコギの漁場が県内に限られたことなど、制度的な変化もあって、狭い漁場での過当競争が過熱していったことがあげられる（武田他 1958：23-24、三尾 1991：443）。昭和二六、二七（一九五一、五二）年にはコギの減船整理も行われたが、伊吹島における減船整理の影響は一時的なもので、昭和三〇（一九五五）年には漁船数が復活し、さらに増加の傾向さえあった。漁船の動力化や漁法の発達に加えて、過当競争が激しさを増していくなかで、近海の水産資源は減少の一途をたどり、特にコギ漁師は徐々に減少していったのである（武田他 1958：21–24、80、観音寺市誌増補改訂版編集委員会編 1985a：917、三尾 1991：440）。

昭和三〇年代前半に伊吹島の小学生が書いた作文には、「おとうさんはこぎ（底曳船）からかえつて「伊吹はどうしてとれんのかの。観音寺はいつもはたをたてとつとんのに」と、言つていました。もう、おとうさんはこぎをやめて、よそでかた（出稼のこと）に行つてしまつたので、おかずはなくなつてしまいました。私たちは毎日おかずがないからはまへ行つてはまぐりをとつています」[35]（傍点および括弧内は原文のまま）というものも見られる。昭和二一（一九四六）年生まれの㉞さん[36]も、昭和三〇年代に両親が夫婦で出稼ぎに行っていたことを記憶している。また、昭和三〇（一九五五）年生まれの㊶さんの父（昭和五（一九三〇）年生）も、㊶さんが子どもの頃にコギ漁師から貨物船の仕事に転業した。本社が愛媛県にある製紙会社の荷物を運ぶ貨物船に夫婦で乗っており、一週間ぐらい帰らないこともあったそうだ。㊶さんは、祖父と姉・兄・妹とともに伊吹島の自宅で暮らしており、家事は主に姉が担っていた。㊶さんの友人の親も、当時は出稼ぎに行っていることが多く、家に両親がいる人は少なかったという。そのため、「家族団らん」はほとんどなかったが、そういった状況にあるのは自分の家だけではなく、その分、隣近所や子ども同士の付き合いも濃密だったそうだ[37]。

先に、昭和二五（一九五〇）年の国勢調査で伊吹島の就業人口の七二・六%が水産業従事者であると述べたが、この率は次第に減少し、昭和四〇（一九六五）年の同調査では四六・五%にまで落ちている（図4-10）（山崎他 1989：20）。この時期には、イリコの加工を中心とする製造業従事者の割合にも増減があり、漁業を離れた伊吹島民のなかには、親類や知人の紹介で艀運送業などに転業し、大阪や神戸へ出稼ぎに行く人々もあった（河原 1998：151–152）[38]。山崎和・稲田道彦・新見治も、「一九六五（昭和四〇）年においても二〇〇名の出稼ぎ者のうち

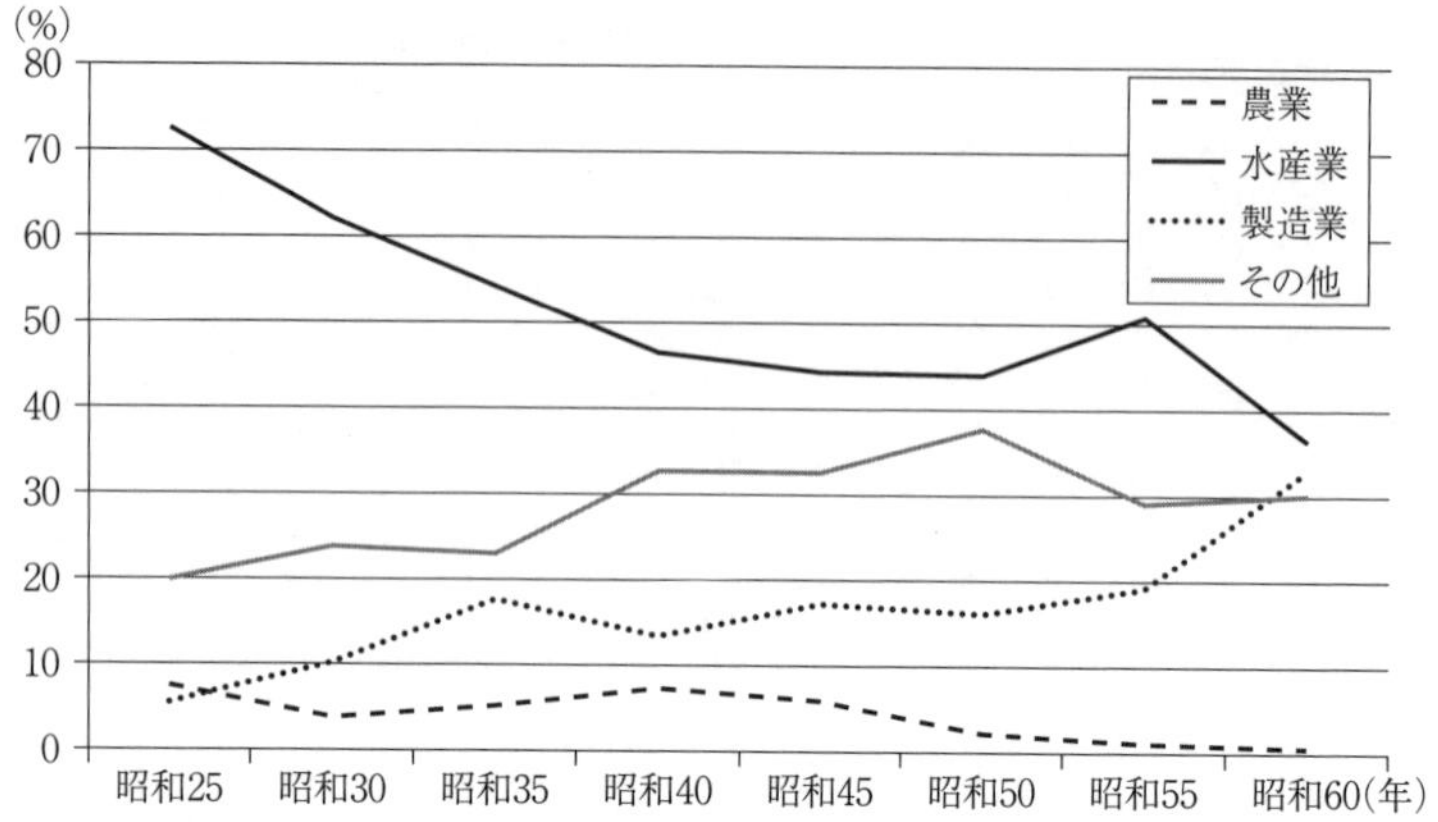


図4－10　伊吹島における産業別就業者割合の変化

山崎他（1989：20）の「第12表　産業別就業者数の変化（1950～1985年）」をもとに作成。

県外が九五%を占め、漁業・運輸業がその中心であった」と述べている（山崎他 1989：20、括弧内は原文のまま）。また、観音寺市役所伊吹支所作成の統計資料においても、昭和三〇年代以降の人口大幅減少について、「これは、関西方面での小型底曳、及びはしけ事業に進出する転出が続いたためと考えられる。特に、昭和三五年から四〇年にかけて大量の転出がみられる」[39]と分析されている（図4－11）。艀運送業の出稼ぎは、先述の⑩さんが昭和三〇年代半ばに経験している通り、夫婦で行き、艀内で生活することも多かった。本節では、こうした昭和三〇年代の転業・出稼ぎあるいは転出が女性の出産行動にもたらした影響について明らかにする。

⑱さん（昭和九（一九三四）年生）[40]夫婦は結婚当初、網元である夫の実家で働いていたが、コギ漁師をしていた⑱さんの実兄と実父が神戸で回漕店《かいそうてん》を始めた縁から、⑱さん夫婦も一〇年ほど艀生活を送った。当時、同様の生活を送る伊吹島出身者が大勢いたと⑱さんは言う。⑱さんは妊娠中も艀で生活していたが、伊吹島に帰って来た時にはI産婆の診察を受けていた。⑱さんは昭和三三（一九五八）年一〇月に第一子を、昭和三六（一九六一）年八月に第二子を出産している。

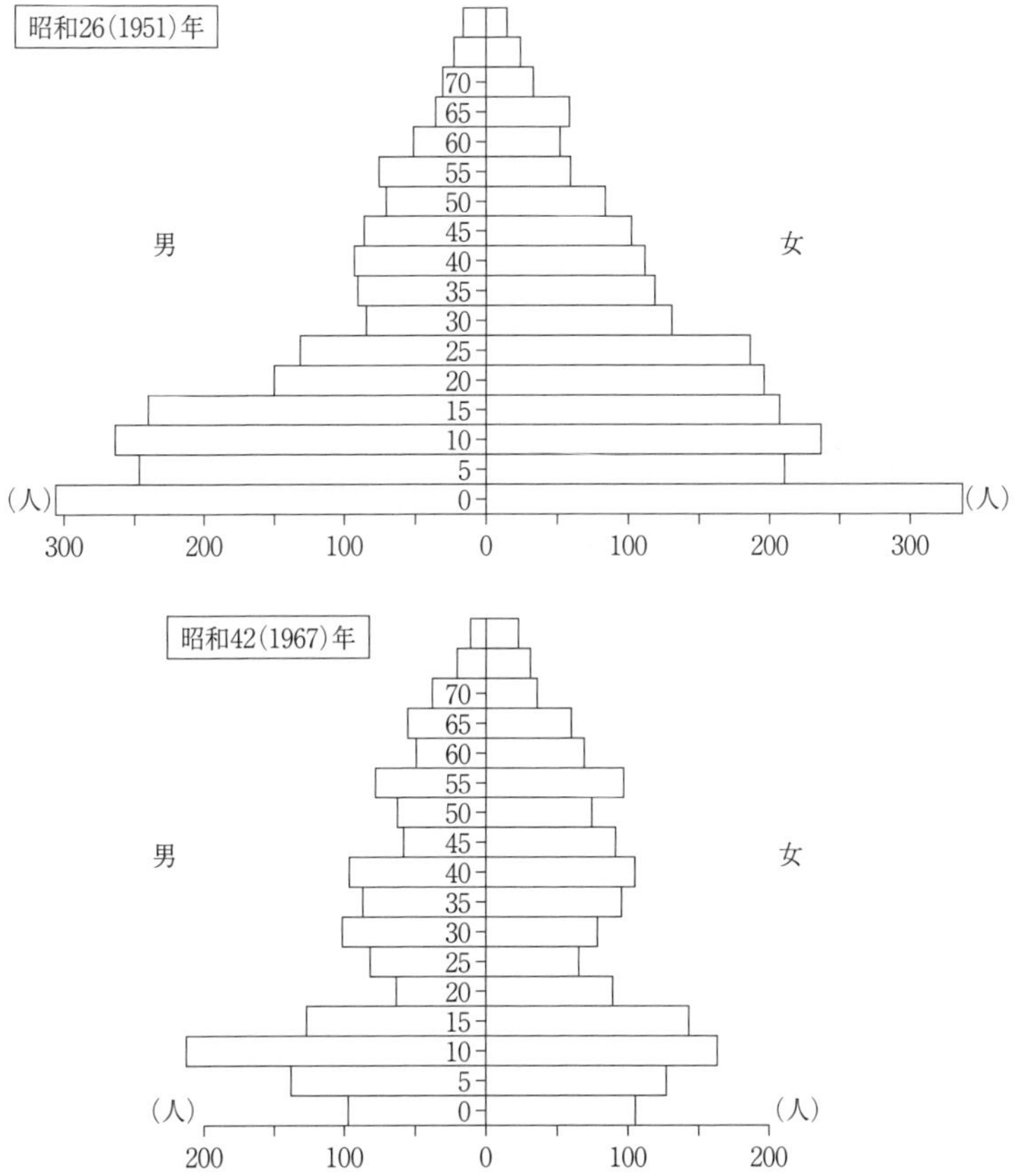


**図4－11　伊吹島における年齢別人口構成の変化**

山崎他（1989：19）の「第7図　伊吹島の人口ピラミッド」をもとに作成。

長く艀生活を送っていた⑱さんにとって、自宅と呼べるものはなく、伊吹島の実家で出産して産後も実家で過ごした。⑱さんには兄が二人と姉が三人いたが、出稼ぎや嫁入りで実家を出ており、⑱さんが出産した頃に実家で暮らしていたのは実母一人だった。そのため、⑱さんは実家で遠慮せず過ごすことができたという。⑱さんは、出部屋を「姑さんと離れ」るための場所と考えており、実家で過ごせるのであれば「出部屋行かん方が身体にええ」と思っていた。というのも、出部屋であれば洗濯や食事の用意などを自分でしなければならないが、実家では実母に頼めるからである。出産祝いでもらったものは、赤ちゃんに着せる着物の反《たん》や、着物を買えるぐらいの現金であった。米を出産祝いにするのは出部屋に入っている場合だけだと⑱さんも言う。⑱さんは出部屋を利用しなかったが、産後三三日経つ頃には出部屋飯を用意した。「子どもの祝いじゃからな」と⑱さんは言う。⑱さんは産後一〇〇日まで実家で休み、その後、子どもが赤ちゃんの間は一緒に艀で暮らしたが、保育所に通う年齢になると実家に預けて通わせたそうだ。

㉖さん（昭和一三（一九三八）年生）[41]は、昭和三六（一九六一）年の第一子出産時には自宅（婚家）で出産して出部屋へ行ったが、その後、コギ漁師だった夫が大阪で艀運送業に転業し、㉖さんと子どもも同行した。子どもが幼い時は艀で一緒に暮らしたが、保育所に通う年になるとやはり伊吹島の実母に預けた。そして、昭和四〇（一九六五）年に第二子を出産する際には伊吹島に帰ったが、夫は大阪に留まっていたため一人で婚家へ帰るのははばかられ、実家へ帰った。㉖さんに男の兄弟はおらず、気兼ねせず過ごせたことから、出部屋へは行かずに実家で出産し、産後も実家で過ごした。第一子、第二子の分娩介助をしたのは、近所に住んでいたN産婆だった。その後も夫婦で艀の仕事を続け、昭和四四（一九六九）年には第三子が誕生する。このときすでにN産婆は伊吹島を去っていたため、I産婆の介助で出産し、やはり出部屋へは行かず実家で休んだ。そして昭和四六（一九七一）年には、観音寺のK医院で第四子を出産した。

また、昭和三〇（一九五五）年に第一子を出産した⑫さん（昭和六（一九三一）年生）[42]は、姑と同居しておらず、出部屋へ行きたいとは思っていなかった。しかも、⑫さんを幼い頃からかわいがっていた実祖母に「（出部屋に）行かんでええからな。うちで養生したらいいわ」と言われていたことから、出部屋は利用せず実家で出産して産後も実家で過ごした。もともと実家で漁師をしていた⑫さんの兄弟が漁業不振から貨物船の仕事に転業し、妻子とともに大阪や姫路へ出稼ぎに行って長く不在にしていたことも、⑫さんが産後実家で過ごせた要因である。⑫さんは、実家の納戸で出産し、実家で一ヶ月間過ごした。介助したのは親戚にあたるI産婆で、安産だった。妊娠中もI産婆の健診を受けていた。

出部屋については、「私、いっつも思いよったけどな、自分がお産してな、お産して、そのあくる日か何か…（歩いて出部屋へ行く）。それが何かな、私お産してみて、うわぁ、あんな遠いところ行くのに、（中略）私は寝てたから、えーこんな身体でようあそこまで歩いて行ったなぁ、どんなして歩いたんやろか思ったのが第一です。皆が歩いて行ってるのを見たから。（中略）よう歩かんなぁ。（中略）私あれが不思議でなぁ。そら、弱い人もおるわなぁ」と吐露した。

⑫さんは実家での一ヶ月間、神棚からは離れた納戸で、「栄養のあるもの」を食べて過ごした。出産祝いに米を持って来る人はおらず、近親者が現金や赤ちゃんの衣類を持って来てくれた。その「お返し」のため、産後一ヶ月で出部屋飯をした。第一子出産後、⑫さんは夫の仕事の都合で大阪へ行くことになり、昭和三三（一九五八）年に大阪の病院で第二子を出産した。

伊吹島では、戦前から出稼ぎが非常に盛んであったが、従来の出稼ぎは主に漁業の出稼ぎであり、女性は島に留まっていた。それに対し、昭和三〇年代に目立つようになる艀運送業等の出稼ぎは、夫婦とその子どもという単位でも行われるようになったのが特徴であると考えられる。また、第一章第二節において、武田他（1958）による昭和三〇（一九五五）年時点での統計から、相続の有無にかかわらず結婚後も村内に留まる島民が多いという傾向について述べたが、武田他は「現在の漁業不振の状態では、離村の形ち《ママ》をとって、広義の村外分家の傾向を高めつつある」と指摘している（1958：38）。つまり、この時期の漁業不振を契機に、島外へ出ていく家族が増加していったということである。

⑱さんと⑫さんの共通点は、伊吹島の実家に住んで漁師をしていた兄弟および妻子が島外に出て不在になったことにより、産後を実家で過ごせたことである。これは、第三節で言及した⑮さんの経験とも共通する面がある。また、⑱さん、㉖さんの場合は、自身が夫とともに艀での生活を送っており、島で出産する際に帰る家は実家しかなかった。夫婦での出稼ぎは、女性が実家を代替として出部屋から離れることに直接的に影響したのである。出部屋を利用しなかった場合の出産祝いには現金も登場し、島で担う出産から親族内で完結する出産への変化を物語っている。ただ、㉔さんと㉗さん（昭和一三（一九三八）年生）[43]によると、昭和三〇年代後半には、出部屋を利用した場合でも、米や麦が出産祝いとされることは少なく、毛糸や現金、ベビー服などをもらうようになっていたようだ。㉔さんによると、米は自分の家で十分用意することができたという。そしてこの後、昭和四〇年代には、観音寺の産婦人科で出産して島内の実家で一ヶ月間過ごすというパターンが定着するが、その経緯と実態については次章で論じたい。

## 注

（1）三好（1982：8）によれば、地方とは「対岸の町々」のことである。

（2）三上秀吉「共同産院を持つ瀬戸内海の孤島」『婦人之友』第三五巻第八号、婦人之友社、一九四一年八月、六四頁。

（3）「伊吹島のあらまし」一九七五年頃（作成年は明記されていないが、資料中に示された統計から一九七五年頃と推定できる）、頁記載なし、観音寺市役所伊吹支所蔵。

（4）男性への聞き取り調査日は、二〇一〇年四月一日。

（5）男性の妻は昭和二八、三〇、三三（一九五三、五五、五八）年に出産し、出部屋を利用した。妻が出部屋に入っている間、困ることはなかったか尋ねると、「そら困らんわ」と即答であった。というのも、当時男性はきょうだいと同居しており、妻が不在でも兄嫁が家事を担ってくれたからである。

（6）島民の漁船（鯖巾着網船）に初めて動力が導入されたのは、大正一三（一九二四）年のことであった（香川民俗学会編 1991：67）。

（7）ただし、②さん（大正一〇（一九二一）年生）、③さん（大正一三（一九二四）年生）、⑩さんによると、独身の頃（結婚前）に巾着網や鯛縛網などの漁船に乗って漁の手伝いや飯炊きをしていたという女性も多い（②さんへの聞き取り調査日は二〇一〇年四月一日、③さんへの聞き取り調査日は二〇一〇年四月一日、二〇一三年八月二七日、二〇一四年三月二五日）。また、武田他（1958：130-131）および三好（1982：32）によると、女性の漁業参加の契機は、日露戦争の応召で男手が不足した際に、やむを得ず打瀬船に乗る女性が現れたことだという。そしてこの頃から、月経時の出部屋利用が徐々になくなっていったと考えられている。網元における女性の漁業参加は明治四〇年頃になってからで、当時は年輩者から非難されたが、目前の労働力不足を補うことが優先されたようである。ただ、その数はわずかなもので、本格的な参加は大正初期からであったという。これは、朝鮮海域への出稼ぎが始まるに及んで、近海での労働力不足を女性の手で補おうとしたからであると考えられている。そして、第二次世界大戦における男性労働力不足が女性の漁業参加に拍車をかけたようである。

（8）「久保カズ子　産院の思い出」三好兼光編『伊吹島研究資料叢書（三）　伊吹島出部屋資料集　～イリコの島の子育て～』伊吹島研究会、二〇〇八年、三三頁。

（9）⑧さんへの聞き取り調査日は、二〇一三年三月一二日。

（10）⑤さんへの聞き取り調査日は、二〇〇九年一〇月二六日、三一日。

（11）②さんへの聞き取り調査日は、二〇一〇年四月一日。

（12）③さんへの聞き取り調査日は、二〇一〇年四月一日、二〇一三年八月二七日、二〇一四年三月二五日。

（13）⑥さんが出産した頃の伊吹島には二軒の映画館があり、交互に毎日上映していた（香川県観音寺市教育委員会事務局編 1959：13）。

（14）⑪さんへの聞き取り調査日は、二〇一四年三月二五日。

（15）資料タイトルなし（出産祝いに関する記録。品目（「初着の部」「米の部」）およびそれぞれを持って来てくれた人の名前が書かれている）、一九五六年、個人蔵。

（16）久保カズ子「産院の思い出」三好兼光編『伊吹島研究資料叢書（三）　伊吹島出部屋資料集　～イリコの島の

子育て〜』伊吹島研究会、二〇〇八年、三五頁。

(17) 同右。

(18) ⑮さんへの聞き取り調査日は、二〇一五年九月一〇日、一一月一九日。

(19) ⑰さんへの聞き取り調査日は、二〇一一年三月三一日、二〇一五年九月一二日。

(20) ⑬さんへの聞き取り調査日は、二〇一三年三月一二日。

(21) 香川県観音寺市教育委員会事務局編（1959）によれば、「とれたいわしをイリコとして乾燥加工する過程の仕事は、殆んど女性の労働である。鰮の水揚げは運搬船により随時「浜の干場」へ運ばれているが、水揚げされた鰮はすべてイリコ生産に向けられ熱湯により煮沸した《ママ》天日で乾燥するが、この労働は殆んど女性の仕事である」という（1959：14）。

(22) ㉑さんへの聞き取り調査日は、二〇一三年三月一二日、九月六日。

(23) ㉔さんが第一子、第二子を出産した際には、産後二週間経った頃に、客船の船員だった夫が有給休暇を取得して帰宅してきた。夫は生まれた子どもに会いたいと言ったが、出部屋は男子禁制で入ることができなかったため、㉔さんは出部屋生活を二週間で切り上げて帰宅した。第三子出産時は、夫が「遠いところ」で仕事をしており、半年ほど帰ることができなかったため、㉔さんは一ヶ月間出部屋で過ごすことができたという。

(24) ㉒さんへの聞き取り調査日は、二〇一一年三月三一日、二〇一五年九月一〇日。

(25) 病院出産の後で産屋を利用する例は、福井県敦賀市白木でもみられた。白木は約二〇戸から成る小さな漁村であり、聞き取り調査によると昭和五二（一九七七）年一〇月まで産屋（サンゴヤまたはコヤと呼ばれる）が使われていた。これは、管見の限り全国で最も遅い例である。最後に利用した女性（昭和二〇（一九四五）年生）は、敦賀市内の病院で出産し、退院した後、約一ヶ月間をサンゴヤで過ごしたという（白木での聞き取り調査日は二〇一二年三月二九日）。なお、白木のサンゴヤについては田中（1994）が詳細に論じている。

(26) 稲井が伊吹島民について「封鎖的」と述べているのに対し、武田らが「伊吹島はきわめて凝集度の高い村落社会でありながらも決して離れ島として孤立的、封鎖的な生活をくりかえしているのでなく、それは外社会に向って農村以上に解放的側面をもっている」（1958：8）と強調しているのは興味深い。

(27) 黒田邦敏「あとがき　伊吹島と社会学級」香川県観音寺市教育委員会事務局編『離れ島漁村の学習の記録——

伊吹島における（ＰＴＡを主体とした）社会学級』香川県観音寺市教育委員会、一九五九年、頁記載なし（最終頁）。

(28)　村上朋子「社会学級のこと」前掲香川県観音寺市教育委員会事務局編『離れ島漁村の学習の記録――伊吹島における（ＰＴＡを主体とした）社会学級』五一頁。

(29)　⑦さんへの聞き取り調査日は、二〇一三年八月二七日。

(30)　④さんへの聞き取り調査日は、二〇一〇年三月三一日。

(31)　⑯さんへの聞き取り調査日は、二〇一三年八月二七日。

(32)　㉓さんへの聞き取り調査日は、二〇一五年九月一一日。

(33)　㉕さんへの聞き取り調査日は、二〇一五年九月一〇日。

(34)　女性への聞き取り調査日は、二〇一五年八月二四日。出生年は不明だが、調査時八四歳であるということから、昭和六（一九三一）年頃であると考えられる。

(35)　合田定子「わたしのうちのこと」前掲香川県観音寺市教育委員会事務局編『離れ島漁村の学習の記録――伊吹島における（ＰＴＡを主体とした）社会学級』四頁。

(36)　㉞さんへの聞き取り調査日は、二〇一四年三月二五日。㉞さんの両親は、生まれたばかりの末子（＝㉞さんの末妹、昭和三二（一九五七）年生）を連れて、出稼ぎに行っていたという。この末妹が生まれた時、㉞さんは小学生であり、学校帰りに出部屋へ行って母の食事の用意などを手伝った。出部屋で母の指導を受けながら一通りの家事を身につけた㉞さんは、その後両親が出稼ぎに行っても、祖母とともに家事や妹たちの世話をこなすことができたという。

(37)　㊶さんの同級生である㊵さん（昭和三〇（一九五五）年生）も、幼いころから父親がマグロ漁船に乗っており、一年に一、二度ぐらいしか帰って来なかったという。父親の乗る船が仙台にある会社に年に数回着く時には、母親も仙台へ行くため、㊶さんは祖父母やおばの世話になっていた。学校行事に親が来ることはほとんどなく、それは他の同級生も同じであったそうだ（㊵さんへの聞き取り調査日は、二〇一五年九月一〇日）。

(38)　艀労働者の第一義的な任務は船舶の操作にあり、それは漁船と共通することが多かった（河原 1998：150）。

(39)　資料タイトルなし（伊吹島の人口推移に関するデータおよび分析）、作成年不詳、観音寺市役所伊吹支所蔵。

(40) ⑱さんへの聞き取り調査日は、二〇一三年三月一二日、八月二七日。
(41) ㉖さんへの聞き取り調査日は、二〇一五年九月一〇日。
(42) ⑫さんへの聞き取り調査日は、二〇一〇年四月一日、二〇一三年七月一九日、八月二七日。
(43) ㉗さんへの聞き取り調査日は、二〇一四年三月二五日、二〇一五年一一月二四日。

# 第五章　昭和四〇—五〇年代における出部屋の閉鎖とその後
## ——家族のなかの女性の選択

前章では、共同体の生業の変化と、それに伴う家族構成の変化によって女性の出部屋離れが本格化し、その結果、出産が島のものから家族のものになってゆく様子が見て取れた。続く本章では、出部屋の閉鎖前後の状況を考察し、女性たちが家族のなかでいかなる選択をしていくのかを明らかにする。また、出部屋の閉鎖と穢れ観の変容との相互関係についても検討する。

### 第一節　出部屋に行くのは経産婦

昭和四〇年代前半は、出部屋利用者が一気に減少し、閉鎖に向かう時代である。それはなぜだろうか。この問いに迫るため、まずは、昭和四〇年代に出部屋を利用したのがどのような人だったかを明らかにする。

第四章第三節で紹介した⑩さんは、昭和三〇年代に三度出部屋を利用し、その後、昭和四〇（一九六五）年に第四子を出産した。第一子と第二子は出部屋で産んだが、第三子と第四子は非常に安産で、出部屋へ行くまでもなく赤ちゃんが出てきたという。第四子出産の時、姑が「産婆が間に合わん。もう座敷で産め」と言い、N産婆が到着するや否や産声があがった。そして夜が明けると、いつもの通り出部屋へ入った。[1] ⑩さんによると、この時の出部屋の利用者は少なく、二人しかいなかったそうだ。しかし⑩さんは、他の人と同じように病院に行きたいと姑に言う「勇気もなかった」という。

同じく、昭和三〇年代に三度出部屋を利用した⑰さんも、昭和四一（一九六六）年に第四子を出産した。この時も、第三子までと同様、出部屋で産んでそのまま出部屋で過ごしたそうだ。また、昭和三〇年代に出部屋を二度利用した経験を持つ㉒さんも、昭和四〇（一九六五）年に第三子を出部屋で産んだ。出部屋の利用者は徐々に少なくなっており、観音寺の病院へ行く人が多かったと㉒さんは言う。そして、昭和三〇年代に出部屋を二度利用したことがある⑲さん（昭和一〇（一九三五）年生）[2]も、昭和四二（一九六七）年に第三子を出部屋で出産した。⑲さんは、このことについて、「うちらどうでもいい子やけん、出部屋で産んだけど。お金のある家《うち》の子やったら、みんなM（総合）病院や何や行きよったよ。もうその時代やったら」と語る。

また、昭和三〇年代に出部屋を二度利用した⑳さん（昭和一一（一九三六）年生）[3]は、昭和四三（一九六八）年の第三子出産時、観音寺の産婦人科で出産したが、退院した後に出部屋に入ったそうだ。⑳さんのケースを詳しくみてみよう。⑳さんは、昭和三六（一九六一）年に第一子を、昭和三八（一九六三）年に第二子を、N産婆の介助により出部屋で出産した。しかし、昭和四三（一九六八）年に第三子を出産する時には、すでにN産婆は伊吹島を出て大阪で暮らしていた。N産婆が伊吹島を出た後も、島ではI産婆が活躍していたが、⑳さんが出産する時、I産婆は偶然にも「大阪に遊びに行っていて」不在であった。そのため、⑳さんは陣痛が始まると伊吹診療所へ行った。この時診療所に勤めていたのは、婦人科が専門の永野医師であった。ところが、当時この医師は高齢であったため、観音寺で産婦人科医院を開業している息子のところで産むよう⑳さんに勧めた。⑳さんはこの助言に従い、船で観音寺へ渡って出産し、約一週間入院した。その後、伊吹島に戻り、産後一ヶ月経つまでの残り約三週間を出部屋で過ごしたという。昭和三〇年代にも、病院出産の後に出部屋を利用したという㉒さんのケース（第四章第三節）があったが、昭和四〇年代に入ってもこうした例はみられたのである。

　つまり、昭和四〇年代に出部屋を利用したのは、すでに出部屋を利用した経験のある経産婦であり、また病院出産と出部屋の利用は必ずしも矛盾しなかったといえる。

## 第二節　初産婦の選択と行動

　では、昭和四〇年代に入って第一子を出産した女性は、出部屋を利用しなかったのだろうか。利用しないとすれば、どこで出産し、産後をどのように過ごしていたのだろうか。その背後にある共同体ないし家族の状況と併せて考察する。

### 1　医学的なトラブルがきっかけで病院へ

　㉙さん（昭和一六（一九四一）年生）[4]は、昭和四〇（一九六五）年一二月に観音寺のT産婦人科で第一子を出産した。というのも、㉙さんは、第一子を妊娠する前に、自宅の二階から滑り落ちて流産し、T産婦人科で処置を受けたことがあったからである。この時の経験から、㉙さんは第一子を妊娠するとT産婦人科で診察を受け、そこで出産することにした。流産の経験がなければ、同居する姑にいきなり「病院で産みたい」と言う勇気はなかった、と㉙さんは言う。通院の際の交通手段は伊吹丸とタクシーだった。T産婦人科を知ったきっかけは、結婚して観音寺で暮らす実姉にT産婦人科を教えてもらったことだった。実姉もT産婦人科で出産した経験があったという。

退院後、㉙さんは実家で約一ヶ月過ごした。この間、「養生」のために外出はしなかった。退院後は実家へ行くのが「当たり前」で、出部屋へ行けとは全く言われなかったそうだ。㉙さんは八人きょうだい（女七人、男一人）の五番目だが、全員結婚して実家を出ており、実家は実母一人暮らしだった。出部屋飯や宮まいりはせず、出産祝いをくれた人には、出部屋飯の代わりに餅を配ったという。

その後㉙さんは、昭和四三（一九六八）年に第二子をT産婦人科で出産した。妊娠中、逆子になったり少々の不調があったりした場合は、隣に住む「達者なばあちゃん」の世話になった。この「ばあちゃん」は、助産婦の免許などは持っていなかったが、㉙さんと同年代の女性のなかには、産気づいた時に病院まで行くのが間に合わず、この「ばあちゃん」に介助してもらった人もいたそうだ。また伊吹島では、かつて新生児の初毛を不浄なものとして剃る慣習があったが、散髪屋だった㉙さんの夫は、頭皮の薄い新生児の毛を剃ることによって「もしばいきんが入ったらこわい」と言ってこの慣習を嫌っていたという。

㉜さん（昭和一七（一九四二）年生）[5]も、昭和四四（一九六九）年の冬にT産婦人科で第一子を出産した。㉜さんの場合、第一子妊娠前に卵巣嚢腫になり、同年代の友人である㉙さんにT産婦人科を勧められて手術を受けたことがT産婦人科を知るきっかけだった。卵巣嚢腫の治療の際、医師が優しかったことから、妊娠した時もT産婦人科に行ったという。㉜さんも姑と同居していたが、姑は「優しい」人だった。また、㉜さんは美容師で店を構えていたため、漁師である夫の仕事を手伝うことはなかった。

㉜さんが第一子を出産して入院中、実母が「魔よけ」のために作ってくれたアカギモンを赤ちゃんに着せていたが、病院で着物を着ているのは㉜さんの子だけだった。病院の助産婦はこれでいいと言ってくれたが、㉜さんは洋服の「既製服」を着せたかったという。島外に出て出産することにより、島の慣習が異質なものに見えたということだろう。

㉜さんは、昭和四六（一九七一）年にT産婦人科で第二子を出産した。先述の「達者なばあちゃん」は㉜さんの母のおばにあたるため、第二子を妊娠中に性別を当ててもらった。逆子なおしも無料で行ってくれたという。そして、昭和四八（一九七三）年三月にT産婦人科で第三子を出産したが、「死産」であった。(6) 三三歳の「厄年」の子だった、と㉜さんは言う。

その後、第四子を妊娠し、再びT産婦人科に通っていたが、胃の手術をして間もなかったため、「大事とって」M総合病院で産むように医師から言われて従った。第四子を無事に出産した昭和五一（一九七六）年、㉜さんは避妊の「リング」（IUD）を入れるためT産婦人科に行った。すると、妊娠五ヶ月であることが判明し、翌年、同産婦人科で第五子を出産した。総合病院と比べて、個人医院は慣れ親しんだ医師が自ら腰をさすってくれるなど、家族のような雰囲気で良かった、と㉜さんは言う。この頃、避妊リングを入れるために病院へ行く人は多かったそうだ。

㉜さんは、すべての出産において、退院後は実家で一ヶ月ほど過ごした。実家は実母一人暮らしだった。というのも、実兄が漁師をやめて、大阪の堺や泉佐野で港湾の船の仕事をするようになり、妻子とともに大阪へ出て行ったからだった。ここでも引き続き、前章で述べたような生業の変化による影響がみられる。㉜さんの実家と婚家は隣同士であり、どちらに帰るのもあまり大差はなかったが、産後は夫と一緒に寝てはいけないという島の言い伝えを守るため、実家にいたという。(7) 産後一ヶ月間の「メンス（出血）がある」うちは不浄で、特に神社や神棚に近づいてはならないとされていた。㉜さんは安産体質だったが、伊吹島の自宅や出部屋で産むという選択肢は全く「なかった」という。

㉛さん（昭和一六（一九四一）年生）(8) もまた、妊娠中の体調がきっかけで産婦人科に通うようになった一人である。㉛さんは、第一子妊娠中にカキを食べて出血し、観音寺のN産婦人科に入院した。N産婦人科は、実家の兄

嫁などが通っていて、「そこしか知らんかった」という。このことがきっかけとなり、㉛さんはN産婦人科での出産を決めた。この判断をしたのは、「姑さんからも何もない。やっぱりもう自分」だった。㉛さんは、「大事な長男（一人目）やけん病院で」産んだとも語る。そして、昭和四三（一九六八）年六月に臨月を迎えると、病院側が指定した日に伊吹丸とタクシーで病院へ行き、出産した。

退院後は実家へ帰らず、自宅すなわち婚家に戻った。実家へ帰らなかった理由として、㉛さんは、実家には兄夫婦やその子どもがおり、大家族だったことに加え、同居する姑が「（実家に）帰らしてくれんかった」ことを挙げている。㉛さんの夫は長男で、自宅（婚家）もまた大家族であった。自宅では、大家族のなかで授乳するのが恥ずかしく、母乳が出なくなった。そのため、N産婆の父が経営する薬屋でミルクを買って与えていた。当時、夫が漁の仕事でボルネオに行っていて不在だったこともあり[9]、「ちょっと辛い」状況だった、と㉛さんは回想する。㉛さんの母乳が出ないことを知った実母は、母乳が出るようにと、貴重品の卵をこっそりゆでて持って来てくれたが、家には上がらず玄関先で㉛さんに渡すとすぐに帰った。それほど厳しい婚家だったということだ。

㉛さんによると、「（産後）一ヶ月はやっぱり穢れとる」とは聞いていたが、「昔と違《ちご》て」、穢れているから出部屋に行け、などということはなかったそうだ。産後一ヶ月経つまでは、「魔物と会《お》うたらあかん」という理由で、外出が禁じられた。産後一〇〇日間は性交をしてはいけないと実母に言われており、㉛さんはそれを守った。出部屋飯はしなかったという。

### 2　周囲の動向に合わせて病院へ

㉟さん（昭和二二（一九四七）年生）[10]は、昭和四二、四五（一九六七、七〇）年にI病院で、昭和四九（一九七四）年にM総合病院で出産した。第一子妊娠の可能性を感じるとすぐにI病院へ行き、妊婦健診に通った。I病院へ

行くことは、自分自身で決めた。姑とは同居していたが、自分で思った通りにできたそうだ。「その時よう伊吹の人がI（病院へ）行きよったんよ。（産後に出される）漢方薬がな、ええからって」と㉟さんは言う。

㉟さんは、かつて叔母の付き添いで出部屋に行ったり、年上の女友達が出部屋に入っている時に遊びに行ったりしたことがあった。しかし、㉟さん自身が出産した頃は出部屋へ行く人が非常に少なく、観音寺の病院で産む人が多かったため、出部屋に行こうとは全く思わなかったそうだ。また、㉟さんが結婚したのは伊吹島に簡易水道が敷設される前であったが、すでに婚家ではポンプが設置されており、蛇口をひねれば溜め井戸の水が出てきたし、洗濯機もあったという。そのため、㉟さんは共同井戸に水を汲みに行ったことはなく、出部屋で水汲みの苦労から解放されるという発想もなかったようだ。(11)

第二子は難産で「未熟児」だったため、生まれた日から一ヶ月間、善通寺の子ども病院に入院した。I病院にも小児科はあったが、対応できなかったという。そのため、第三子はI病院より高度な医療を求めてM総合病院で産むことにしたそうだ。健診の時は、伊吹丸とタクシーで行っていた。出産する時は、「予定日になったら、だいたいもう「おかしいな」と思ったらその（出産の）前の日から（伊吹丸で）行って入院」した。㉟さんも、産後は一ヶ月間実家で過ごした。

実家には、両親と、高校生くらいだった妹が住んでいた。退院後、第一子には叔母が縫ってくれたアカギモンを着せていた。産後一ヶ月間は、外出や入浴をすると「血の道なる（具合が悪くなる）」と言われており、身の回りの世話は実母がしてくれた。近所に住む叔母も様子を見に来たり、おかずを持って来てくれたりした。産後の出血がある間、神棚へのお供えなどをすることはなかったが、それは禁止されたのではなく、する必要がなかったからだった。穢れているという話も聞かされなかったという。産後一〇〇日間は性交が禁止されており、実家から帰った後も、暗黙の了解で夫は理解していたそうだ。このことは伊吹じゅうの人がわかっていたことで、姑も「子できたらな、一緒に寝たらあかん」と言っていたという。出産祝いは、主に親戚から現金や毛糸の服、ベビーたんすなどをもらい、第一子の時のみ出部屋飯をしたが、第二子以降の返礼は砂糖だった。産後の食事については、ネギやアイスなどが禁じられていたが、㉟さんが勤務先の役場で保健婦に尋ねたところ、「かまんので（構わないよ）。食べりー」と言われたそうだ。ところが、実母には「そんなもん食べよって」と怒られたという。

㉘さん（昭和一五（一九四〇）年生）[12]は、昭和四二（一九六七）年に第一子をT産婦人科で出産し、昭和四四（一九六九）年に第二子をM総合病院で出産した。㉘さんは旧豊浜町（現観音寺市）出身で、夫は大工だった。姑は亡くなっていたが、兄嫁と同居していた。㉘さんによると、この頃には病院へ行くのが普通で、出部屋に対しては何のイメージも持っていなかったという。兄嫁は自身の出産の際に出部屋を利用した経験があったが、㉘さんに出部屋へ行けと言うことはなかった。第一子の時は、産気づいてから伊吹丸とタクシーで産婦人科に向かい、産後実家には帰らなかったが、第二子の時は出産前にあらかじめ実家に帰り、実家に近い病院で出産して産後は実家で過ごしたという。この時、第一子は伊吹島の自宅にいたそうだ。

### 3　病院へ行くのが間に合わず自宅出産

㉚さん（昭和一六（一九四一）年生）[13]は、昭和四三（一九六八）年に第一子を出産した。身体が「丈夫」だったため、妊娠中に健診を受けたことはなく、イリコの加工等の仕事をしていた。出産当日は、夜中の二時頃に夫が漁（コギ）に出て行った後、産気づいた。観音寺の病院で産むつもりだったが、伊吹丸の始発が朝七時で、観音寺に着くまで四〇分もかかるため、間に合わないと判断し、I産婆を呼んで自宅で産むことにしたという。

産後は、出部屋にも実家にも行かず、そのまま自宅で過ごした。実家は網元で兄家族が同居しており、また、出部屋に対するイメージは全くなかったという。ただ、自宅は夫と二人暮らしだったため、産後間もない時期の性交を避けるために実母が一〇〇日間毎日寝泊まりして「監視しとった」そうだ。「その時だけは親のありがたみがわかった」と㉚さんは言う。ただし、㉚さんの実母が一〇〇日間も自宅に来ることができたのは、漁の閑散期にあたる冬だったからだそうだ。当時の漁閑期は短く、一—三月のみであった。㉚さんの実家は網元であるため、もし漁の繁忙期の出産であれば、実母が一〇〇日間も㉚さんの世話をするのは到底不可能であった。

㉚さんは、産後一ヶ月間外出せず、自宅にこもっていた。その根拠として㉚さんは、「やっぱ、おなごじゃけん、穢れでのアレがあるんじゃろうな。ほやけん、子や何やもうけるには、神さんのあるとこでもうけさしてくれんじゃろ。納戸じゃ。神さんのない小さい暗い部屋で、子どもと（過ごす）」と語る。㉚さんによると、穢れ意識には漁師の船霊信仰が関わっており、㉚さんの夫の漁船には、動力化以後も「船霊さん」が祀られていた。なお、三好兼光さんによると、「船霊さん」は船大工が作るものであり、現在も島内に「船霊さん」が祀られている漁船はあるが、漁船を新造した時期や船大工（造船所）によっては「船霊さん」のない漁船もあるそうだ。そういった船には、金刀比羅宮や伊吹八幡神社のお札が祀られている。かつては島内にも船大工がいたが、現在使われている漁船は愛媛県四国中央市川之江町などで造られたものであり、もはや伊吹島内で作られた「船霊さん」を見ることはできない(14)。

以上のように、昭和四〇年代前半に第一子を出産した女性は、妊娠や生殖器に関する医学的なトラブルがあれば観音寺の病院を受診し、それが契機となって病院での出産を選択することがあった。妊娠や生殖器に関わる医学的トラブルというのは、この時代以前にも複数の女性が経験してきたことであり、例えば①さんや⑨さんのように、妊娠前や妊娠中に病院へ行くケースもあったが、病院で産むということにはつながらなかった。昭和四〇年代前半に初産を迎えた女性にとっても、病院出産が完全に定着しているとはいえず、病院で産むことを姑に認めてもらうのに理由が必要なケースもあったが、病院へ行くという彼女たちの選択を後押しし、決定づけた要素の一つが医学的なトラブルであったといえるだろう。一方で、出産場所を決めるのは自分自身であると考える女性や、すでに病院出産を当然のことと捉える女性が現れたのも、この時期の特徴である。女性たちは、主に同年代の女性同士で交わされる情報をもとに病院を選んでいたが、病院で出産するには、島外に出るということが可能な状況——家族の状態や分娩の進行具合——が整っていることも必要であった。

退院後は、実家が大家族でない限り、実家で過ごすのが当たり前になりつつあった。前章でも述べた通り、実兄とその家族が都市に出ているなどの理由で実家に実母しかいない場合は、産後実家に帰りやすかった。出部屋飯はほぼ消滅し、出産に対する共同体の関わりはほとんどなくなっていたといえる。そして、これら一連の様子から、N産婆は第三章第五節で述べたような「嫁の地位向上」を感じ取ったのであろう。

伊吹島では、女性たちが病院で出産するようになっても、医学的根拠と、「厄年」や「魔よけ」といった島の言い伝えは共存しており、病院の医師、島の産婆、「達者なばあちゃん」が必要に応じて使い分けられていた。しかし、島外で出産することで、島の慣習が異質なものに感じられるようにもなりつつあった。

昭和四〇年代前半の伊吹島において、産後に重んじられたのは、性交と外出の禁止、不浄ゆえ神棚や神社に近寄らないことであった。これらのことは、出部屋ではなく実家や自宅（実母の監視つき）でも全うすることができた。かつて島の規範として機能していた穢れ観は、個人の意識の問題へと変化し、女性の出産場所や産後の居場所を規定するほどの影響力はなくなっていた。つまりこれは、単なる穢れの強弱の問題ではなく、質の変化でもあるのだ。

また、病院への主な交通手段は伊吹丸とタクシーであった。つまり、伊吹島―観音寺間の交通手段に画期的な変化があったわけではなく、交通の発達が女性の病院出産を後押ししたということではなかった。

## 第三節　出部屋の閉鎖

伊吹島で最後に出部屋を利用したのは、先述の㉛さんである。㉛さんは、第一子出産後、夫がボルネオから帰国すると、第一子を連れて夫婦で大阪―神戸間で貨物船の仕事をするようになった。ほどなくして第二子を妊娠し、時折伊吹島に帰るたびにI産婆の診察を受けていたが、病院で診てもらうことはなかったという。出産が近づくと、㉛さんと第一子の二人で伊吹島に帰って来た。

そして、昭和四五（一九七〇）年五月に第二子を出産した。第二子は、I産婆の介助により出部屋で出産した。その理由として、㉛さんは四点挙げている。一点目は、島のI産婆に逆子をなおしてもらうなどお世話になっていたことから、そのまま島内で出産しようと思ったこと。二点目は、「長男の嫁やし、姑さんがおる」という立場ゆえ、島の慣習に従うべきだと思ったこと。三点目は、第一子の産後に自宅へ戻って母乳が出なくなった経験から、「出部屋で一ヶ月おったら楽かなー」と思ったこと。四点目は、㉛さんが出部屋で出産する一週間ほど前に、一歳年上の知り合いが出部屋へ入ったため、「その人がおるけん行ったらええわ」と思ったこと。しかしその知り合いは、出部屋に出没するムカデが怖くて早々に帰宅してしまい、㉛さんが出産する時にはいなくなっていたそうだ。

病院出産と出部屋出産の両方を経験した㉛さんは、「病院は、（赤ちゃんが）出てくるまでほったらかし言うことないけど…な。（それに対して、島の）産婆さんは、さすったり…（付いていてくれるから）楽やった。（中略）安心感がある言うんかな。ずっと付いてくれとるけん」と言う。出産した部屋は分娩室ではなく、六畳の静養室だった。胎盤は従来の慣習通り、I産婆が出部屋の裏手の穴に入れて処理した。

出部屋での出産後は、実家の母が食べ物などを持って来てくれ、一緒に泊まってくれた。I産婆も、一日一回は沐浴に来てくれた。姑は「出部屋へ行ったら縫いもんばっかりさせられた」と言っていたそうだが、実母は㉛さんが重いものを持たないで済むようにしてくれるなど気遣ってくれ、母乳も出るようになった。産後の食事については、食べてはいけないものが多く、青物、高菜、「南京の青いところ」などが禁じられていた。

出部屋には電気がついており、「炊事場の方もきれいにやりかえて、きれいかった」そうだ。電気、井戸、竈といった生活設備は、出部屋も自宅と同水準に整えられていた。出部屋生活について㉛さんは、「楽やろ、寝たい時は寝るし、気が遣わんで」と高く評価するが、「ムカデがポタポタ落ちて」きたため、結局産後一〇―一五日くらいで「はよかえった」そうだ。出部屋から帰宅する際に身体をきよめることはなく、夫の姉が赤ちゃんを抱いて帰った。出部屋飯はせず、代わりに餅を配ったという。

その後、㉛さんは再び夫とともに貨物船に乗るようになり、第一子と第二子も同行していた。やがて第三子を妊娠し、帰島するたびにN産婦人科で健診を受けた。昭和四八（一九七三）年には再びN産婦人科で第三子を出産した。㉛さんは、これが最後の出産になると思い、会陰縫合などの処置ができる医師のもとで産もうと思ったという。また、この時㉛さんが三三歳で「厄年」だったことも気になっていた。そして、退院後はやはり実家ではなく自宅に戻った。この頃には自宅に水道が設置されており、「何よりうれしかった」という。

第三子は「厄年」で産んだ女の子だったことから、四つ辻に「捨て子」をした。[15] 四つ辻ならどこでもよく、赤ちゃんを籠に入れたまま置いて帰る（実際は陰で見ている）。すると、きょうだいや女の子が欲しい人が連れて帰り、着物を着せ替えて時間が経ったら元の家に連れて帰って来てくれたそうだ。

㉛さんのように、自宅も実家も大家族であるという場合には、実家に帰れず、自宅でも休めないため、出部屋が必要とされた。しかし、閉鎖直前の出部屋は、ムカデが多く、もはや一ヶ月間も過ごせる場所ではなかった。

昭和二〇—三〇年代に出部屋を利用した女性たちによると、伊吹島はかねてよりムカデが多い環境だったが、夏場でも「ポタポタ落ちて」くるほどではなかったようだ。(16) 昭和四〇年代に入り、出部屋の利用率が低下したことに加えて、島内の出生数も減少していたことから、出部屋の利用者数が激減して出部屋はほぼ空き家状態になり、さらに建物の老朽化も相俟って(17)ムカデが増加したと考えられる。㉗さんによると、出生数の減少には、前章で述べたような生業の変化に伴う島民の転出も影響していたという。

## 第四節　出部屋閉鎖後のバリエーション

㉛さんは、結果的に最後の出部屋利用者となったわけだが、㉛さんが出部屋を利用した時点で「最後」だということが確定していたわけではない。㉛さんの後に出産した女性たちは、どこでどのように出産し、産後を過ごしていたのだろうか。もはや、出部屋を利用するということは全く考えられなかったのだろうか。

### 1　出部屋はもう利用されていなかったという認識

⑲さんは、先述の通り出部屋を三度利用したが、昭和四六（一九七一）年に第四子を出産した時は、「もうその時は伊吹の出部屋がなかったもん。あったかないか知らんけどな、もう行きよらへんかった」と言う。そのため、⑲さんはM総合病院で出産したが、退院後、実家に帰ることはできなかった。というのも、同居の姑が亡くなっており、舅と上の子どもたちの世話をしなければならなかったからだった。(18)

また㉗さんは、昭和三七、三八（一九六二、六三）年に第一子、第二子を出産した際、出部屋を利用した。出部屋へ行けば水汲みなどの心配をせずに養生できたが、前章で述べたように、この時期には島から出ていく人が多く、出部屋友達が三、四人しかいなかったため「さびしかった」そうだ。そして約一ヶ月間の出部屋生活の後、㉗さんは実家でしばらく休養した。実父は早くに亡くなっており、実家の兄たちは結婚して大阪で仕事をしていたため、実家で暮らしていたのは実母一人だった。その後、昭和四八（一九七三）年に第三子を出産した時には「出部屋あんまりしようらへん」という状況で、「病院でみんな（子どもを）もうけよった」という。加えて、第三子の妊娠に気づいた頃に出血し、すでに数回流産していたこともあって、同居の姑に事情を説明して病院に行ったそうだ。流産した時も、この時も、島内で評判の良かったT産婦人科に行った。そして、T産婦人科で妊婦健診を受けるようになった。健診時の交通手段は伊吹丸とタクシーだった。出産は、これまで通り島内でI産婆の世話になるつもりだったが、T産婦人科で出産時に子どもを亡くした島民がいると聞き、姑が「大きなとこ（病院）行かないかん」、「M総合行かんな（行きなさい）」と言ったことから、M総合病院で産むことにしたという。産気づいたのが夜中だったため、あらかじめ頼んでおいた妹の嫁ぎ先の網元に船を貸してもらい、舅が運転してくれたそうだ。病院は出部屋より賑やかだったという。そして退院後は、実家ではなく婚家（自宅）に戻った。というのも、当時、大阪に住んでいた㉗さんの実弟にも子どもが生まれたばかりであり、㉗さんの実母はその手伝いに行っていて不在だったからだ。しかしそれ以上に㉗さんが強調するのは、病院で出産すると会陰縫合の処置をしてくれるため、産後の回復が早かったということだ。身体が回復していたため、婚家で家事をすることも苦にならなかったそうだ。姑も厳しい人ではなく、㉗さんに無理をさせることはなかった。

## 2　会陰縫合の処置を求めて

㉝さん（昭和一八（一九四三）年生）[19]は、昭和三九、四一（一九六四、一九六六）年に自宅出産し、翌日出部屋へ行った。しかし、その移動が「えらかった（しんどかった）」という。特に第二子のときは「血の道」になり、

貧血を起こして「身体が悪くなった」ため、「(出部屋は)いいことなかった」と語る。また、産婆の介助による出産では会陰縫合ができないことから、「産みっぱなし」と㉝さんは表現する。昭和四五(一九七〇)年一二月に第三子を出産した際には、これが最後の出産になると思い、会陰縫合の処置を求めて観音寺の病院へ行った。病院では自分で食事の用意をする必要もなく、㉝さんは「病院の方がいい」と繰り返し語った。会陰縫合の必要性や重要性については先述の通り、㉛さん、㉗さんも言及していたが、とりわけ最後の出産と思われる時には、病院で産む動機の一つになっていたことがうかがえる。

### 3　家族のために自宅で過ごす

㉘さんは、第一子と第二子を病院で出産したが、昭和四六(一九七一)年の第三子と昭和四九(一九七四)年の第四子は自宅で出産し、そのまま自宅で休んだ。第一子と第二子の世話をしなければならなかったというのがその主な理由だった。介助したのはI産婆で、同居の兄嫁が身の回りの世話をしてくれたという。

また、㉔さんは、昭和三〇年代後半に三人の子どもをI産婆の介助で自宅出産し、産後に出部屋を利用した。第四子妊娠中には、伊吹診療所で婦人科専門の永野医師の診察を受け、観音寺の病院で産むように言われたため、入院の用意もしていた。しかし、昭和四六(一九七一)年の正月に急に産気づき、自宅で出産することになった。出産時、造船会社に勤めていた夫が正月休みで家におり、「頼むけん、(出部屋へ行かずに)家《うち》でおってくれ」と懇願した。㉔さんと赤ちゃんが出部屋へ行ってしまうと、男子禁制で会えなくなるからである。そのため、㉔さんは出部屋へ行かず自宅で過ごすことにした。同居の姑は、正月に産後の母子が在宅することに対し、「穢れをアレせんように(穢れによる悪影響がないように)」と言って竹筒で海水を汲んできて、㉔さんと赤ちゃんの頭に少しかけたそうだ。[20] 子どもが小さく、初めての女の子だったこともあり、姑が沐浴するのを怖がって、I産婆に一〇日間の沐浴を頼んだ。出産祝いは毛糸が多く、返礼は砂糖で済ませた。

## 4　好みの病院で産み、産後は手の空いている方の家で過ごす

昭和五〇年代に入ってからの出産のありようを知るため、主に昭和五〇年代に出産した㊱・㊲・㊳・㊴さん（昭和二六―二七（一九五一―五二）年生）[21]に聞き取り調査を行ったところ、四名ともいわゆる「長男の嫁」であった。というのも、この年代になると、「跡取り」の長男でもない限り、結婚すれば島外へ出ていくようになっていたからだという。「長男の嫁」となった女性たちは、舅や姑と同居し、家事や育児はもちろん、特に夏場はイリコの加工などの仕事で多忙な生活を送った。

この四名が出産した病院は、M総合病院、I病院、N産婦人科、Y医院と様々だった。それぞれの病院を選んだ理由も、総合病院だから、小姑がそこで出産したから、産後に出される「煎じ薬」が「血の道」にいいと言われたから、食事が洋食だから、姑が医師の妻と同級生だったから、知人が行っていたから、という風に、それぞれ異なっていた。病院への交通手段としては伊吹丸とタクシーを利用する場合が多かったが、急ぐ場合は婚家またはは実家の船を使った。出産が冬にあたる場合は、伊吹丸の欠航を見込んで早めに入院し、誘発分娩することもあったという。産後は、実家か自宅（婚家）のうち、網元や大家族でない方で過ごした。あるいは、「跡取り」となる長男を産んだ時は、婚家で過ごすべきとされることもあった。

網元に嫁いだ㊴さんによると、いまだに網元の娘と嫁は「夏、子をもうけるな」と言われるそうだ。夏は漁の繁忙期にあたるため、「夏産んだらかまってもらえんやん。それが嫌なら夏はやめ、と娘たちに言いよる親がおる」と㊴さんは言う。また㊴さんによると、出産祝いは、おもちゃ、三輪車、ぶらんこ、衣類、現金などで、お返しは砂糖を渡したり、赤飯を炊いて招待したりしたそうだ。

四名とも、産後一ヶ月間は外出しなかったというが、その根拠としては主に養生があげられた。また、穢れを理由に神棚のある部屋に入るなと言われた人がいる一方で、座敷に堂々とベビーベッドを置いてくれたという人もいた。産後一ヶ月間は、「血の道なる」のを防ぐため、風呂も禁止だった。産後実家に帰っている場合は、一ヶ月健診が済むと自宅である婚家に帰るが、産後一〇〇日間はやはり性交が禁じられたそうだ。食べ物の禁忌として、ネギや茄子などを食べるなと言われたが、入院中の食事に何でも出てくるため、徐々に変化したという。

出産に関する穢れ意識は、家庭による差が大きくなっていたことがうかがわれるが、一方で、近親者が亡くなった場合は、一定期間（「おとめの（きよめの）お経」を読む五一日目まで）神社や神棚にまいってはならなかった。彼女たちが結婚した頃は、葬式の手伝いをすれば浜で手を洗わねばならず、死者の片袖とゴザもきよめたという。浜でのきよめは、火葬になってからも行われたが(22)、現在は桶に塩水を作って手を洗う程度で済ませているそうだ。また、㊵さん（昭和三〇（一九五五）年生(23)）によると、島内の火葬場を利用する場合は、現在も葬列を組んで歩いて行くという（人手が足りない時や、葬式の場所から火葬場まで遠い場合は軽トラックを使用する）。その際の持ち物や並び順は前日に発表される。かつては多くの持ち物があったが、最近は茶、水、線香、ホテ（わらの焼いたもの）程度に簡略化されているそうだ。そして葬列の一番前と後ろにあたった近親者の二人は、火葬場から戻る時に裸足で後ろを振り返らず、口もきかずに帰り、塩水で足を洗って生米を噛んできよめるという。

なお、㊱・㊲・㊳・㊴さんは、出産時に出部屋を利用してはいないが、子どもの頃には出部屋との関わりがあった。「遊び場」だったという人もあれば、親戚が出部屋に入っている時に手伝いに行ったという人もいる。彼女たちが小学校高学年から中学生の頃、「食べ物が悪かった」時代でも、出部屋に泊まりに行くと赤飯や豆腐の味噌汁が食べられるということで、産婦の話し相手をしに行ったという経験も聞かれた。また、出部屋の裏の胎盤を入れる穴に棲みついた蛇が怖かったという人もいた(24)。

もう少し時代が下って、昭和五〇年代後半から六〇年に出産した㊷さん（昭和三四（一九五九）年生）[25]も、子どもも三人をI病院で出産している。昭和五八（一九八三）年に第一子を出産した時は、出産についての知識もなく、早めに行ってそのまま入院した。㊷さんの実家は網元の分家で、嫁ぎ先も網元の大家族であったが、退院後は実家で一ヶ月ぐらい過ごした。「一ヶ月ぐらいが普通やわ、伊吹の」と㊷さんは言う。実家から自宅に帰って来た時に出部屋飯はしなかった。昭和五九（一九八四）年に第二子を産んだが、夏で漁の繁忙期だったため、出産の二、三日前には病院へ行ったという。昭和六〇（一九八五）年の第三子の時は、夜中に産気づき、朝一番の伊吹丸で病院へ行った。当時は観音寺まで約四〇分かかり、病院に着くとすぐに生まれた。また、産後一ヶ月間は家の神棚に触ったり神社に行ったりしてはいけなかった。「何か知らんけどね、不浄か何かそんなんやからてよう言うね」と㊷さんは言う。月経もまた「不浄」であるため、「神様いろたら（＝触ったら）いかん」と言われてきた。

昭和三〇（一九五五）年に伊吹島の自宅で生まれ、出部屋で過ごしたという㊶さんは、昭和五七（一九八二）年、昭和五九（一九八四）年、昭和六二（一九八七）年にI病院で出産した。結婚して東京に住む実姉も、観音寺に住む実妹もI病院で出産していたため、それが「当たり前」だと思っていたそうだ。また、I病院は昔から産婦人科が有名で、介助が上手だったという。産後の「毒気が出る」という漢方も有名だった。観音寺港からI病院までは約四・五キロメートル離れているが、㊶さんは観音寺港付近に自家用車を置いていたため、妊婦健診時も出産時も困らなかった。現在、観音寺港付近にガレージを借りて自家用車を置いている島民は非常に多いが、㊶さんが出産した当時も珍しいことではなかった。自家用車の普及について㊴さんは、「だんだんだん漁期が短かなっていって、外へ働きに行く人が出だしたんじゃ。それから車が流行り出したね」という。ここでもまた、生業の変化による影響をみることができる。

㊶さんは、生まれた赤ちゃんに着物を着せることはなく、退院時はベビードレスを着せた。退院後は一ヶ月健診まで実家で過ごした。自宅（婚家）は旅館と米屋を営んでいて多忙だったため、第二子、第三子の産後には上の子も連れて実家に戻った。第一子の時はI産婆が実家まで沐浴に来てくれたが、第二子、第三子は実母が沐浴してくれた。少なくとも第三子が生まれた時には、I産婆は亡くなっていたようだ。第四章第五節で述べた通り、㊶さんが子どもの頃から両親は貨物船の仕事をしていたが、㊶さんが産後で実家に帰った時は、母は仕事を休んで世話をしてくれて嬉しかったという。

㊶さんによると、当時、月経時に神社へ行ったり神輿をくぐったり入浴したりすることは禁じられていたが、産後の一ヶ月間については、魔物や不浄といったことは言われなかったそうだ。そもそも、実家にいる間は外出したり神棚にお供えをしたりする必要がなく、何が禁忌であるのかを意識する機会がなかったという。上の子の保育所の送迎も、実母と親戚のおばさんがしてくれた。

ただ、産後一ヶ月間風呂に入れず、洗髪もできなかったのは辛かったそうだ。かけ湯も清拭も禁止だった。実母から、「ふるいがついて血の道になる」とか、「血が狂っとんのに」などと言われ、入浴して実際に具合が悪くなった人の実名をあげて注意された。そのため、陰部を濡れナプキンで拭くだけだった。食事も、青菜やタコなどは母乳に影響するため駄目だと言われたが、病院での食事でそういったものが出されているのを実母が見て、食べてもよいのだと理解してくれたという。

本節から明らかになったように、昭和四〇年代後半には、出部屋はすでに過去のものとなっていた。ただし、出部屋に行かないということが病院出産を意味するとは限らず、家族の事情によっては病院出産を経験した後に自宅出産をする人もいた。病院出産への移行は、個人レベルでみれば必ずしも不可逆的ではなかったのである。病院で出産する場合、観音寺には出産可能な産婦人科医院や総合病院が複数あったため、女性たちはある程度

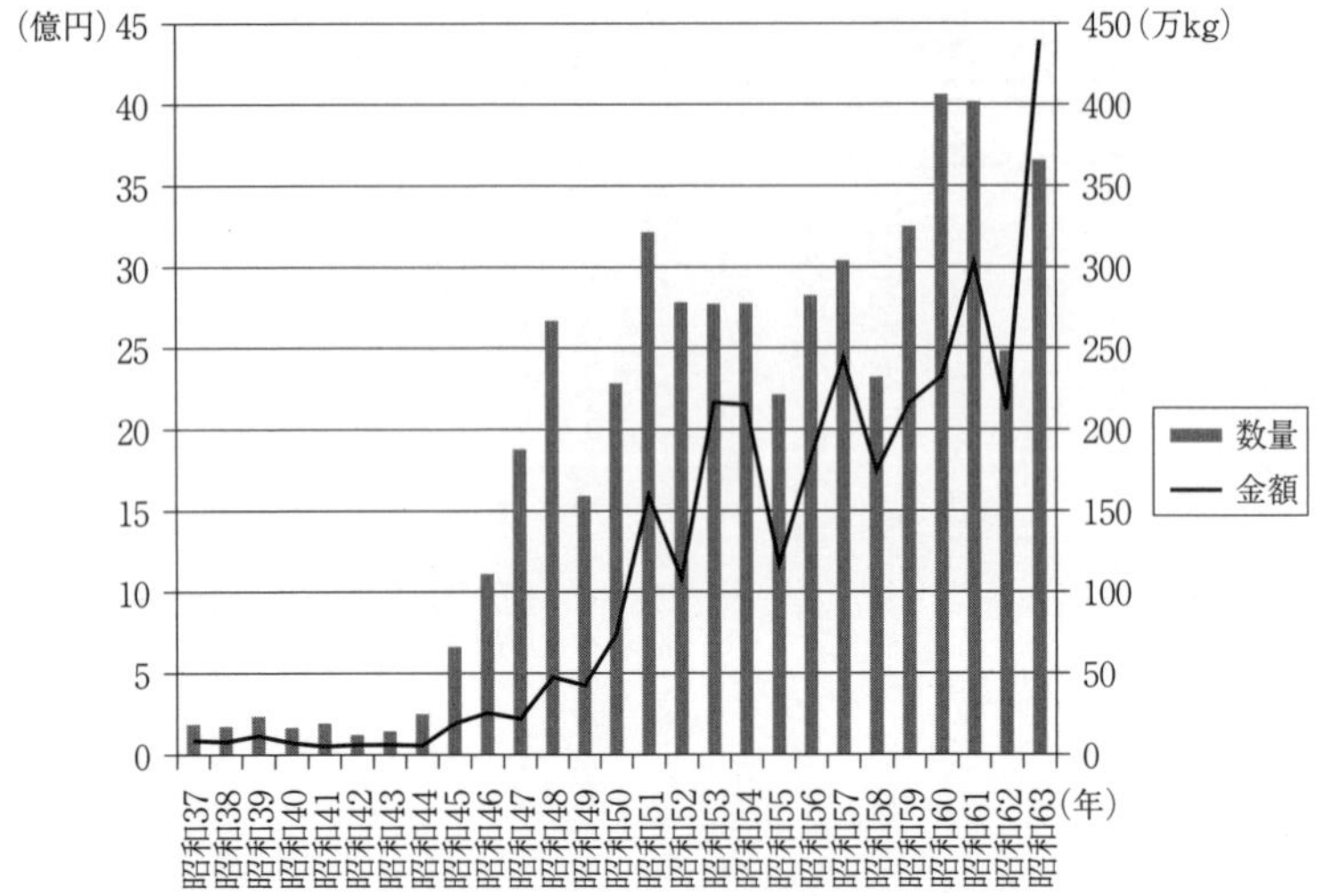


**図 5－1　イリコの出荷量と額の推移**

山崎他（1989：26）の「第 15 表　伊吹漁業協同組合煮干協同販売取り扱い高」をもとに作成。

自由に選択していた。そして、産後の女性の居場所や過ごし方を規定するのは、主に家族の事情であった。つまり、無条件の居場所であった出部屋が閉鎖となり、実家を含む家族で出産ないし産後を支える工夫が必要になったのであり、また実際にその工夫がなされていた。というのも、この時期に島内に残っていたのは、基本的に家の「跡取り」となる長男夫婦であり、親族のネットワークのなかにいるからこそ島で暮らしていたのである。そのため、病院で出産するようになっても、実母や産婆による産後のケアが行われていたが、産婦側にも、漁業が忙しくなる夏に出産しないなどの順応が求められた。

　出産の穢れ観については、とりわけ網元の家などでは今なお意識される傾向にあるが、女性が産後を実家で過ごすようになり、従来穢れゆえに禁じられていた神棚へのお供えなどをする必要がなければ、穢れが意識されなくなるケースもあった。島全体として、出産の穢れよりも、死に伴うとされる穢れの方が遅くまで重視されていたといえる。

なお、本研究から、出部屋が戦後伊吹島の漁業の停滞期のさなかに閉鎖に向かったということが明らかになったが、昭和四二（一九六七）年の海底ケーブルによる送電開始でイリコの製造方法が天日干しから機械による乾燥に変わったことや、その後の高速運搬艇の導入、海底送水の開始等によって、イリコの生産量・品質ともに飛躍的に発展していく（図５−１）（山崎他 1989：24）。こうして、伊吹島は日本最大のイリコ生産地へと成長していくわけだが、出部屋の存廃の歴史というのはその前史として位置づけることもできるかもしれない。

注

（1）久保カズ子「産院の思い出」三好兼光編『伊吹島研究資料叢書（三）伊吹島出部屋資料集　～イリコの島の子育て～』伊吹島研究会、二〇〇八年、三五頁。
（2）⑲さんへの聞き取り調査日は、二〇一四年三月二六日。
（3）⑳さんへの聞き取り調査日は、二〇〇八年八月二七日。
（4）㉙さんへの聞き取り調査日は、二〇一三年三月一三日、二〇一四年三月二五日。
（5）㉜さんへの聞き取り調査日は、二〇一三年三月一三日、二〇一四年三月二五日。
（6）亡くなった子どもは、島に連れて帰り、お墓に入れた（土葬）。葬式はしていないが、「三三年の供養」はしたという。㉜さんは、「籍には入ってないけど、長男としてな。やっぱりもう（お腹に）一〇ヶ月もってな、ちゃんと生まれとるけんな」と話す。
（7）㉜さんと㉛さんによると、現在でも、月経や産後の出血がある間は、神社の鳥居をくぐったり、家の神棚を拝んだり、正月の餅をついたり、結婚式に出席したりしてはならないという。
（8）㉛さんへの聞き取り調査日は、二〇一三年三月一三日、二〇一四年三月二五日。
（9）香川県民による北ボルネオ出漁については、中井（1967：644–683）、香川県漁業史編さん協議会編（1994：853–863）が詳述している。
（10）㉟さんへの聞き取り調査日は、二〇一四年三月二六日。

(11) 自宅の溜め井戸を有効活用できるかどうかは、家の立地によっても異なっていた。例えば㉔さんの家の場合は、溜め井戸の隣に「どぶ池」(溝)があり、大雨が降ると「どぶ池」の水が溜め井戸にしみ込んで飲めなくなったという。そのため、㉔さんは暇さえあれば共同井戸へ水汲みに行っていたそうだ。
(12) ㉘さんへの聞き取り調査日は、二〇一一年四月二日、二〇一三年三月一二日。
(13) ㉚さんへの聞き取り調査日は、二〇一四年三月二五日。
(14) 三好兼光さんへの聞き取り調査による(二〇一五年一一月一九日)。
(15) ①さんも、三三歳の厄年で女の子(第四子)を出産したため、子どもを柳行李《やなぎごうり》に入れて「捨て子」をした経験があるという。また、香川民俗学会編(1991：146)によると、父親が四二歳の厄年の時に男の子が生まれた場合も、同様に「捨て子」をしていたようだ。
(16) ⑲さんによると、伊吹島には「虫封じ」の風習があり、ムカデが出てこないように寺で書いてもらった梵字を逆さに貼ったという。また、㉞さんによると、「ムカデに噛まれるのは当然」で、ムカデに刺された際には島民自家製の薬がよく効いたそうだ。⑱さん、㉑さんは、出部屋が山手に位置するため特にムカデが多かったと指摘している。⑱さんは、昭和三〇年代後半の出部屋でムカデが「じゃんじゃん」出たと述べており、また、㉑さんも、出部屋にムカデや蚊が多かったという印象を持っている。
(17) 建物の老朽化については、㉔さんが指摘している。
(18) 産後、上の子の世話のために実家に帰れなかったというのは、⑯さんも同様だった。⑯さんが、第一子と第二子を実家のある愛媛県の病院で出産し、産後を実家で過ごしたことは、第四章第四節2で述べた通りだが、昭和四七(一九七二)年には第三子を観音寺のN産婦人科で出産し、産後は島の自宅で過ごした。上の子たちがすでに学校に通っていたため、できるだけ近くで済ませるようにしたとのことであった。
(19) ㉝さんへの聞き取り調査日は、二〇一五年九月一〇日。
(20) 伊吹島では、産後の出血がある間は正月の餅をついてはならない等と言われる一方、㉗さんによると、一二月下旬になり正月が近づくと、産後一ヶ月経っていなくても出部屋から帰る人が多かったそうだ。特に、家に姑がいない場合は、産後であっても家で正月準備をしなければならないため、早めに帰ったという。
(21) ㊱さん、㊲さん、㊳さん、㊴さんへの聞き取り調査日は、二〇一四年三月二五日。

（22）伊吹島に火葬場ができたのは昭和三九（一九六四）年三月である。それ以前はほとんど土葬であり、火葬場ができても土葬から火葬へただちに完全移行したわけではなかった（観音寺市誌増補改訂版編集委員会編 1985a：955）。
（23）㊵さんへの聞き取り調査日は、二〇一五年九月一〇日。
（24）昭和三〇年代後半に出部屋を利用した㉗さんも、「ムカデそなになかったけど、蛇がおってな、こわかったわ」と述べている。
（25）㊷さんへの聞き取り調査日は、二〇一三年三月一二日。なお、㊷さんは、自分が出部屋で生まれたという話を実母から聞いたことがあるという。昭和三六（一九六一）年には㊷さんの妹が出部屋で生まれており、介助したのはＩ産婆だったようだ。しかし、昭和四〇（一九六五）年と昭和四四（一九六九）年生まれのきょうだいは自宅で産まれ、出部屋へは行かなかったそうだ。

# 終章　出部屋の存続・閉鎖のメカニズムとその意味

本書の目的は、香川県伊吹島の出部屋を分析対象として、日本社会や島の共同体の動向に関連づけながら出部屋の存続と閉鎖のメカニズムを検討し、出部屋の存廃が社会や共同体、女性にとって持つ意味を明らかにすることであった。終章ではまず、本書で明らかになった出部屋の存続と閉鎖のメカニズムについて改めて概観する。その上で、出部屋の存廃の意味について検討したい。

## 第一節　伊吹島出部屋の存続と閉鎖のメカニズム

明治五（一八七二）年の太政官布告第五六号「自今産穢不及憚候事」により、出産に伴うとされる穢れは、国家の制度上は憚る必要がないとされ、穢れを避ける場としての産屋を公に正当化しにくい時代になったといえる。このこととの関係は必ずしも定かでないが、明治期には全国の産屋が次々と姿を消していった。しかしながら、一部の共同体においては第二次世界大戦後まで産屋が利用された。伊吹島の出部屋はその一つであり、昭和四五（一九七〇）年まで利用された。つまり、先の太政官布告が発せられてからおよそ一〇〇年間も存続したわけである。本書第二章―第五章で検討してきたことから、出部屋の存続と閉鎖の契機として、以下の四点をあげることができる。

### 1　出部屋の産院化

出部屋は、大正一〇（一九二一）年発行の内務省編『児童の衛生』においては、「遅れた」もの、「異様」なものとして蔑まれる対象であった。この時期の政府は、当時世界でワースト1とも称された乳児死亡率の対策に追われており、無料産院や公設産婆をはじめとする妊産婦保護事業を推進するという方針を打ち出していた。つまり、妊産婦および胎児が、主に医療者によって社会的に保護されるべき対象と見做されるようになったわけである。こうした中央の方針に対する地方からの反応の一つとして、一部の地域では、産屋を妊産婦保護施設とみる住民や医療者の動きがあった。

伊吹島においても、有力男性島民たちが出部屋を「古来より伝はる良風」と表現し、恩賜財団慶福会への助成金申請を行った。こうして出部屋は、「妊産婦保護」を目的とした「伊吹産院」として認められ、慶福会から改築費の一部が助成された。ただし、慶福会が出部屋の具体的機能について理解していたとは言い難く、「古来より伝わる」、「折角の良風」である出部屋の「衰頽」を防ぐという名目で助成が行われたのであった。「伊吹産院」の竣工式では、県知事もまた、「古来の慣習」としての出部屋が維持されていることについて「本県の誇り」と表現した。

昭和恐慌の頃になると、政府は農山漁村の「固有ノ美風タル隣保共助ノ精神」に基づく「自奮更生」や「相互扶助ニ依ル社会施設」の振興を求め、当時立ち上がりつつあった民俗学とともに「伝統的」な人間関係や社会組織を評価するようになる。こうした状況のなか、農山漁村の救済を目的に高松宮が創設したとされる有栖川宮記念厚生資金の顧問たちは、出部屋という「上古よりの風習其の儘」が「現時に於ける社会事業施設」になっていると認め、出部屋を産院として「選奨」した。この時高く評価されたのは、いわば隣保共助に基づく出部屋が、産後の女性の健康を保つ上で効果をあげているということであった。

慶福会にせよ、有栖川宮記念厚生資金にせよ、皇族を頭に据えながら内実は官僚が取り仕切っていたわけだが、助成を受けた島民たちは皇族関係の組織から「御下賜金」を得たということを誇り、それらの事実を記した石柱を出部屋入口に設置した。さらに、内務省や厚生省初代児童課長もまた、日本の産院の歴史が古いということの根拠として「伊吹産院」の由緒を利用した。

敗戦前の出部屋には、医療者の関与や特別な設備があったわけではなく、こうしたものは当初政府が想定した妊産婦保護事業の枠組みから外れるものであった。しかしながら、この枠組みはそれほど強固なものではなく、「折角の良風」が危機的状況とあらば助成金が与えられるような回路を有していたといえる。そして、農山漁村経済更生運動を追い風に、出部屋は共同体の相互扶助による——低廉で現実的な——妊産婦保護施設として評価された。その際に、皇族関係の組織から助成金を受けたことは、島民たちを大いに鼓舞した。こうして出部屋は、政府からお墨付きを得て存続することとなったのである。

## 2　近代医療導入の拠点

戦後になると、社会制度上、出産は近代医療の対象としての側面が強くなり、産後の静養のみを目的とした「伊吹産院」が助成金などを受けることはなくなった。伊吹島では、小学五年生以降伊吹島で育ったNさんが、京都で産婆の免許を取得し、香川県内の病院勤務を経て昭和二一（一九四六）年に帰島する。彼女は、伊吹島初の助産婦であった。Nさんが帰島した頃の伊吹島では、自宅での出産翌日頃に歩いて出部屋へ行くのが一般的であったが、Nさんはこの慣行を医学的観点から問題視した。しかし、彼女は出部屋の利用そのものを否定するのではなく、むしろ出部屋での出産を勧めた。Nさんは、出部屋を、「変な風習」でありながら「病院みたいに」できる可能性のある場所と考え、出部屋への分娩室設置を役場に求めた。出部屋に病院のような医療設備が整うことはなかったが、Nさんは出部屋で、分娩の介助だけでなく母親学級（妊婦教室）や受胎調節指導を行うなど、女性たちの衛生知識向上につとめた。つまり出部屋は、伊吹島の出産に近代医療を導入する拠点となったわけである。

またNさんは、自宅が薬屋であり、島外の病院で看護婦として勤務した経験もあることから、妊娠・出産以外のことについても島民から頼られていた。昭和三五（一九六〇）年に外科医が島に赴任してからは、この医師が出部屋へ往診することも度々あったようだが、島の産科医療の担い手は基本的に助産婦のみであり、Nさんはやむを得ず助産婦に許されない処置を行うこともあった。また逆に、若い女性として「馬鹿にされ」ることもあり、そのいずれもNさんにとってはストレスであった。また、出部屋での出産を勧めたり、異常があれば妊産婦を病院に行かせたりするNさんの取り組みは、産む女性にとって「都合によって出差場所を選択できる」ということを意味するため、「自宅で出産し、産後は出部屋で過ごす」という従来の慣行を揺るがすものでもあった。これは、やがて出部屋が女性にとって唯一の静養場所ではなく、選択肢の一つになっていく予兆であったともいえる。Nさんもまた、伊吹島での生活に限界を感じ、第一子の大学進学を契機に大阪へ移住した。

以上のようにNさんは、出部屋の機能を拡充することで、共同体の慣習の維持と近代医療の導入とを両立させた。このことは、彼女にとって島で助産婦として認められる方策であり、出部屋が戦後長期間にわたり存続した要因ともなった。というのも、Nさんが島で開業した当時、医師または助産婦による妊娠証明を必要とする妊産婦手帳制度がすでに始まっており、トリアゲバアサンもすでに高齢であった。Nさんがいなければ、島の女性は早々に島外での出産を余儀なくされたかもしれない。そのような状況のなかでNさんとIさんが開業し、出部屋を積極的に利用して近代医療に基づく助産を行ったからこそ、出部屋は戦後も利用され続けたのだろう。

出部屋は戦前期以来、その機能や社会的な意味づけを柔軟に変更しながら存続してきたわけだが、それは同時に、出部屋が女性にとって選択肢の一つ――別のもので代替可能なもの――になってゆく過程でもあったのである。

## 3 共同体の穢れ規範の維持

社会的な動向から見れば、出産は社会事業による保護や近代医療の対象とされていったわけだが、伊吹島という共同体のなかでは、出産は穢れと不可分なものであった。特に、打瀬船をはじめとする無動力船によって漁が行われていた戦前期には、漁業は島の暮らしの中心であるとともに死と隣り合わせの営みでもあり、島全体が漁師の論理で動いていたといえる。船霊信仰と関わる出産の穢れ観も、漁の安定と安全を守るうえで必要不可欠なものと考えられており、島全体に深く浸透していたのである。このような傾向は、戦後になって漁船の動力化が本格的に進められても、しばらく継続した。女性たちは、出産すると神社や祠を避けて出部屋に入り、産後の時を過ごさねばならなかった。出部屋が妊産婦保護や近代医療の導入によって長く存続したことは、島内の穢れ意識が温存された一因になったともいえる。

特に、普段姑と同居していない女性や、水汲みなどを担っていない女性は、出部屋での生活に違和感や拒否感をおぼえることもあったが、産後出部屋に行かないということは考えにくく、規定の日数より早めに帰るのが関の山だった。一方、姑との同居で心身の苦労が絶えない女性にとって、出部屋は唯一羽をのばせる場所であり、穢れ観が重圧とはなりにくかった。しかし、そのような場合でも、嫁の労働力としての必要性から、産後の女性の出部屋生活を早めに切り上げさせる姑もあった。また、上の子の世話を頼める人がいない経産婦や、島外に実家がある女性などは、「例外的」に出部屋を利用しないこともあった。つまり、出部屋の利用をめぐっては、それを楽しむ女性や合理的に活用する女性が多く存在した一方で、家族構成や家族関係に由来する葛藤やせめぎ合いも存在したのである。

姑から離れて出部屋生活を満喫する女性たちは、穢れに関する規範の有無にかかわらず出部屋を利用したと思われるが、出部屋に違和感を持つ女性なども利用者として取り込みながら出部屋が存続してきたのは、出産の穢れというものが島全体の掟として作用していたことの証左である。また、島外の病院で出産した女性も、退院後は出部屋で過ごすということが珍しくなかった。

このように、出部屋の存続は、共同体の内部にとって、出産の穢れ観から生み出された規範の全島的維持という意味があったわけだが、それは、出産が共同体の関心事であったということでもある。女性が自宅から出部屋へ向かう際、親類や近隣の女性が荷物を運び、普段はあまり食べることのできなかった米を出産祝いとしてふんだんに持って来てくれた。出部屋にいる間は水や燃料、食糧の心配をする必要がなく、出部屋でともに過ごした者同士には、出部屋友達という特別な関係がうまれた。そして、約一ヶ月間の出部屋生活を終えて帰宅すると、出産祝いの返礼として出部屋飯が振る舞われた。言い換えれば、こうした慣行を保つだけの人手や経済的余裕があったということである。伊吹島にとって漁業は、危険な営みであると同時に、多くの人口を養い、経済的繁栄をもたらしてくれるからこそ、穢れに関わる規範が全島で共有されるほどの影響力を保っていたのだろう。出部屋は、伊吹島の漁村としての繁栄と密接に関わっていたのである。

## 4　共同体の生業と家族の変化

戦後の漁船の本格的な動力化は、漁の安全性を向上させ、船霊信仰に基づく儀礼は徐々に衰退していった。漁法の発達に加え、引き揚げに伴う島内の人口過剰や新漁業法による漁場制限などが影響して過当競争を招き、伊吹島の漁業は不振に陥った。漁業から離れる人も少なくなく、艀運送業などに転業し、夫婦で大阪や神戸へ出稼ぎに行く場合もあった。こうした共同体の生業の変化は、家族のあり方に直接的な影響を与えた。従来の伊吹島では、漁業の繁栄を背景に大家族を形成する場合も多かったが、若い夫婦が出稼ぎに行ったり、そのまま都市に移住したりすることによって、一世帯あたりの人数が減少した。そして、実家で暮らしていた「跡取り」にあたる夫婦が不在になった場合には、その姉妹にあたる女性が気兼ねなく実家で産後を過ごすことが可能になったのである。産む女性にとって、出部屋で得られるメリットは実家でも十分、あるいはそれ以上に得られた。このような共同体の生業および家族の変化から、かつて島の規範として機能していた穢れ観も個人の意識の問題となり、もはや女性の出産場所や産後の居場所を規定するほどの影響力を持たなくなっていったと考えられる。

とはいえ、島から大家族が消滅したわけではない。網元をはじめとして、大人数での暮らしを継続させる家族もあった。特に、婚家と実家の双方が大家族である女性にとっては、産後の居場所として出部屋が必要とされた。しかし、利用者数が激減して空き家状態となり、さらに老朽化も進んだ出部屋はムカデの棲家となっており、もはや一ヶ月間も過ごせる場所ではなくなっていた。こうして出部屋は、閉鎖の時を迎えたのである。

出部屋閉鎖の前後から、女性たちは、同年代の女性同士で交わされる情報や周囲の動向、家族の状況、自分の体調等を勘案して、自ら出産場所と産後の居場所を決めるようになっていた。やがて出産場所は病院へと移行したが、この動きは必ずしも不可逆的ではなく、病院出産を経験した女性が次の出産を自宅で行うこともあった。そして、産後の女性の居場所や過ごし方を規定する条件は家族によって様々に異なるようになり、出部屋飯の慣習も見られなくなっていった。つまり、出産は島のものではなく、家族のものになったのである。とはいえ、この家族というのは、都市部で多くみられたような「近代家族」の特徴[1]を兼ね備えたものではなかった。出部屋の閉鎖以降の時期に島で暮らしていた若い夫婦というのは、主にその家の「跡取り」となる長男夫婦であり、「長男の嫁」となった女性は普段舅や姑とともに暮らし、イリコの加工などの仕事を担った。特に網元ともなれば、「家内領域と公共領域の分離」は不可能である。

女性たちは出産後、実家が大家族でなければ実家へ帰る場合が多かった。女性が産後を実家で過ごすようになると、家のことも身の回りのこともすべて実母に世話してもらえるため、従来穢れ観ゆえに禁忌とされたことを行う必要もなく、穢れ観が潜在化するケースもみられるようになったのである。

## 第二節　出部屋の存廃が意味すること

前節では、出部屋の存廃のメカニズム自体を振り返ったが、翻って、出部屋の存廃というのは社会や共同体、また女性にとってどのような意味を持つことだったのだろうか。本書の締めくくりとして、この点を明らかにしておきたい。

これまで述べてきたことから、近代以降の出部屋の存続過程においては、大きく分けて二つの論理が同時に働いていたといえる。つまり、行政や医療者の側からは妊産婦保護や近代医療導入の拠点と見做され、島内では穢れを避ける場所として機能していたのである。まずは、これら二つの論理の内実について改めて分析したい。

政府が妊産婦保護事業の推進を謳った当初、全国の妊産婦にあまねく医療を行き渡らせることが目指されていた。実際、内務省発行の『社会事業統計要覧』各年版などを見ると、妊産婦保護事業とされる取り組みのほとんどは、医師のいる産院や免許持ちの産婆による分娩介助の普及に関わるものであった。しかし一部の地域では、既存の産屋を妊産婦保護事業と見做す声があがり、伊吹島の場合は、出部屋が妊産婦保護施設として社会的に認定される際に、恩賜財団慶福会や有栖川宮記念厚生資金といった皇族関係の組織による助成制度が機能したのである。昭和戦前期においては、出産への近代医療の導入が推進された裏側で、政府の方針と相反するはずの産屋が維持・称賛される回路が備わっていたということが、伊吹島の事例から明らかとなった。そしてその回路のなかでは、「隣保共助」を重んずる農山漁村経済更生運動が追い風となって、皇族関係の組織が実に巧妙な働きをみせることもあったのである。伊吹島民――特に有力男性島民――たちは、出部屋の存在によって出産の穢れを避けると同時に、妊産婦保護に貢献しているという自負を持つことができた。そしてまた社会事業行政の側も、出部屋という既存の相互扶助システムを妊産婦保護の次善策として奨励・推進することができ、さらに出部屋の由緒を根拠として日本の産院の歴史は古いと主張することができたのである。

近代医療についても、産屋の存在と必ずしも矛盾するものではなく、産婆・助産婦が産屋と近代医療とを両立させた事例が国内に複数存在していた。伊吹島の場合、助産婦が分娩介助するようになったのは昭和二一（一九四六）年以降のことであり、これは全国でも非常に遅い例の一つである。しかも、伊吹島初の助産婦となったNさんは島の出身者ではなく、京都で産婆教育を受け、その後病院勤務を経ていたこともあり、島民の言動に違和感をおぼえることが少なくなかった。Nさんは、自身の理想とする医療環境と現実との間で日々葛藤していたわけだが、出部屋に分娩室や母親学級（妊婦教室）、受胎調節指導の場という新たな意味を付与することで、出部屋を「病院みたいに」できるかもしれないという希望を持つことができ、葛藤を乗り越える試みを続けられたといえるだろう。

落合（1990b）が「「産婆」は地域に支えられつつ、地域の結節点となって地域を再編成する動力ともなった」

（1990b：319）と述べるように、また安井眞奈美（2013：57–76）なども産婆が地域の出産習俗をどのように変え、何を変えなかったか明らかにしているように、産婆・助産婦は近代の出産変容過程における地域の媒介性を体現する存在であった。Nさんもまた、出部屋を介して出産に対する共同体の関与を容認しつつ、時にそれに悩まされながら、近代医療の導入を進めていったのである。

また、島民にとって出部屋は、出産の穢れに対する忌避感の上に成り立つものであった。そしてこの出産の穢れという概念が、伊吹島においては男性と女性の領域（例えば、漁船は男性、出部屋は女性、というように）を峻別する機能を持っていたといえる(2)。といっても、少なくとも明治以降の伊吹島において、峻別される領域の範囲や程度はその時々の労働力や経済の状況によって都合よく変化するものであった。ただ、それぞれの時期においてそれらの領域の範囲や程度は規範として島内で共有されており、女性の個人的な思いだけで覆すことはできなかった。「例外的」に規範よりも優先されることがあったのは唯一「家族の事情」であり、最終的にこの規範を個人の意識の問題へと変質させたのは、島の生業と家族との一体的な変化に他ならない。つまり、船霊信仰と関わって性別による領域の峻別を必要とし、またそれを可能にした漁業の危険さおよび繁栄と、女性の出部屋入りと非常に親和的であった家族の人数の多さや多忙さという条件がともに変化したからこそ、穢れ観は変質したと考えられる。もちろん、女性の家族には男性漁師が含まれる場合も多く、生業と家族の関係をいっそう複雑かつ強固なものにしていた。

以上が、社会と共同体それぞれの論理の内実である。出部屋は、社会の変化を島に導入する拠点であったと同時に、共同体で重視されるべき実情を反映する場でもあったのである。出部屋は、社会の変化と共同体のありようとのズレをうまく引き受けながら存続してきたのであり、そのズレこそが、様々な立場の人々の間で、出部屋をめぐる互恵関係を長らく築いていたともいえる。ただし、出産をめぐる価値観に関して社会と共同体との間にズレがあるからといって、あるいは女性のニーズがあるからといって、必ずしも産屋が存続するわけではない。例えば板橋（2014：50）は、女性の労働の厳しさを出部屋存続の理由の一つとしてあげているが、本書で明らかになったように、出部屋の存続は、助成金獲得や政府からのお墨付き、医療者の協力など、人為的な梃《てこ》入れの結果でもあった。

では次に、島の女性たちにとっての出部屋の意味について考えてみたい。女性たちが出産の穢れ観から生み出された共同体の規範にしたがって出部屋を利用することは、その家族にとっても都合の良い場合が多かった。しかし、共同体の規範と家族の事情が相容れない時には、両者の間でせめぎ合いが生じたり、女性が家族の事情を優先させたりすることもあった。やがて共同体の生業が変化し、それに伴って家族構成も変化すると、共同体の規範は個人の意識の問題となり、女性は家族の事情を勘案しながら出産場所や産後の居場所を自ら選択するようになった。つまり、出部屋の存廃の歴史というのは、女性にとって、共同体の規範に従うか、家族の事情を優先させるか、そしてそのなかで自分の安寧をどう確保するかという切実な葛藤の歴史だったといえる。

とはいえ、女性の出部屋利用の動機が穢れ観のみで説明できないということもまた重要である。水や食糧、燃料の確保や、同居の姑から離れられること、産後間もない時期の養生や性交回避、同年代の女性同士の交流など、個々の女性によって多様な意味づけがなされていた。また、一人の女性のなかでも、出部屋利用の動機や意義は一つとは限らなかった。

こうした出部屋の意義の数々は、常に女性の家族関係や生活環境から生じる相対的なものであった。例えば、女性が出部屋で水汲みをしなくてよいことに喜びを感じるのは、普段の生活で水汲みに苦労しているからである。そこで、普段水汲みを担っていない女性との間に温度差が生じる。つまり、意義の数だけ女性同士の間に温度差が生じていたのであるが、この温度差を無効にして斉《ひと》しく出部屋を利用させる強制力を発揮したのは、穢れ観から生じた規範に他ならない。先に、女性は共同体の規範と家族の事情との間で葛藤していたと述べたが、実は両者――男女の領域を峻別し、女性同士の間の温度差を無効にする穢れ規範と、個々の女性にとっての出部屋の意味を意識化させる家族のあり方――こそが、出部屋を存続させる上での決定要因の働きをしていたのである。だからこそ、両者がともに変化しない限り出部屋が衰退することはなかったのだ。家族と生業との一体的な変容は、出部屋をめぐる女性間の温度差を生じさせていた要因と、それを無効にしていた要因の双方に作用した。こうして、女性間の温度差が露呈されると同時に、出部屋に意義を見出せるような生活環境にある女性が減少したからこそ、出部屋は閉鎖に向かったのである。穢れの忌避以外の意義については、出部屋でなくとも全うすることが可能だったからである。そしてその代表例が女性の実家であった。つまり伊吹島では、女性が出部屋に求める機能を、主に女性の実家（実母）が十分フォローできるようになったからこそ、島外の病院で出産し、産後を実家で過ごすというパターンが定着したのである。出産の病院化の背景に家族の変容を読み取ることができるというのは、すでに落合（1987b：88、92、1989：41–43）や松岡悦子（2014：88–90）が指摘していることである。これは国際的に広く見られた重要な変化であると考えられるが、伊吹島の場合は、出産の病院化にあたって女性の実家との関係性や実家の家族構成の変化が鍵になっていたといえるだろう。

こうして島の規範からある程度自由になった女性たちは、自分の意思や体調、家族の状況について考え合わせ、同年代の女性同士で交わされる情報も活用しながら、自分の出産について自ら選択するようになった。従来の研究においては、病院出産の普及によって「産むお産」から「産ませてもらうお産」へ変化したという言説が頻繁にみられ、これは主に出産時の体勢や医療技術、薬品等の使われ方に着目した見方である（吉村 1985、鎌田他 1990、菅沼 2007、安井 2009 など）。しかしながら、出産時および産後を誰と・どこで・どのように過ごすかという選択についていえば、出部屋閉鎖後の伊吹島の女性たちは、自分の出産について出部屋閉鎖前よりも自由に選択していたといえる。病院出産をどう捉えるかということは、出産のどの要素を見るかによって大きく変わるのであり、「産む／産ませてもらう」という対立図式は決して絶対的なものではないといえるだろう。出産の病院化という現象は、女性たちが病院で出産するようになったという結果だけを見れば、全国共通の現象であったと考えることができるが、それ以前の共同体の出産のありようや女性をとりまく生活環境がいかなるものであったかによって、病院化の意味するところは大きく異なると考えられる(3)。

また、産後の過ごし方に焦点を当てれば、これまで、「産後、産婦がしっかり休養し、まわりの人々が様々な形で産婦と新生児に関わるケアの文化は、病院出産を経て完全に失われてしまった」（安井 2013：234）などと述べられることがあった。しかし伊吹島では、病院で出産した女性が出部屋を利用したり、実家で実母やおば、あるいは助産婦のケアを受けたりする場合も多かった。つまり、島外の病院での出産と、島内の家族や親類、助産婦による産後ケアは共存していたのであり、出産の病院化と産後ケアの消滅とが必ずしも因果関係で結ばれるわけではないことがわかる。

伊吹島の出部屋の歴史は、日本の出産史のなかでいわば「特殊な事例」にあたると思われるが、そうした事例をじっくりと検討することでこそ、これまで当然視されていた因果関係や対立関係を疑い、乗りこえることができるのであり、これからの出産をめぐる社会制度やシステム、共同体、家族、女性の関係性を柔軟に考えていくことにつながるのではないだろうか。

一方で、産屋の歴史を研究したり活用したりする場合には、産屋が長く存続したケースというのが、あくまでも「特殊な事例」であるということを冷静に受け止める必要がある。というのも、近年、子どもの虐待や少子化傾向が問題視されるなかで、出部屋をはじめとする各地の産屋とそれを支えた共同体のありようが見直され、穢れと産屋との関係性が事実に反するかたちで矮小化・無化されたり(4)、あるいは産屋が日本の出産の「原点」や

「源流」であるかのように美化されたりする場合もあるからである[5]。しかし、そもそも産屋の存在が確認されているところというのは全国でもそれほど多くなく、しかも現代のわたしたちが直接見聞きできる事例というのは、産屋が非常に遅くまで利用されたごく稀なケースに限られる。産屋の存続と閉鎖の具体的なメカニズムというのは事例ごとに大きく異なるわけだが、少なくとも産屋はある一定の条件が揃えば必ず存続するという性質のものではなく、局所的な事情や梃入れの産物なのである。そして、産屋という制度を維持する共同体や家族もまた、時代による影響を受け、その時代をつくる担い手だったのであり、そこに現代人の理想を投影する余地はないだろう。

産屋の歴史をもとにこれからの出産をめぐる共同体のつながりを考えたり、地域おこしを進めたりする例は、今後も増加するかもしれない。特に、出産や産後の問題が、家族や女性の問題に矮小化されているという現状を鑑みれば、それらを共同体や社会で分かち合っていくためのヒントを産屋から得るというのは有効であると思われる。ただし、共同体や社会を巻き込むかたちで出産を支えていくには、まず出産が共同体や社会の関心事となることが必要であるが、その関心がどのような意味での関心であるのかということには十分注意しなければならない。その意味で、かつて産屋が共同体において強い影響力を維持した背景や産屋が閉鎖に至った要因について、今後も注意深く考察する必要があるだろう。

## 注

（1）落合（1989a : 7）によれば、近代家族の特徴は、（一）家内領域と公共領域の分離、（二）家族成員相互の強い情緒的関係、（三）子ども中心主義、（四）男は公共領域・女は家内領域という性別分業、（五）家族の集団性の強化、（六）社交の衰退、（七）非親族の排除、（（八）核家族の形態をとる）、である。なお、落合が取り出した近代家族の特徴は、一九八五年の初出（上記の特徴（一）―（五）があげられている）以降、少しずつ変化して

（落合（1987：88）では（一）―（六）があげられ、同（1989b：18）では（一）―（八）が揃っているが（八）が［　］に入っていない）、上記の（一）―（八）に至っている。落合はこうした理念と現実とのギャップについて自覚的に述べ、近代家族の実証研究において「女性の主婦化」と「少子化」（「二人っ子化」）を指標として採用することなども提案している（2000：19–22）。

（2）伊吹島の場合は、漁師である男性から出産の穢れを遠ざける必要があるため、穢れが男女の領域を峻別する機能を持っていたといえるが、本書のなかで触れた山形県西置賜郡小国町大宮や大分県豊後高田市加礼川屋山などのように、宗教上の信仰対象や神社から出産の穢れを遠ざける必要がある場合、産屋は男子禁制ではないケースもあり、穢れが男女の領域を峻別するとはいえない点に注意が必要である。

（3）なお、産屋での出産と病院出産とが連続的に捉えられている地域の例として、本書でも度々言及してきた山形県西置賜郡小国町大宮をあげることができる。すでに述べた通り、大宮の女性たちは、「神聖」な大宮の土地を出産で穢さないために、隣の地区の飛び地とされるところに設置された小屋場で出産をしていた。「小屋場で産めば安産できる」という信仰と医療への信頼が両輪となって小屋場での出産を支えていたが、昭和四〇年代前半に神社関係者の女性が難産になり、小屋場から病院へ搬送されたことなどがきっかけとなって、小屋場の利用はなくなってゆき、自宅出産の段階を経ることなく地区外の病院で産むようになった。大宮の「神聖」な土地を穢さないという意味では、小屋場と地区外の病院とは対等であり、女性たちは、逆子などの医学的トラブルがあっても子どもを死なせたくないという気持ちから、「病院で産んでも神社の加護があるだろう」という風に信仰を少し変化させることで、病院での出産に臨んだ。忌明《ひあ》きの概念は残存したが、やがて病院での一ヶ月健診と同一視されるようになった。病院出産への移行をどのように捉えるかということは、地域や個人によって様々だったのである。

（4）ある地域では、産屋と出産の穢れとの無関係性が地域おこしの関係者によって主張されているが、文献および聞き取り調査によると、その産屋を利用したことのある女性や住民は、産屋と穢れとの関連性を明言している。

（5）例えば、京都府福知山市大原町垣内では、「美しき命の源流うぶやの里・大原」と銘打ち、行政ともタイアップしながら産屋を利用した地域おこしが積極的に進められている（「美しき命の源流うぶやの里・大原」は単なるキャッチコピーではなく、二〇一〇（平成二二）年八月二〇日には、この名称で京都府景観資産に登録された）。

二〇一三（平成二五）年八月には、自由民主党の山谷えり子衆議院議員が大原町垣内の産屋を視察しており、彼女に「出産の原点、命の尊厳を感じて頂」いたという（大原うぶやの里活性化推進協議会編「大原うぶやの里通信」第三〇号、二〇一三年八月三〇日、http://www.ubuyanosato.jp/pdf/30.pdf（二〇一四年一〇月二日閲覧））。また、福井県敦賀市においても、二〇一五年六月に「産小屋と産育――少子化問題・お産・子育ての原点は産小屋にあり」というフォーラムが開かれた（「産小屋と産育～少子化問題・お産・子育ての原点は産小屋にあり」福井新聞 fu+（http://www.fukuishimbun.co.jp/fu/020_search_information/event/detail.php?storyid=8458&tblF=2、二〇一五年一一月三日閲覧）。

# あとがき

本書は、二〇一五年三月に京都大学から博士（人間・環境学）の学位を授与された論文「香川県伊吹島における出部屋の存続と閉鎖のメカニズム――社会および共同体の変化に関連づけて」に加筆修正をしたものである。

出産をテーマに研究を始めたのは、大学院修士課程一年次の二〇〇七年に第一子を妊娠したことがきっかけだった。それまではまったく別の分野に関心を持っていたのだが、初めての妊娠ということでいろいろと情報を集めたり本を読んだりしているうち、出産文化の奥深さにひきこまれていった。その過程で、かつて日本に産屋というものがあったことを知った。そしてそれが産院になった例があるという。当時のわたしには、ジェンダーや女性学の知識はほとんどなかったが、毎月の月経の際に神社に行ったり神棚に手を合わせたりしてはいけないと厳しく言われて育ったことから、穢れというのは身近にある疑問の種であった。その穢れと関係深いはずの産屋が産院になったというのはどういうことだろう、と思ったのが、すべてのはじまりだった。

やがて、出産や産屋についてさらに詳しく知るために、専門書を読むようになった。そして、出産をテーマに修士論文を書こうと決めた。出産の文化や歴史について書かれた文献には、産屋を含むかつての出産習俗（昔のお産）を称賛するものが多かった。そしてその背景には、いわゆる「行き過ぎた医療介入」があるということを知った。わたしは日々大きくなっていくお腹を抱えて、陣痛促進剤の怖さや、「自然なお産」の魅力、かつての出産習俗の利点についての知識を蓄えていった。「こんなお産がしたい」あるいは「こんなお産は嫌だ」ということについて、自分の妄想をかきたてる材料には事欠かなかった。

しかし一方で、自分の妹が難産の末、切迫仮死という状態で生まれてきたということもまた、幼いころから聞かされてきた。助産院や自宅での出産には憧れつつも、初産はひとまず設備の整った総合病院で産もうと思った。幸い、その病院ではバースプランを書かせてくれたり、積極的に母乳育児を推進していたりして、自分の希望を叶えてくれるように思えた。妊娠中に大きな医学的トラブルもなく、二〇〇八年春、予定日を過ぎてすぐに陣痛らしきものがきた。はりきって病院へ行ったが、本格的な陣痛にはならず、いったん帰宅した方がよいと言われた矢先に破水した。ついに「わたしのお産」が始まった、とワクワクした。

ところが、破水して何時間経っても陣痛が起こらない。母は心配したが、わたしは「最近はできるだけ「自然」に陣痛が来るのを待つんだよ」と得意気に答えたような気がする。それから二四時間が経って、ようやくお腹が痛くなり始めた。しかし一晩経っても、一〇分間隔から先に進まない。朝になり、「陣痛促進剤を使うことになると思うから」と助産師に言われて医師の診察を受けた。そこで医師が、「顔面位（顔位）だ！」と声をあげ、「二万人に一人（の症例）だ」と言った。その統計的数値の真偽はともかく、わたしは聞いたこともない言葉に戸惑ったが、「大丈夫だよ」と声をかけようとする助産師に、医師は「安心させるな！」と怒鳴った。どうやら、本来ならば顎を引いて頭から出てこなければならない赤ちゃんが、顎をあげた状態になっていて、顔から出てこようとして出られず、お産が止まっているのだという。診察室の様子から、ただごとではない、と思った。

ともかく緊急帝王切開を受けることになり、手術着に着替え、手術の準備ができるのを待つ間、わたしは敗北感と不安でいっぱいだった。熱心に通った妊婦教室でも、帝王切開の説明はほとんどなかったし、精一杯考えて書いたバースプランはただの紙切れになってしまった。連れ合いによる立ち会いも、フリースタイル分娩も、何もできない。人生に何度もないであろう「わたしのお産」が、本に書いてあったような「自然なお産」や「産む力」を活かしたお産とは程遠いものになってしまったことがショックだった。手術台でも、初めての手術の怖さと現実を受け入れられない気持ちでいっぱいだった。そして間もなく、赤ちゃんは無事に生まれた。産声より、自分の泣き声の方が大きかったかもしれない。もちろん赤ちゃんが生まれたことはとても嬉しかったが、思い描いていたような「カンガルーケア」はできなかった。とにかく、いろんな感情が混ざり合っていた。

帝王切開は、術後が辛い。妊娠中あれほど勉強したのに、そんなことも知らなかった。子宮の収縮と傷の痛みに苦しむわたしと、生まれたばかりの赤ちゃんを取り囲む家族との間には、明らかに温度差があった。そして助産師は、まだ自分の脚一つ動かせないわたしの懐に赤ちゃんを置いて、部屋を去った。母乳育児を推進するための母子同床だった。しかし母乳はなかなか出ず、出生時三〇一五グラムあった赤ちゃんの体重はみるみるうちに減り、二五三〇グラムになった。それでもミルクを足さない。助産師は「人工乳は薬だと思ってください。体重の減りだけで人工乳は与えません」と言い、結局赤ちゃんが脱水症状で発熱して初めてミルクを出してくれた。母乳が出にくいという理由だけで、針のない注射器を口に入れられ、五ミリリットル単位でミルクを与えられる赤ちゃんの姿は、今思い返すといたたまれない。しかし当時は、それが良いのだと思い込んでいたし、母乳を推進する医療者の方々は今もそのように言うのかもしれない。たしかに入院中は乳房マッサージを毎日受けられて、数日後には「完全母乳（母乳のみで育てる）」の状態で退院した。しかし一ヶ月健診では、同じ病院の小児科医に「どうしてこんなに赤ちゃんの体重が増えていないの?」と尋ねられ、わたしは戸惑いつつ「産科ではこれでいいと言われました」と答えた。

この一連の経験をどう捉えたらいいのか、わたしにはわからなかった。結局何もまとまらないまま修士論文を提出し、博士後期課程に進学した。その時在籍していたのは、妊娠前に関心を持っていた分野の研究室だったため、進学後は研究室を変更しようと思った。どうしようかと日々迷いながら、出産関係のシンポジウムや研究会に出かけ、やっぱり母乳は素晴らしいとか、助産師さんがんばれとか、そういう話を聞いていた。そのような会に子連れで出かけた時、初対面の助産師から出産について尋ねられることもあった。帝王切開だったことを伝えると、「次はＶＢＡＣ（帝王切開後の経膣分娩）すればいいのよ～」と気安く言われた。励ましのつもりだったのだろうが、とても違和感があった。そして子連れで電車やバスに乗れば、見知らぬ年輩の女性から突然「母乳（で育てているの）？」と尋ねられる。何かおかしいと思いながら、一体何がおかしいのか、わからなかった。

しかし転機は訪れた。妊娠中から参加していた、京都大学学生パパママサークル☆めんどり学部の先輩に、小山静子先生の存在を教えていただいたことだった。そして、偶然出かけたシンポジウムでも、小山先生が参加されている日本女性学研究会近代女性史分科会の情報を耳にした。このような経緯から小山先生に面談を申し込み、先生は快く受け入れてくださった。当時は育児をしながら学業を続ける自信すら失いかけていたのだが、先生は、学生ママの存在を「最先端」と言って理解してくださり、本当に感謝の念でいっぱいだった。

そしてもう一つ重要だったのは、ブログ「助産院は安全？」との出会いだった。ブログ主の女性は、助産院で出産し、赤ちゃんが亡くなったという。赤ちゃんは逆子だった。しかし、助産院で逆子を扱ってはいけないと知ったのは、赤ちゃんが亡くなった後だったそうだ。この女性は、帝王切開で無事に赤ちゃんを産んだ女性をみると「うらやましい」という。わたしは、頭をガツンと殴られたような気がした。

わたしがそれまで思い悩んでいたことは、このとき一気に氷解したように思う。母子ともに無事だったにもかかわらず、敗北感や疎外感を感じたのは、帝王切開そのもののせいではなく、これまでの出産文化および出産史に関する言説が、安産（正常産）中心に組み立てられてきたからだ（産むことの裏側にある、産まないこと・産めないことに関する研究は近年さかんに行われているが、産むことをめぐる研究についていえば、今なお安産中心に行われているということである)。わたしはこれを、「安産中心史観」と呼んでいる。

もちろん、出産文化や出産史の研究がほとんど存在しなかった時点において、安産中心史観が必要とされたのは理解できる。なぜなら、その時代はまさに、陣痛促進剤の多用による被害や、富士見産婦人科病院事件のように、産科医療に対する信頼を損ねるような出来事が続々と明るみに出ていた頃だったからだ。そうした時代においては、女性の「産む力」を強調し、女性は本来安産できるものだというメッセージを暗に発することが、女性の人権という意味でも、出産の安全性という意味でも、重要だったのだろう。

そして、おそらくそうした研究や様々な運動の甲斐もあって、病院も変化してきたと思われる。もちろん施設による差やスタッフの個人差はあるが、薬の使い方もケアのあり方も、かつての病院とは大きく異なるのではないだろうか。しかし、研究の動向はいまだにあまり変わっていないように思う。「自然」と「近代医療」とが対置され、産む女性は「どちら側か」を問われる。しかもこの二者は、決して対等ではない。「自然なお産」は、「問題のない」(「健康」で「産む力」のある)妊婦にのみ与えられる特権だからだ。そして、この作られた対立構造あるいはそこから必然的に生じる優劣関係こそが、今日水面下で様々な悲劇やコンプレックスをうんでいるのではないだろうか(なお、ここでは便宜的に、よく使われる「自然」という言葉を使用したが、「自然」の表す内実が一様でないことは承知している)。

わたしが研究対象とした産屋は、いわば自然中の自然のように扱われ、病院とは対照的な存在として捉えられがちである。まるで、そこには歴史的背景など存在しないかのように描く文献もある。しかし、産屋とて、歴史の産物である。共同体側と行政側の利害が一致すれば産院にもなりうるし、助産婦の方針次第で医療化の拠点にもなる。場合によっては、医師が産屋まで往診に来ることさえありうるのだ。また、共同体の信仰によっては、産屋と病院の位置づけがさほど変わらないケースもある。そして、産屋の存在意義が穢れを避けることか、女性の休養かということも、決して二者択一や単純な移行関係ではない。ともかく、産屋が存続するということは、その時代の社会や共同体における様々な価値観が併存していたということなのである。しかし一方で、少数者や力の弱い者の声が反映されないこともある。そこでいったい何が併存し、何が排除されたのか。結局何が産屋の存立条件だったのか。その点を徹底的に明らかにするために、一つのフィールドにこだわるかたちで今回の研究を行ったのである。

初めて伊吹島を訪れたのは、第一子が生後三ヶ月の時であった。母と連れ合いに同行してもらい、子連れでフィールドワークを決行した。現地では、温かく迎え入れていただき、宿泊先の春日旅館や観音寺市役所伊吹支所では格別の配慮をしていただいた。インフォーマントの方々も子どもをかわいがってくださり、本当に恵まれた環境で調査をさせていただいた。大阪では、Nさんのご自宅に何度もお邪魔した。「自分のおばあちゃんの家やと思って、いつでもおいで」と言ってくださり、その言葉に甘えるかたちで繰り返しお話を伺った。

そうして調査を進めるうち、第二子を妊娠した。第二子の妊婦健診は、ママ友の間で評判の良い産婦人科医院に通ってみることにした。そして、ある日の健診で、前回の出産が帝王切開であったことから今回も帝王切開になるという説明を受けた。わたしはすでに先述のブログに出会っており、医師の説明に納得した。しかし、その直後に行われた助産師の個別指導では、なぜか経膣分娩を前提とした話がなされたため、医師から帝王切開になると言われた旨を伝えると、その助産師は気を悪くしたようだった。その後も、その医院のスタッフは医師を除いて帝王切開にあまり関心がないように感じられ、そもそも自宅から遠かったこともあり、結局自宅から最も近い産婦人科医院に変更した。そこで、前回の帝王切開後の痛みが激しかったことや、無理な母乳育児推進への不安を話すと、親身になって理解してくださった。唯一残念であったことは、妊婦教室で帝王切開の話はほとんどしないから来なくていいと言われたことだった。「妊婦さんを怖がらせないため」ということらしいが、無知ほど怖いものはない。現在の日本では、五人に一人が帝王切開で生まれている。帝王切開＝怖いもの、と医療者側が決めつけていては、産む側の帝王切開に対する偏見が解消されるはずはない。あるいは、「怖いもの」であるなら、その分、必要な情報や手厚いケアが提供されるべきであると思う。

ともあれ、二〇一〇年の夏、第二子も無事に生まれてきてくれた。手術というのは二度目でも慣れないものだが、何人ものスタッフが必要な帝王切開というのは、みんなの力で赤ちゃんが生まれてくるお産であると思う。そこにいる全員が、「おめでとう」と祝福してくれるのだ。

第二子出産と同じ年、わたしの初めての投稿論文が『女性学年報』に掲載された。妊娠中だったわたしを編集委員に誘い、投稿を躊躇するわたしの背中を押してくださったのは、広島市立大学の木村尚子さんであった。他の編集委員の方々も快く受け入れてくださり、感謝している。また、荻野美穂先生をはじめとする日本女性学研究会近代女性史分科会の皆様や、公益財団法人世界人権問題研究センター研究第四部の先生方には、研究会等で研究発表の機会を与えていただき、多くの助言を頂戴した。

京都大学学生パパママサークル☆めんどり学部のメンバーとともに、励まし合いながら学生生活を送ることができたのも、非常に幸運であった。小山研究室もまた、子育てをはじめそれぞれの状況や置かれた環境を尊重し合いながら切磋琢磨できる場であった。お一人お一人のお名前をあげることは差し控えるが、先輩・後輩・友人たちに、心より御礼申し上げる。

何より、本書の完成に至るまで、小山静子先生にはどれだけお世話になったかわからない。歴史研究について一から指導していただき、論文には何度もコメントをいただいた。思えば、公私ともに行き詰まって先生のもとを訪ね、相談しているうちに道が開けるということの繰り返しであった。ご多用のさなか、研究室で長時間相談に乗っていただいたことも一度や二度ではなかった。わたしもいつか、先生のような研究者になるのが夢だ。

また、田邊玲子先生、落合恵美子先生には、博士論文の副査をお引き受けいただき、貴重なコメントを多数頂戴した。ここに改めて深謝したい。

そして、伊吹島をはじめ、各地で調査に協力してくださった方々に、感謝の気持ちでいっぱいである。とりわけ、伊吹島の三好兼光さんには多くのインフォーマントの方々を紹介していただき、伊吹島の歴史や民俗に関する資料および情報を惜しみなく提供していただいた。残念ながら、聞き取りをしてから今日までの間に、何人もの協力者の方々が亡くなられた。謹んで哀悼の意を捧げる。

本書の刊行に際しては、勁草書房の藤尾やしおさんに編集を担当していただいた。おいそがしい中、親切丁寧にサポートしていただいたことに厚く御礼を申し上げたい。

最後に、いつもわがままなわたしを見守ってくれる父、日常生活の手助けからフィールドワーク中の子守りまでお世話になっている母、わたしの研究を最も身近なところで応援し、日々の暮らしを共にしてくれる連れ合いの能成、そして、この研究を始めるきっかけを与えてくれ、笑いの絶えない毎日を送らせてくれる子どもたち、結と湊に、感謝の気持ちを伝えたい。

＊本書の刊行にあたっては、京都大学の平成二七年度総長裁量経費人文・社会系若手研究者出版助成を受けた。
また、本研究は、科学研究費補助金（特別研究員奨励費：課題番号 13J00425）および福武財団「瀬戸内海文化研究・活動支援助成」の助成を受けたものである。

二〇一六年二月

伏見　裕子

# 初出一覧

各章の元になった論文は以下のとおりである。なお、各論文は加筆修正を行っている。

序章　書き下ろし

第一章　書き下ろし

第二章　「戦前期の漁村にみる産屋習俗の社会事業化――香川県「伊吹産院」を中心に」『女性学年報』第32号、日本女性学研究会・女性学年報編集委員会、2011年11月、138-164頁

第三章　「産屋と医療――香川県伊吹島における助産婦のライフヒストリー」『女性学年報』第31号、日本女性学研究会・女性学年報編集委員会、2010年11月、98-119頁

第四章　「島のお産から家族のお産へ――昭和20―30年代における伊吹島の出部屋と女性たち」『女性学年報』第34号、日本女性学研究会・女性学年報編集委員会、2013年11月、145-173頁

第五章　書き下ろし

終章　「伊吹島出部屋の存続と閉鎖をめぐる近代史」『香川母性衛生学会誌』第15巻第1号、香川母性衛生学会、2015年11月、1-19頁

# 人名索引

## ア行



## カ行



## サ行



## タ行



## ナ行



## ハ行



## マ行

ヤ行

# 地名索引

（伊吹島は全編にわたって登場するため省略）

# 事項索引

## ア行



## カ行

## サ行

## タ行

## ナ行



## ハ行



## マ行

## ヤ行



## ラ行



## ワ行

# 参考文献

朝比奈順子・菅沼ひろ子・宮里和子（1984）「［座談会］ラマーズ法指導の朝比奈さん、自己の出産体験を語る」『助産婦雑誌』第38巻第9号、医学書院、1984年9月、33-40頁
アチックミューゼアム編（1940）『アチックミューゼアムノート第17　瀬戸内島嶼巡訪日記』
天野武監修、各都道府県教育委員会編（2003）『都道府県別日本の民俗分布地図集成10　中国地方の民俗地図』東洋書林
伊賀みどり（2008）「開業助産婦を通してみる出産文化の変容——「自然」と「医療」の間で」大阪大学大学院文学研究科博士学位論文
伊瀬芳吉・伊瀬仙太郎（1982）『海の見える家』私家版
板橋春夫（2013）「いのちの近代——トリアゲバアサンから近代産婆へ」国立歴史民俗博物館＋山田慎也編『近代化のなかの誕生と死』岩田書院、17-67頁
————（2014）「産屋習俗にみるケガレ・共助・休養」安井眞奈美編『出産の民俗学・文化人類学』勉誠出版、29-53頁
一番ヶ瀬康子・高島進（1981）『講座社会福祉2　社会福祉の歴史』有斐閣
伊藤繁（1998）「戦前日本における乳児死亡問題とその対策」『社会経済史学』第63巻第6号、社会経済史学会、1998年3月、1-28頁
稲井広吉（1957）『漁村教育社会学——漁村教育の理論と実際』東洋館出版社
伊吹島民俗資料館運営委員会編（2006）『伊吹島民俗資料館だより』伊吹島民俗資料館、初版2004年
鵜沼憲晴（2000）「社会事業法についての考察——社会福祉事業法への継承と断絶を念頭に置きつつ」『皇學館大學社会福祉論集』第2号、皇学館大学社会福祉学会、2000年3月、31-43頁
愛媛県教育委員会文化振興局編（1982）『愛媛県民俗地図』愛媛県教育委員会
愛媛県史編さん委員会編（1984）『愛媛県史　民俗下』愛媛県
遠藤興一（2010）『天皇制慈恵主義の成立』学文社
大塚英志（2007）『公民の民俗学』作品社
大出春江（2006）「病院出産の成立と加速」『人間関係学研究』第7号、大

妻女子大学人間関係学部、2006 年 2 月、25-39 頁
大藤ゆき（1969）『民俗民芸双書 26　児やらい』岩崎美術社
岡山県史編纂委員会編（1983）『岡山県史　第 16 巻　民俗Ⅱ』
小国町史編集委員会編（1966）『小国町史』小国町
尾崎明男・三好兼光編（2009）『伊吹島研究資料叢書（四）伊吹島太鼓台資料集——太鼓台の「宝島」の記録』伊吹島研究会
落合恵美子（1985）「〈近代家族〉の誕生と終焉——歴史社会学の眼」『現代思想』第 13 巻第 6 号、青土社、1985 年 6 月、70-83 頁
————（1987）「出産と近代化」『同志社女子大學學術研究年報』第 38 巻第 3 号、1987 年 12 月、85-93 頁
————（1989a）「近代家族と日本文化——日本的母子関係を解き口に」『女性学年報』第 10 号、日本女性学研究会・女性学年報編集委員会、1989 年 10 月、6-15 頁
————（1989b）『近代家族とフェミニズム』勁草書房
————（1990a）「聞書・産婆と産科医二代のライフヒストリー——京都と尾鷲における出産の変容」『総合文化研究所紀要』第 7 巻、同志社女子大学総合文化研究所、1990 年 3 月、133-139 頁
————（1990b）「ある産婆の日本近代——ライフヒストリーから社会史へ」荻野美穂・田邊玲子・姫岡とし子・千本暁子・長谷川博子・落合恵美子『制度としての〈女〉——性・産・家族の比較社会史』平凡社、257-322 頁
————（2000）『近代家族の曲がり角』角川書店
————（2004）「100 歳女性のライフヒストリー——九州海村の恋と生活」京都社会学年報編集委員会編『京都社会学年報』第 12 号、京都大学文学部社会学研究室、2004 年 12 月、17-55 頁
恩賜財団母子愛育会編（1975）『日本産育習俗資料集成』第一法規出版
香川県編（1985）『香川県史　第 14 巻　資料編　民俗』四国新聞社
香川県観音寺市教育委員会事務局編（1959）『離れ島漁村の学習の記録——伊吹島における（ＰＴＡを主体とした）社会学級』香川県観音寺市教育委員会事務局
香川県環境保健部編（1988）『香川県公衆衛生史　保健所五〇年のあゆみ』
香川県教育委員会編（1977）『香川県民俗地図』
香川県漁業史編さん協議会編（1994）『香川県漁業史　通史編』
香川県民生委員児童委員協議会連合会編（1998）『民生委員八十年のあゆみ　民生委員制度創設八十周年記念誌』
香川民俗学会編（1991）『香川県観音寺市伊吹町 伊吹島の民俗——特集号』

鎌田久子（1982）「出産習俗今昔　3. 出産の場――外から内へ、そして外への変遷」『助産婦雑誌』第36巻第3号、医学書院、1982年3月、78-81頁
鎌田久子・宮里和子・菅沼ひろ子・古川裕子・坂倉啓夫（1990）『日本人の子産み・子育て――いま・むかし』勁草書房
河原典史（1998）「伊吹島漁民のはしけ運送業への転業――大阪港周辺における地域的変化との関連において」『京都地域研究』第13号、立命館大学人文科学研究所京都地域研究会、1998年3月、147-159頁
観音寺市誌増補改訂版編集委員会編（1985a）『観音寺市誌（通史編）』香川県観音寺市
――――（1985b）『観音寺市誌（資料編）』香川県観音寺市
観音寺市三豊郡医師会史編纂委員会編（1998）『観音寺市三豊郡医師会史』第2巻、社団法人観音寺市三豊郡医師会
観音寺第二高等学校社会部編（1952）『伊吹島綜合調査』
観音寺ミニ百科編集委員会編（1984）『観音寺ミニ百科――ふるさと便利帳』
菊池正治・清水教惠・田中和男・永岡正己・室田保夫編著（2003）『日本社会福祉の歴史 付・史料――制度・実践・思想』ミネルヴァ書房
北西英子（1989）「柴原浦子」広島女性史研究会編『続　山陽路の女たち』ドメス出版、17-24頁
木村尚子（2013）『出産と生殖をめぐる攻防――産婆・助産婦団体と産科医の一〇〇年』大月書店
草薙金四郎監修、磯野実編（1985）『続　讃岐人名辞書』藤田書店
草野篤子・宮坂靖子（1996）「戦前期の産婆とお産――Nのライフヒストリーをもとに」『家族研究論叢』第2号、1996年3月、50-69頁
倉石あつ子（1999）「産屋」『日本民俗大辞典　上巻』吉川弘文堂、179-180頁
厚生省五十年史編集委員会編（1988）『厚生省五十年史（記述篇）』財団法人厚生問題研究会
小木曽みよ子・石原力・鎌田久子（1981）「てい談　助産の歴史を探る」『助産婦雑誌』第35巻第8号、医学書院、1981年8月、6-20頁
小山静子（2002）『子どもたちの近代――学校教育と家庭教育』吉川弘文館
坂口けさみ・吉井勢津子・北村キヨミ（1997）「三重県志摩郡越賀における産婦保養所の歴史とその変遷」『母性衛生』第38巻第2号、1997年6月、199-205頁

志摩町史編纂委員会編（1978）『志摩町史』志摩町教育委員会
白井千晶（1999）「自宅出産から施設出産への趨勢的変化——戦後日本の場合」『社会学年誌』40号、早稲田社会学会、1999年3月、125-139頁
軸丸靖子（2009）『ルポ　産科医療崩壊』ちくま新書
菅沼ひろ子（2007）「「すてきなお産」はあなたもできる」松岡悦子編『産む・産まない・産めない——女性のからだと生きかた読本』講談社現代新書、133-156頁
瀬川清子（1980）『女の民俗誌——そのけがれと神秘』東書選書
高取正男（1993）『神道の成立』平凡社ライブラリー（1979、平凡社）
高取正男・橋本峰雄（1968）『宗教以前』日本放送出版協会
武田良三・林三郎・佐口卓（1958）「離れ島・漁村の社会システム——瀬戸内海・伊吹島の場合」『社会科学討究』第3巻第1号、早稲田大学大隈記念社会科学研究所、1958年4月、1-154頁
田中光子（1994）「白木の女たち——産小屋の歴史の中で」『新ふくい女性史——近代から現代へ　福井の光と影に生きる』勝木書店、234-247頁
多仁照廣（2006）「自然分娩の経験と敦賀の産屋」『女性史学』第16号、女性史総合研究会、2006年7月、153-156頁
谷川健一（1990）「産屋考」谷川健一編『日本民俗資料集成第五巻　渚の民俗誌』三一書房、283-300頁（＝谷川健一・西山やよい（1981）『産屋の民俗——若狭湾における産屋の聞書』国書刊行会）
丹野正（1955）「みちのくの産屋」『早稲田大学教育学部学術研究——人文・社会・自然』第2号、1955年1月、79-89頁
中馬愛（2003）「乳児死亡対策における母親観の変遷——大正期の保健衛生調査会の検討を通して」『鶴山論叢』第3号、神戸大学国際文化学部・神戸大学大学院総合人間科学研究科・鶴山論叢刊行会、2003年3月、1-24頁
————（2004）「保健衛生調査会発足への道——乳児死亡率問題の視点から」歴史学研究会編『歴史学研究』第788号、2004年5月、16-26頁
津曲裕次（1982）「施設福祉財政史資料——主として助成金関係を中心として」『社会事業史研究』第10号、社会事業史研究会、1982年10月、65-146頁
中井昭（1967）『香川県海外出漁史』香川県・香川県海外漁業協力会
中山まき子（2001）『身体をめぐる政策と個人——母子健康センター事業

の研究』勁草書房
波平恵美子（2009）『ケガレ』講談社学術文庫（1985、東京堂出版）
成清弘和（2003）『女性と穢れの歴史』塙書房
西川麦子（1988）「石川県鳳至郡門前町における出産の近代化」『年報人間科学』第 9 号、大阪大学人間科学部、1988 年 3 月、157-176 頁
――――（2004）『ある近代産婆の物語――能登・竹島みいの語りより』桂書房、初版 1997 年
西山やよい（1981）「「産小屋」習俗の中の女たち――若狭湾沿岸地方の産育習俗」谷川健一・西山やよい『産屋の民俗――若狭湾における産屋の聞書』国書刊行会、39-225 頁
長谷川博子（1993）「「病院化」以前のお産――熊野での聞き取り調査より」『思想』第 824 号、岩波書店、1993 年 2 月、72-106 頁
ビアーズ、マーク・H 他編（2006）『メルクマニュアル第 18 版日本語版』福島雅典監修、日経ＢＰ社、電子版 http://merckmanual.jp/mmpej/index.html（2010 年 8 月 21 日閲覧）
広島県編（1978）『広島県史　民俗編』
福尾美夜（1986）「真鍋島と別屋のことから」女性民俗学研究会編『軌跡と変容――瀬川清子の足あとを追う』97-107 頁
福田アジオ（1984）『民俗学方法序説――柳田国男と民俗学』弘文堂
――――（1988）「政治と民俗　民俗学の反省」桜井徳太郎編『日本民俗の伝統と創造』弘文堂、23-39 頁
福永信義（2014）「助産院から見えたコミュニティメンタルヘルス」『若狭湾沿岸の産小屋資料集成』若狭路文化研究会、（公財）げんでんふれあい福井財団、306-330 頁（＝福永信義教授遺稿集編集委員会編（2013）『教育と心理　新たな提言――第二言語・出産と家族・思春期課題』涛声学舎）
藤田真一（1979）『お産革命』朝日新聞社
伏見裕子（2010）「産屋と医療――香川県伊吹島における助産婦のライフヒストリー」『女性学年報』第 31 号、日本女性学研究会・女性学年報編集委員会、2010 年 11 月、98-119 頁
――――（2011）「戦前期の漁村にみる産屋習俗の社会事業化――香川県「伊吹産院」を中心に」『女性学年報』第 32 号、日本女性学研究会・女性学年報編集委員会、2011 年 11 月、138-164 頁
――――（2012）「山形県小国町大宮地区の産屋にみる安産信仰と穢れ観の変化――出産の医療化および施設化との関連を中心に」『女性学年報』第 33 号、日本女性学研究会・女性学年報編集委員会、2012 年 11

月、1-27 頁
――――（2013）「島のお産から家族のお産へ――昭和 20-30 年代における伊吹島の出部屋と女性たち」『女性学年報』第 34 号、日本女性学研究会・女性学年報編集委員会、2013 年 11 月、145-173 頁
藤目ゆき（1993）「ある産婆の軌跡――柴原浦子と産児調節」『日本史研究』第 366 号、日本史研究会、1993 年 2 月、90-112 頁
ブッシイ、アンヌ・マリ（1985）「母の力――産屋の民俗と禁忌」脇田晴子編『母性を問う　歴史的変遷（上）』人文書院、228-258 頁
舩橋惠子（1994）『赤ちゃんを産むということ――社会学からのこころみ』日本放送出版協会
文化庁編（1977）『日本民俗地図Ⅴ（出産・育児）』
細川敏太郎（1958）「香川県伊吹島の産屋」『社会と伝承』第 2 巻第 3 号、社会と伝承の会、1958 年 8 月、45-47 頁
細木ひとみ（2002）「「産小屋」の母と子」『御影史学』第 27 号、御影史学研究会、17-30 頁
牧田茂（1981）『神と女の民俗学』講談社現代新書
松岡悦子（1985）『出産の文化人類学　儀礼と産婆［増補改訂版］』海鳴社
――――（2014）『妊娠と出産の人類学――リプロダクションを問い直す』世界思想社
松岡利夫（1972）「産屋」大塚民俗学会編『日本民俗事典』弘文堂、73-74 頁
三尾裕子（1991）「内海の漁民と島々の生活史」網野善彦・谷川健一・森浩一・大林太良・宮田登編『海と列島文化　第 9 巻　瀬戸内の海人文化』小学館、423-464 頁
宮本常一（2001）『女の民俗誌』岩波現代文庫
三好秋光（1982）『半生の記』私家版
三好兼光編（2008）『伊吹島研究資料叢書（三）伊吹島出部屋資料集――イリコの島の子育て』伊吹島研究会、初版 2007 年
三和町史編さん委員会編（1995）『三和町史　上巻（通史編）』三和町
村上節太郎（1950）「燧灘の漁村　伊吹島の教育実態」教育社会学会編『社会と学校』第 4 巻第 4 号、金子書房、1950 年 4 月、22-28、55 頁
八木透（2008）「出産をめぐる習俗とジェンダー――産屋・助産者・出産環境」『佛教大学総合研究所紀要』第 15 号、2008 年 3 月、1-23 頁
安井眞奈美（2009）「「産む力」を引き出す助産婦――自宅出産から母子健康センターでの出産へ」安井眞奈美編『産む・育てる・伝える――昔のお産・異文化のお産に学ぶ』風響社、79-102 頁

――――（2013）『出産環境の民俗学――〈第三次お産革命〉にむけて』昭和堂
柳田國男（1935）『産育習俗語彙』恩賜財団愛育会
柳田國男監修、民族学研究所編（1951）『民俗学辞典』東京堂出版
山崎和・稲田道彦・新見治（1989）『瀬戸内海東部島嶼地域の変貌に関する基礎的研究――香川県伊吹島の事例を中心に』昭和 62 年度福武学術文化振興財団研究助成研究成果報告書
山根伸洋（2001）「近代郵便制度の導入にみる国家的近代の諸相――明治初期における国家の内的再編成と周辺領域係留の戦略」『現代思想』第 29 巻第 8 号、青土社、2001 年 7 月、163-195 頁
横田實（1933）「讃州伊吹嶋の習俗」『嶋』第 1 巻第 4 号、一誠社、1933 年 8 月、65-68 頁
吉井勢津子・坂口けさみ・田中文夫・越賀隼太・磯和春男・小川雅子（1996）「三重県志摩町越賀における旧産育習俗とその現代的意義」『三重県立看護短期大学紀要』第 17 巻、1996 年 12 月、71-77 頁
吉長真子（2008）「農村における産育の「問題化」――一九三〇年代の愛育事業と習俗の攻防」川越修・友部謙一編著『生命というリスク』法政大学出版局、101-139 頁
吉村典子（1985）『お産と出会う』勁草書房
――――（1992）『子どもを産む』岩波新書
――――（1999）「出産習俗にみる「産む人中心」から「助産者中心」へ――地域・自然と共生する伝統型出産の再発見と現状への提言」吉村典子編『出産前後の環境　からだ・文化・近代医療』昭和堂、82-113 頁
――――（2008）「四国山地・上須戒の出産民俗史――夫婦共同型出産習俗にみる安産への視線」『国立歴史民俗博物館研究報告』第 141 号、国立歴史民俗博物館、2008 年 3 月、523-567 頁
渡邊洋子（1997）『近代日本女子社会教育成立史――処女会の全国組織化と指導思想』明石書店
Tonomura, Hitomi（2007）"Birth-giving and Avoidance Taboo: Women's Body versus the Historiography of Ubuya", *Nichibunken Japan review: bulletin of the International Research Center for Japanese Studies* 19: 3-45

# 史料

〈文献〉

**編著者名があるもの（編著者名五十音順）**

安西定他「座談会　海女さんの生態を語る（2）」『助産婦雑誌』第13巻第5号、医学書院、1959年5月、40-47頁
石田誠『人的資源論』秋豊園出版部、1940年（児童問題史研究会監修『現代日本児童問題文献選集23 石田誠 人的資源論』日本図書センター、1988年）
伊藤清『社会事業叢書第六巻　児童保護事業』常盤書房、1939年（『戦前期社会事業基本文献集一三　児童保護事業』日本図書センター、1995年）
大原社会問題研究所編『日本社会事業年鑑（大正八年）』大原社会問題研究所出版部、1920年
同『日本社会事業年鑑（大正拾四年）』同人社書店、1925年
大原うぶやの里活性化推進協議会編「大原うぶやの里通信」第30号、2013年8月30日（http://www.ubuyanosato.jp/pdf/30.pdf、2014年10月2日閲覧）
小川久五郎著、鈴木敏雄筆写『越賀村産婦保養所概況』1938年
小河滋次郎「乳児保護施設に就て」『救済研究』第8巻第3号、救済事業研究会、1920年3月、7-17頁
恩賜財団慶福会編『事業概要』各年版（1926-1937年、1939-1940年、1943年）
恩賜財団母子愛育会編『日本産育習俗資料集成』第一法規出版、1975年
香川県編『昭和七年三月　香川県社会事業概要』1932年
梶完次「日本産事紀要」『臨床産科婦人科』第10巻第9号、慶應義塾大学産婦人科教室、1935年9月、1-149頁
金子準二「姙産婦及乳児保護に就て」『救済研究』第9巻第7号、1921年7月、48-54頁
観音寺市三豊郡医師会史編纂委員会編『観音寺市三豊郡医師会史』第1巻、社団法人観音寺市三豊郡医師会、1991年
同『観音寺市三豊郡医師会史』第2巻、社団法人観音寺市三豊郡医師会、1998年

久保カズ子「産院の思い出」三好兼光編『伊吹島研究資料叢書（三） 伊吹島出部屋資料集――イリコの島の子育て』伊吹島研究会、2008年、34-35頁
久保儁治郎「青年団の発達」作成年不詳、伊吹島民俗資料館（観音寺市郷土資料館分館）蔵
黒田邦敏「あとがき 伊吹島と社会学級」香川県観音寺市教育委員会事務局編『離れ島漁村の学習の記録――伊吹島における（PTAを主体とした）社会学級』香川県観音寺市教育委員会、1959年、頁記載なし（最終頁）
合田定子「わたしのうちのこと」香川県観音寺市教育委員会事務局編『離れ島漁村の学習の記録――伊吹島における（PTAを主体とした）社会学級』香川県観音寺市教育委員会、1959年、4頁
財団法人中央社会事業協会編『全国社会事業名鑑』昭和2年版、1927年
財団法人東京市政調査会編『都市に於ける妊産婦保護事業に関する調査』1928年
財団法人三重県社会事業協会編『県下乳児死亡調査』1940年
四国地方総合開発審議会・四国地方総合開発調査所編『四国地方経済復興開発資料第17号 漁村不況実態調査――香川県三豊郡伊吹村を中心として』1952年
柴原浦子『母心一路』興亜文化協会、1942年
社会事業調査会「社会事業調査会答申」1936年（社会福祉調査研究会編『戦前期社会事業史料集成一七』日本図書センター、1985年）
社会福祉法人恩賜財団慶福育児会編『慶福育児会のあゆみ』1995年
杉本壽『若越農政経済史研究』品川書店、1936年
洲崎隆一「敦賀地方にある産屋を観る」『産婆学雑誌』第19年第1号（第40号）、京都帝国大学産婆同窓会、1934年6月、1-16頁
同「産屋の奇習」『産婆学雑誌』第24年第2号、京都帝国大学産婆同窓会、1940年2月、81-105頁
内務省編『児童の衛生』同文館、1921年（国立国会図書館近代デジタルライブラリー http://kindai.ndl.go.jp/info:ndljp/pid/934514、2013年9月25日閲覧）
内務省（厚生省）編『社会事業統計要覧』各年版（内務省地方局編『感化救済事業一覧』（明治44年末調、大正3年末現在、大正5年末現在、大正6年末現在）→内務省地方局編『社会事業一覧』（大正7年末現在）→内務省社会局編『社会事業要覧』（大正8年末現在、大正9年末現在）→社会局第二部編『社会事業統計要覧』（大正11年調、大正

12年調）→社会局社会部編『第六回社会事業統計要覧』（1927年3月発行）→社会局社会部編『社会事業一覧』（1927年6月発行）→社会局社会部編『社会事業統計要覧』（第七回―第十四回、1928-1929、1931-1936年発行）→厚生省社会局編『社会事業統計要覧』（第十五―第十六回、1938、1940年発行）（社会福祉調査研究会編『戦前期社会事業史料集成』第4巻―第8巻、日本図書センター、1985年所収））
内務省社会局編『全国処女会婦人会の概況』1921年
比嘉春潮『郷土生活研究採集手帖（昭和九年度）』郷土生活研究所、1934年（比嘉春潮、大間知篤三・柳田国男・守随一編「採集手帖」『山村海村民俗の研究』名著出版、1984年、1-11頁）
同『郷土生活研究採集手帖（昭和十年度）』郷土生活研究所、1935年（比嘉春潮・大間知篤三・柳田国男・守随一編「採集手帖」『山村海村民俗の研究』名著出版、1984年、12-25頁）
婦人記者「赤ちやんが生れる迄の費用調べ 自宅・病院・産院にてどのくらゐかゝるか」『主婦之友』第13巻第10号、主婦之友社、1929年10月、202-205頁
保健衛生調査会編『保健衛生調査会第五回報告書』1921年、15-17頁（国立国会図書館近代デジタルライブラリー http://kindai.ndl.go.jp/info:ndljp/pid/985126、2014年12月22日閲覧）
本誌記者「地方色豊かな志摩めぐり　海女と真珠と産屋の話」『家の光』第10巻第8号、産業組合中央会、1934年8月、73-79頁
同「新日本漫画風土記　福井県の巻」『家の光』第13巻第6号、産業組合中央会、1937年6月、84-91頁
三上秀吉「共同産院を持つ瀬戸内海の孤島」『婦人之友』第35巻第8号、婦人之友社、1941年8月、63-67頁
三和町郷土資料館編『大原の産屋』1999年
村上朋子「社会学級のこと」香川県観音寺市教育委員会事務局編『離れ島漁村の学習の記録――伊吹島における（PTAを主体とした）社会学級』香川県観音寺市教育委員会、1959年、51頁
文部科学省「文部統計要覧（平成20年版）」http://www.mext.go.jp/b_menu/toukei/002/002b/mokuji20.htm（2015年1月16日閲覧）
柳田國男「村の生活史を語る 日本の揺籃イズメの話」『家の光』第10巻第3号、産業組合中央会、1934年3月、158-161頁
同「村の生活史を語る　子守と赤児」『家の光』第10巻第4号、産業組合中央会、1934年4月、72-75頁
同「村の生活史を語る 物を乞ひ物を与へる風習」『家の光』第10巻第5号、

産業組合中央会、1934年5月、68-71頁
余田忠吾「妊産婦保護に就て（二）」『社会事業研究』第14巻第12号、大阪社会事業連盟、1925年12月、12-19頁

編著者名がないもの（タイトル五十音順）

『有栖川宮記念厚生資金選奨一覧　自昭和8年1月至昭和12年6月』高松宮事務所、1937年
『有栖川宮記念厚生資金選奨録』第1集、高松宮出版、1933年
「育児法根本調査」『東京朝日新聞』1917年3月19日、朝刊、第3面
「伊吹区経費割財産等級（戸数割）名簿」『昭和四年度起 経費予算及決算書 戸数割財産等級調査書綴 伊吹第八区』個人蔵
『伊吹産院関係書類綴』観音寺市役所伊吹支所蔵
『伊吹産院 58.2.16』（解体直前の出部屋の写真が収められたアルバム）、観音寺市役所伊吹支所蔵
「伊吹島のあらまし」1975年頃（作成年は明記されていないが、資料中に示された統計から1975年頃と推定できる）、観音寺市役所伊吹支所蔵
「伊吹島の産院竣工」『大阪朝日新聞　香川版』1930年6月13日
「伊吹島の産部屋　盛大に落成式」『四国民報』1930年6月11日、夕刊、第2面
「伊吹島の人口資料」作成年不詳、観音寺市役所伊吹支所蔵
『伊吹青年会々則』明治40年代、伊吹島民俗資料館（観音寺市郷土資料館分館）蔵
「伊吹中学校進学率」2008年作成、観音寺市役所伊吹支所提供
「伊吹町　医師の移りかわり」作成年不詳、観音寺市役所伊吹支所蔵
「伊吹町人口異動調査」作成年不詳、観音寺市役所伊吹支所蔵
「伊吹町人口推移」作成年不詳、観音寺市役所伊吹支所蔵
「伊吹電気導入完工記念　1967.10.1」1967年、観音寺市役所伊吹支所蔵
「産小屋と産育～少子化問題・お産・子育ての原点は産小屋にあり」福井新聞 fu+、http://www.fukuishimbun.co.jp/fu/020_search_information/event/detail.php?storyid=8458&tblF=2（2015年11月3日閲覧）
「大宮大明神縁起書之写」貞享3年成立、安永10年春筆写（小国町史編集委員会編『小国町史』1966年、小国町、1254-1255頁）
「小川久五郎」（履歴書のようなもの）作成年不詳、個人蔵
「怖るべき此死亡率」『読売新聞』1923年3月8日、朝刊、第4面
「観音寺市航路事業の概要」作成年不詳、観音寺市役所伊吹支所蔵
「観光情報◆伊吹島」観音寺市ホームページ http://www.city.kanonji.

kagawa.jp/sight_n/ibuki.html（2014 年 10 月 27 日閲覧）
「京都府景観資産登録地区の紹介 14　美しき命の源流うぶやの里・大原（おおばら）」京都府ホームページ http://www.pref.kyoto.jp/toshi/sisan014.html（2014 年 10 月 22 日閲覧）
「久保カズ子　産院の思い出」三好兼光編『伊吹島研究資料叢書（三）　伊吹島出部屋資料集——イリコの島の子育て』伊吹島研究会、2008 年、32-33 頁
「原始的なお産の小屋」『産師界』産師界社、1935 年 3 月 15 日、13-14 頁
『産婬婦静養室建設寄附芳名録 伊吹処女会』表紙コピー、伊吹島民俗資料館（観音寺市郷土資料館分館）蔵
「自動車保有状況」2000 年、観音寺市役所伊吹支所蔵
『昭和参年分　観音寺町会々議録』観音寺市議会事務局蔵
「初産婦の為めに理想的の産院」『読売新聞』1921 年 9 月 8 日、朝刊、第 4 面
「シリーズ追跡 80　消える県診療船」四国新聞電子版 SHIKOKU NEWS 2000 年 1 月 31 日、http://www.shikoku-np.co.jp/feature/tuiseki/080/index.htm（2010 年 7 月 14 日閲覧）
「相互扶助の風習　見直す」『山形新聞』2008 年 1 月 25 日、朝刊、第 16 面
『大正五年四月起 出納簿 伊吹処女会』表紙コピー、伊吹島民俗資料館（観音寺市郷土資料館分館）蔵
『大正七年　寄附芳名録　伊吹青年会』伊吹島民俗資料館（観音寺市郷土資料館分館）蔵
『大正八年四月起　荒芋事業簿　伊吹青年団』伊吹島民俗資料館（観音寺市郷土資料館分館）蔵
『大正十三年度　伊吹区諸種年末決算報告書』伊吹島民俗資料館（観音寺市郷土資料館分館）蔵
「高松宮殿下　農村の向上に有難い御思召」『東京朝日新聞』1932 年 8 月 3 日、夕刊、第 2 面
「朝鮮海域出漁団　香川県　大正 4 年の春」作成年不詳、伊吹島民俗資料館（観音寺市郷土資料館分館）蔵
「産婦静養室《でべや》改築設計図」1930 年、伊吹島民俗資料館（観音寺市郷土資料館分館）蔵
「農山漁村に畏し御心　高松宮邸内に調査機関設置」『東京朝日新聞』1932 年 8 月 23 日、朝刊、第 7 面
「平成 23 年　人口動態調査　上巻　出生　第 4.8 表　市部—郡部・出生の

場所別にみた年次別出生数百分率」http://www.e-stat.go.jp/SG1/estat/GL08020103.do?_toGL08020103_&listID=000001101883&requestSender=estat（2014年10月25日閲覧）
「平成25年国民生活基礎調査　世帯（第1巻・第1章）年次推移　第7表　平均世帯人員、年次別」http://www.e-stat.go.jp/SG1/estat/GL08020103.do?_toGL08020103_&listID=000001119310&disp=Other&requestSender=dsearch（2015年2月6日閲覧）
『法令全書』明治二十二年法律、内閣官報局
『法令全書』昭和七年訓令農林省、内閣官報局
『法令全書』昭和二十二年十二月法律、内閣官報局
『法令全書』昭和二十三年省令厚生省、内閣官報局
『三重県社会事業概要』三重県庁、1924年9月
資料タイトルなし（伊吹島の人口推移に関するデータおよび分析）作成年不詳、観音寺市役所伊吹支所蔵
資料タイトルなし（伊吹丸に関する年表）作成年不詳、観音寺市役所伊吹支所蔵
資料タイトルなし（出産祝いに関する記録。品目（「初着の部」「米の部」）およびそれぞれを持って来てくれた人の名前が書かれている）1956年、個人蔵
元島民の日記帳、1929年

**〈映像資料〉**

映像資料（Nさんが伊吹島で使用した医療器具の一部について郷土史家の三好兼光さんに解説した動画）2006年撮影、三好兼光さん蔵

**〈地図〉**

観音寺市「観音寺市都市計画図41」（2500分の1、2002年測量、2006年修正）
国土地理院20万分の1地勢図「岡山及丸亀」（1986年編集、2005年修正）
国土地理院50万分の1地方図「中国四国」（2008年10月1日発行、4色刷、1刷）
「愛媛県讃岐国豊田郡伊吹嶋全地図」（1876-1888年のものと推定される）、個人蔵

**〈聞き取り調査〉**

◆大分県豊後高田市加礼川屋山：2011年3月24日

◆香川県観音寺市伊吹島：
・①さん（大正10（1921）年生）：2011年4月1日、2013年3月11日、8月26日、2014年3月25日
・②さん（大正10（1921）年生）：2010年4月1日
・③さん（大正13（1924）年生）：2010年4月1日、2013年8月27日、2014年3月25日
・④さん（大正14（1925）年生）：2010年3月31日
・⑤さん（大正14（1925）年生）：2009年10月26日、31日
・⑥さん夫婦（いずれも大正14（1925）年生）：2010年4月2日
・⑦さん（大正15（1926）年生）：2013年8月27日
・⑧さん（昭和2（1927）年生）：2013年3月12日
・⑨さん（昭和3（1928）年生）：2008年8月27日、2009年10月2日
・⑩さん（昭和5（1930）年生）：2008年8月27日、2010年1月23日、4月1日、2011年4月1日、2013年6月24日、8月26日、2014年3月24日、2015年1月9日、9月11日
・⑪さん（昭和6（1931）年生）：2014年3月25日
・⑫さん（昭和6（1931）年生）：2010年4月1日、2013年7月19日、8月27日
・⑬さん（昭和7（1932）年生）：2013年3月12日
・⑭さん夫婦（いずれも昭和7（1932）年生）：2011年4月1日
・⑮さん（昭和9（1934）年生）：2015年9月10日、11月19日
・⑯さん（昭和9（1934）年生）：2013年8月27日
・⑰さん（昭和9（1934）年生）：2011年3月31日、2015年9月12日
・⑱さん（昭和9（1934）年生）：2013年3月12日、8月27日
・⑲さん（昭和10（1935）年生）：2014年3月26日
・⑳さん（昭和11（1936）年生）：2008年8月27日
・㉑さん（昭和11（1936）年生）：2013年3月12日、9月6日
・㉒さん（昭和12（1937）年生）：2011年3月31日、2015年9月10日
・㉓さん（昭和12（1937）年生）：2015年9月11日
・㉔さん（昭和12（1937）年生）：2014年3月25日、2015年9月10日
・㉕さん（昭和12（1937）年生）：2015年9月10日
・㉖さん（昭和13（1938）年生）：2015年9月10日
・㉗さん（昭和13（1938）年生）：2014年8月25日、2015年11月24日
・㉘さん（昭和15（1940）年生）：2011年4月2日、2013年3月12日
・㉙さん（昭和16（1941）年生）：2013年3月13日、2014年3月25日
・㉚さん（昭和16（1941）年生）：2014年3月25日

・㉛さん（昭和16（1941）年生）：2013年3月13日、2014年3月25日
・㉜さん（昭和17（1942）年生）：2013年3月13日、2014年3月25日
・㉝さん（昭和18（1943）年生）：2015年9月10日
・㉞さん（昭和21（1946）年生）：2014年3月25日
・㉟さん（昭和22（1947）年生）：2014年3月26日
・㊱さん（昭和26（1951）年生）：2014年3月25日
・㊲さん（昭和26（1951）年生）：2014年3月25日
・㊳さん（昭和26（1951）年生）：2014年3月25日
・㊴さん（昭和27（1952）年生）：2014年3月25日
・㊵さん（昭和30（1955）年生）：2015年9月10日
・㊶さん（昭和30（1955）年生）：2008年8月28日、2013年6月13日、6月14日、2014年3月25日
・㊷さん（昭和34（1959）年生）：2013年3月12日
・観音寺市議会事務局職員：2011年4月27日
・観音寺市役所伊吹支所長：2014年3月26日
・三好梅吉の親族：2011年3月31日
・三好兼光さん（昭和26（1951）年生）：2008年6月28日、12月14日、2009年8月2日、2011年3月31日、4月1日、2014年11月12日、11月20日、2015年11月19日
・元保健婦（大正13（1924）年生）：2009年10月28日、2010年4月1日
・元漁師の男性（大正15（1926）年生）：2010年4月1日
・Nさん（大正14（1925）年生）：2008年9月14日、2009年9月25日、10月18日、19日、29日、12月23日、2010年6月14日、16日、8月27日
◆香川県仲多度郡多度津町高見島・佐柳島、三豊市粟島・志々島：2009年8月5-7日
◆京都府福知山市大原町垣内：2012年4月2日、5月6日、5月19日
◆広島県福山市走島：2009年8月11日、2015年8月23-24日
◆福井県敦賀半島：2012年3月27-29日、2012年8月10-11日（世界人権問題研究センター研究第4部との共同調査）
◆三重県志摩市越賀：2009年8月26日、2013年9月11日（世界人権問題研究センター研究第4部との共同調査）
◆山形県西置賜郡小国町大宮：2010年3月25-27日、2012年8月27-29日

**著者略歴**

1983年生まれ
京都大学大学院人間・環境学研究科博士後期課程研究指導認定退学.
京都大学博士（人間・環境学、2015年）
現　在　佛教大学、帝塚山大学ほか非常勤講師
　　　　公益財団法人世界人権問題研究センター嘱託研究員
主　著　『未来をひらく男女共同参画――ジェンダーの視点から』
　　　　（西岡正子編著、共筆、ミネルヴァ書房、近刊）
主論文　「産屋と医療――香川県伊吹島における助産婦のライフヒストリー」『女性学年報』第31号、2010年
　　　　「戦前期の漁村にみる産屋習俗の社会事業化――香川県「伊吹産院」を中心に」『女性学年報』第32号、2011年
　　　　「山形県小国町大宮地区の産屋にみる安産信仰と穢れ観の変化――出産の医療化および施設化との関連を中心に」『女性学年報』第33号、2012年
　　　　「島のお産から家族のお産へ――昭和20-30年代における伊吹島の出部屋と女性たち」『女性学年報』第34号、2013年

近代日本における出産と産屋
香川県伊吹島の出部屋の存続と閉鎖

2016年3月30日　第1版第1刷発行

著　者　伏《ふし》見《み》裕《ゆう》子《こ》
発行者　井　村　寿　人

発行所　株式会社　勁《けい》草《そう》書　房

112-0005　東京都文京区水道2-1-1　振替　00150-2-175253
（編集）電話　03-3815-5277／FAX　03-3814-6968
（営業）電話　03-3814-6861／FAX　03-3814-6854
本文組版　プログレス・精興社・牧製本



ISBN978-4-326-60291-9　　Printed in Japan



http://www.keisoshobo.co.jp